华东政法大学65周年校庆文丛

企业外部知识搜索的创新机制

吴 航 / 著

社会科学文献出版社
SOCIAL SCIENCES ACADEMIC PRESS (CHINA)

本研究获得以下资助：

国家自然科学青年基金项目（项目编号：71502064）

崛起、奋进与辉煌

——华东政法大学 65 周年校庆文丛总序

2017 年，是华东政法大学 65 华诞。65 年来，华政人秉持着"逆境中崛起，忧患中奋进，辉煌中卓越"的精神，菁莪造士，械朴作人。学校始终坚持将学术研究与育人、育德相结合，为全面推进依法治国做出了巨大的贡献，为国家、社会培养和输送了大量法治人才。一代代华政学子自强不息，青蓝相接，成为社会的中坚、事业的巨擘、国家的栋梁，为社会主义现代化和法治国家建设不断添砖加瓦。

65 年栉风沐雨，华政洗尽铅华，砥砺前行。1952 年，华政在原圣约翰大学、复旦大学、南京大学、东吴大学、厦门大学、沪江大学、安徽大学、上海学院、震旦大学 9 所院校的法律系、政治系和社会系的基础上组建而成。历经 65 年的沧桑变革与辛勤耕耘，华政现已发展成为一所以法学为主，兼有政治学、经济学、管理学、文学、工学等学科的办学特色鲜明的多科性大学，人才培养硕果累累，科研事业蒸蒸日上，课程教学、实践教学步步登高，国际交流与社会合作事业欣欣向荣，国家级项目、高质量论文等科研成果数量长居全国政法院校前列，被誉为法学教育的"东方明珠"。

登高望远，脚踏实地。站在新的起点上，学校进一步贯彻落实"以人为本，依法治校，质量为先，特色兴校"的办学理念，秉持"立德树人，德法兼修"的人才培养目标，努力形成"三全育人"的培养管理格局，培养更多应用型、复合型、高素质的创新人才，为全力推进法治中国建设和高等教育改革做出新的贡献！

革故鼎新，继往开来。65 周年校庆既是华东政法大学发展史上的重要里程碑，也是迈向新征程、开创新辉煌的重要机遇。当前华政正抢抓国家"双一流"建设的战略机遇，深度聚焦学校"十三五"规划目标，紧紧围绕学校综合改革"四梁八柱"整体布局，坚持"开门办学、开放办学、创新办学"发展理念，深化"教学立校、学术兴校、人才强校"发展模式，构建"法科一流、多科融合"发展格局，深入实施"两基地（高端法律及法学相关学科人才培养基地、法学及相关学科的研究基地）、两中心（中外法律文献中心、中国法治战略研究中心）、一平台（'互联网＋法律'大数据平台）"发展战略，进一步夯实基础、深化特色、提升实力。同时，华政正着力推进"两院两部一市"共建项目，力争到本世纪中叶，把学校建设成为一所"国际知名、国内领先，法科一流、多科融合，特色鲜明、创新发展，推动法治文明进步的高水平应用研究型大学和令人向往的高雅学府"。

薪火相传，生生不息。65周年校庆既是对辉煌历史的回望、检阅，也是对崭新篇章的伏笔、铺陈。在饱览华政园风姿绰约、恢弘大气景观的同时，我们始终不会忘却风雨兼程、踏实肯干的"帐篷精神"。近些年来，学校的国家社科基金法学类课题立项数持续名列全国第一，国家社科基金重大项目和教育部重大项目取得历史性突破，主要核心期刊发文量多年位居前茅。据中国法学创新网发布的最新法学各学科的十强排名，学校在法理学和国际法学两个领域排名居全国第一。当然我们深知，办学治校犹如逆水行舟，机遇与挑战并存，雄关漫道，吾辈唯有勠力同心。

为迎接65周年校庆，进一步提升华政的学术影响力、贡献力，学校研究决定启动65周年校庆文丛出版工作，在全校范围内遴选优秀学术成果，集结成书出版。文丛不仅囊括了近年来华政法学、政治学、经济学、管理学、文学等学科的优秀学术成果，也包含了华政知名学者的个人论文集。这样的安排，既是对华政65华诞的献礼，也是向广大教职员工长期以来为学校发展做出极大贡献的致敬。

65芳华，荣耀秋菊，华茂春松，似惊鸿一瞥，更如流风回雪。衷心祝愿华政铸就更灿烂的辉煌，衷心希望华政人做出更杰出的贡献。

华东政法大学65周年校庆文丛编委会

2017年7月

2

目 录

第一章 绪论 ………………………………………………… 1
　一　选题背景与意义 ……………………………………… 1
　二　问题提出 ……………………………………………… 5
　三　技术路线、章节安排与研究方法 …………………… 6
　四　全书创新点 ………………………………………… 13

第二章 组织双元性的前因、后果与研究展望 ……………… 15
　一　组织双元性的概念衍生 …………………………… 15
　二　组织双元性的影响因素 …………………………… 19
　三　组织双元性的后果 ………………………………… 31
　四　未来研究展望 ……………………………………… 36

第三章 知识整合的前因、后果与研究展望 ……………… 38
　一　理论溯源与内涵界定 ……………………………… 38
　二　知识整合的重要研究领域 ………………………… 42
　三　知识整合的后果 …………………………………… 49
　四　知识整合的前因 …………………………………… 55
　五　未来研究展望 ……………………………………… 62

第四章 企业外部知识搜索选择、搜索强度与创新绩效关系研究 …… 63
　一　引言 ………………………………………………… 63
　二　理论基础与概念模型 ……………………………… 64

三　假设提出 ……………………………………………… 67

四　研究方法 ……………………………………………… 71

五　研究结果 ……………………………………………… 77

六　结论与讨论 …………………………………………… 91

第五章　企业外部知识搜索双元与创新绩效：以创新复杂性和

产业竞争压力为调节 …………………………………… 94

一　引言 …………………………………………………… 94

二　理论背景 ……………………………………………… 96

三　概念模型 ……………………………………………… 98

四　假设提出 ……………………………………………… 99

五　研究方法 ……………………………………………… 103

六　研究结果 ……………………………………………… 105

七　结论与讨论 …………………………………………… 125

第六章　企业外部知识搜索双元对创新绩效的影响机制研究：

以知识整合为中介 ……………………………………… 128

一　引言 …………………………………………………… 128

二　理论基础与概念模型 ………………………………… 130

三　假设提出 ……………………………………………… 132

四　研究方法 ……………………………………………… 134

五　研究结果 ……………………………………………… 136

六　结论与讨论 …………………………………………… 150

第七章　企业外部知识搜索双元与国际化：以组织冗余和环境

丰富性为调节 …………………………………………… 153

一　引言 …………………………………………………… 153

二　理论背景 ……………………………………………… 155

三　概念模型 ……………………………………………… 158

四　假设提出 ……………………………………………… 160

五　研究方法 ……………………………………………… 164

六 研究结果 ……………………………………………… 167

七 结论与讨论 ……………………………………………… 178

第八章 研究总结与展望 ……………………………………………… 181

一 本研究的主要结论 ……………………………………………… 181

二 本研究的理论贡献与实践启示 ……………………… 186

三 研究局限及未来研究展望 ………………………………… 192

参考文献 ……………………………………………… 193

第一章 绪论

一 选题背景与意义

1. 现实背景

（1）开放式创新背景下外部知识搜索已成为创新的主旋律

自从 Chesbrough 针对封闭式创新的弊病提出开放式创新的理念以来，如何从企业外部寻找、识别、获取和利用外部的各种资源（如产品或服务的创意、技术专利）已成为企业的创新议题。在知识经济时代，开放式创新成为决定企业创新成败的关键（Chesbrough，2003）。企业仅仅依赖内部资源开展创新活动已日趋困难，即使是世界上最大的跨国公司，在技术发展和创新中也做不到完全自给自足，需要吸收别国和其他企业的技术和知识。通过依托先进的互联网技术，宝洁、苹果、诺基亚、英特尔、IBM 等公司充分利用外部创新资源，与内部研发实力形成强大的聚合，比如宝洁利用 Yet2. com 和 InnoCentive. com 网站来实现"联发"（C&D，Connect & Develop）策略，取代了传统的研发（R&D）模式，充分整合国内和国外的资源，推动企业创新，即大量地采用外部研发人员与创意提供者的成果，不再完全依赖传统的内部研发力量的成果——现在，宝洁 50% 以上的创新，超过 100 种产品都来自外部力量的贡献。

外部知识搜索对我国企业实施创新发展战略尤其重要。在整体创新投入明显偏低的情况下，我国企业单纯依赖自身能力很难实现对发达国家的创新追赶。尤其是在知识型员工流动性日益增强、知识创造与扩散速度越来越快的情况下，企业封闭式创新往往难以为继，从企业外部获取知识的需求日益增加（陈劲、吴航、金珺，2012）。因此，实施外部知识搜索战略必将成为我国企业应对新一轮经济竞争的可持续创新发展战略。

（2）知识搜索的两部曲：本地化与国际化

全球化成为企业创新发展的新规律，导致企业外部知识搜索出现了新的发展方向：本地知识搜索与国际知识搜索并存。在传统经济环境下，企业外部知识搜索主要局限于本地的用户（主流用户和领先用户）、供应商、竞争企业、非相关企业、大学及研究机构、技术中介组织、知识产权机构、风险投资机构以及政府等。然而在全球化背景下，国际化不仅是一种资源利用模式，更是跨国公司获取全球研发资源的一种不可或缺的新的创新模式。通过建立情报信息窗口，跨国公司能够跟踪和获取东道国及竞争对手的技术信息；通过接近知识中心，企业能够从当地的R&D外溢效应中获利，而开展的技术搜索和技术学习型国际化技术创新活动，可以成为跨国公司不同技术的补充来源和有效提高其技术能力的重要途径。再次，通过利用东道国的科技人才和研究环境，能够显著降低 R&D 成本，从而降低创新风险和成本，提高创新效率。因此，在全球化背景下，我国企业能够综合利用本地知识搜索和国际知识搜索两种方式来推动企业创新。

2. 理论背景

创新管理领域的学者认为企业知识搜索能力直接影响创新绩效（Rosenkopf & Nerkar，2001；Katila & Ahuja，2002）。随着竞争环境的加剧和创新复杂性的日益增加，企业内部创新资源已显得捉襟见肘，外部知识搜索的重要性日益显现（Chesbrough，2003；Laursen & Salter，2006；Garriga，Von Krogh & Spaeth，2013；Wu，2014）。按照搜索范围划分，企业外部知识搜索可以分为两类：本地知识搜索和国际知识搜索（Kim et al.，2013）。目前已有研究分别探索了本地知识搜索和国际知识搜索对企业创新绩效的影响，而对于企业如何在本地和国际市场上进行搜索，以及对如何协调这两种知识搜索战略缺乏关注。接下来，笔者将简要综述本地知识搜索和国际知识搜索领域的研究。

实施本地知识搜索战略是企业最常用的一种外部知识搜索战略。企业天生倾向于首先在本地进行知识搜索,认为在本地进行知识搜索更容易、成本更低（Patel et al.，2014）。与国际知识搜索战略相比,由于本地企业之间拥有相似的文化环境和更近的地理距离,因此企业在本地进行知识搜索能够快速整合外部知识,帮助企业以更低成本开展创新,并且使得企业对本地知识有更深入的了解（Funk，2014）。Mesquita 和 Lazzarini（2008）发现,企业与本地顾客、供应商、竞争者的合作能够创造一种"集体效率",帮助企业克服内部基础设施缺陷、获取互补资源、深入交流专有信息,创造基于成本的竞争优势,推动更快的产品创新。Zhang & Li（2010）发现集群企业与本地创新服务中介的合作能够拓展企业的外部知识搜索范围,降低搜索成本,进而推动企业创新。Patel 等（2014）也认为,合作对象较近的地理距离对于中小企业尤其重要。由于创新是一个交互的过程,隐性知识的交换需要面对面的交流,在本地进行知识搜索使得企业非常容易与其他企业产生交互作用,获取知识溢出（Funk，2014）。总之,已有研究均指出了本地知识搜索对于企业创新非常重要。

　　国际知识搜索领域的研究证实了国外市场是一种重要的创新源。由于各国在文化、技术发展水平、自然资源禀赋、创新性、产业组织、市场特征等方面都存在差异,因此实施国际知识搜索战略能够为企业带来更多的技术机会和在本地不能获取的新知识和技术（Hitt，Hoskisson & Kim，1997；Kafouros & Kafouros & Forsans，2012；Mihalache et al.，2012；Wu & Wu，2014）。通过在国际市场上搜索,企业能够接触到更加丰富多样的顾客需求和市场环境。与仅在本地市场上搜索的企业相比,国际搜索企业会面临更加严峻的竞争形势和更加多样化的顾客需求（Kafouros & Forsans，2012）。这种挑战会激发企业开发出更强的技术能力和新的竞争力（Hitt，Hoskisson，Kim，1997）。此外,Kafouros et al.（2008）发现,通过与国外供应商、研发中心和竞争者建立契约、联盟等合作关系,国际搜索企业可以直接获取国际知识源。Zahra，Ireland & Hitt（2000）发现,与国外顾客、供应商、竞争者的合作能够提升企业技术学习的深度、广度和速度。更为重要的是,Kafouros 和 Forsans（2012）发现,相比国内知识搜索，企业在国际市场上搜索的往往都是新奇的、多样化的知识。当这些知识被整合进企业现有知识库中时，会极大地提高企业创新水平（Zahra，Ireland & Hitt，2000）。因此，国际知识搜索使得企业能够从多个市场和文化背景下学习新的、有差异化的创意，进而推动企业创新。

通过对外部知识搜索领域的研究回顾，本研究发现了目前研究中存在的几点不足，亟须进一步拓展和深化。首先，对于外部知识搜索的研究仅仅关注了企业去哪儿搜索（where），而对于企业如何搜索（how）关注不够。目前对于外部知识搜索的理解还停留在搜索范围的选择上，如本地搜索和国际搜索（Kafouros & Forsans，2012）、搜索广度和搜索深度（Laursen & Salter，2006），而对于企业如何选择与搜索范围相匹配的搜索方式没有涉及。依据注意力理论的逻辑，将注意力关注在某项活动上其实就是一项确定注意力选择和注意力强度分配的过程（Kahneman，1973），因此如何实现搜索范围选择和搜索强度的匹配对于最终的搜索效果至关重要。

其次，缺乏对本地知识搜索和国际知识搜索两个领域的整合性研究，未来研究应进一步考虑本地知识搜索和国际知识搜索两种战略的均衡性问题。尽管创新管理领域的学者普遍意识到了外部知识搜索对于企业创新的重要性，并且识别出了本地知识搜索和国际知识搜索两种搜索战略，然而已有文献仅仅停留在关注本地知识搜索和国际知识搜索各自对创新绩效的影响及其比较性研究方面（Zahra，Ireland & Hitt，2000；Laursen & Salter，2006；Kafouros & Forsans，2012；Garriga，Von Krogh & Spaeth，2013），并没有指出企业在创新过程中应该如何兼顾、权衡本地搜索和国际搜索这两种知识搜索战略，即并无研究探讨企业兼顾二者的均衡性战略问题。

最后，没有研究同时实施两种搜索战略是如何提升企业创新绩效的。换言之，现有研究只是回答了本地知识搜索和国际知识搜索能够为企业提供外部知识源，但并没有阐释出这两种知识源影响创新绩效的中间机理。尽管获取资源很重要，但对于创新追赶者来说，如何在获取的基础上，消化、协调和整合这些资源（Teece，Pisano & Shuen，1997），并提升创新绩效对于现阶段的后发企业而言更加重要。因此，未来研究有必要剖析外部知识搜索影响创新绩效的中介机制。

3. 研究意义

本研究具有极强的理论和现实意义。理论意义表现在三个方面。首先，本研究将外部知识搜索划分为外部知识搜索选择和搜索强度两个方面，强调了搜索选择和搜索强度的匹配关系，因而进一步深化了外部知识搜索理论。其次，整合组织双元理论与外部知识搜索理论，突出了本地知识搜索和国际知识搜索的矛盾与互补之处，进一步深化了外部知识搜索理论，同时拓展了组织双元理论的应用范畴。最后，基于知识整合理论，剖析了外部知识搜索双元影响创新绩效的中介机制，建立了外部知识搜索双元、知识整合、创新绩效的分析框架，深化了外部知识搜索双元对创新绩效影响机制的研究。此外，研究结论能够指导企业如何在本地和国际市场上搜索，如何协调本地和国际两种知识搜索战略，以及如何最大限度地利用两种搜索战略提升创新绩效，因而具有极大的实践启示。

二　问题提出

理论研究已经证实了外部知识搜索对企业创新的战略意义（Rosenkopf & Nerkar，2001；Laursen & Salter，2006；Kafouros & Forsans，2012；Garriga，Von Krogh & Spaeth，2013），认为从外部搜索新知识能够帮助企业消除知识盲点，应对市场和技术上不可预期的变革（Chesbrough，2003）。目前对于外部知识搜索领域的研究主要体现在两个方面：本地知识搜索和国际知识搜索。本地知识搜索领域的学者认为，基于近距离的地理优势，企业能够提高创新效率（Mesquita & Lazzarini，2008；Funk，2014）；国际知识搜索领域的学者认为，通过进入国际市场，企业能够获取差异化的知识和信息，推动企业实现新的知识组合（Zahra，Ireland & Hitt，2000；Wu & Wu，2014）。尽管两个领域的研究都指出了企业外部知识搜索能够提升创新绩效，但却忽视了对以下几个问题的解答。

一是企业如何在本地和国际市场上进行知识搜索，在本地和国际市场上进行知识搜索的方式是否存在差异。换言之，现有研究只是回答了去哪儿搜索，对于如何搜索没有涉及。

二是企业如何在这两种搜索战略之间进行抉择。换言之，尽管在本地和国际市场上进行知识搜索都能推动企业创新，那么企业是否应该以及是否能够同时实施两种搜索战略，以及在什么条件下实施更为有利。

三是同时实施两种搜索战略是如何提升企业创新绩效的？换言之，现有研究只是回答了本地知识搜索和国际知识搜索能够为企业提供外部知识源，但并没有阐释出这两种知识源影响创新绩效的中间机理。

本研究试图详细回答上述问题，加深我们对外部知识搜索的理解，同时为企业外部知识搜索实践提供指导。首先，基于注意力理论视角，将外部知识搜索过程分解为搜索选择和搜索强度两个部分，讨论搜索选择（本地知识搜索和国际知识搜索）、搜索强度（搜索努力程度和搜索持续性）对创新绩效的影响。其次，整合组织双元与外部知识搜索理论，探索外部知识搜索双元的平衡和联合对创新绩效的影响，并检验创新复杂性和产业竞争压力的调节效应。最后，基于知识整合理论视角，探索外部知识搜索双元影响创新绩效的中介机制。

三　技术路线、章节安排与研究方法

1. 技术路线

本书以企业外部知识搜索战略为切入点，以提升企业创新绩效为导向，逐层深入剖析外部知识搜索选择和搜索强度、外部知识搜索双元与企业创新绩效间的关系。本研究的技术路线如图 1-1 所示。首先，针对中国企业面临的创新资源瓶颈和创新追赶需求，以及外部知识搜索能够为企业带来创新追赶机遇等现实背景，初步提出了研究问题的必要性；接着对外部知识搜索、组织双元性、知识整合领域的研究进行了综述，发现了研究的理论缺口，这为本研究的开展提供了强有力的理论支撑。随后，将本研究细化为四个子研究。

子研究一是探索外部知识搜索选择、搜索强度对创新绩效的影响。

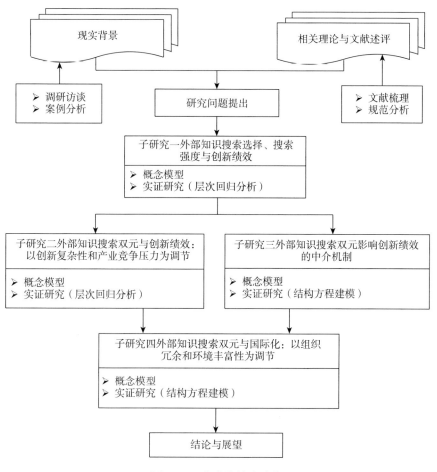

图 1 - 1   全书的技术路线

通过理论推导和案例访谈，推导出关于外部知识搜索（本地知识搜索、
国际知识搜索）选择与创新绩效的关系，以及搜索强度（搜索努力程度、
搜索持续性）的调节效应。接着，通过大样本问卷调查，对所获得的样
本数据运用探索性因子分析、验证性因子分析和回归分析等方法进行定
量分析，逐步对理论假设进行论证。

子研究二是探索外部知识搜索双元对创新绩效的影响：以创新复杂
性和产业竞争压力为调节。通过理论推导和案例访谈，推导出关于外部
知识搜索双元的平衡维度和联合维度与创新绩效的关系，以及创新复杂
性和产业竞争压力的调节效应。接着，通过大样本问卷调查，对所获得

的样本数据运用探索性因子分析、验证性因子分析和回归分析等方法进行定量分析，逐步对理论假设进行论证。

子研究三是基于知识整合理论视角探索外部知识搜索双元影响创新绩效的中介机制。通过理论推导和案例访谈，推导出关于外部知识搜索双元的平衡维度和联合维度、知识整合（正式整合机制、非正式整合机制）与创新绩效的关系。接着，通过大样本问卷调查，对所获得的样本数据运用探索性因子分析、验证性因子分析、回归分析、结构方程建模等方法进行定量分析，逐步对理论假设进行论证。

子研究四是探索外部知识搜索双元对国际化的影响：以组织冗余和环境丰富性为调节。通过理论推导和案例访谈，推导出关于外部知识搜索双元的平衡维度和联合维度与国际化的关系，以及组织冗余和环境丰富性的调节效应。接着，通过大样本问卷调查，对所获得的样本数据运用探索性因子分析、验证性因子分析、方差分析和结构方程建模等方法进行定量分析，逐步对理论假设进行论证。

2. 章节安排

依据上述技术路线的逻辑安排，本书共安排八章。

第一章为绪论。本章从现实背景和理论背景两方面出发，提出本书的研究意义和研究问题，对研究的技术路线、全书的章节安排和研究方法进行说明，并阐述了本研究的主要创新点。

第二章为组织双元性的前因、后果与研究展望。本章对组织双元进行了全方位的综述，介绍了组织双元性的起源、定义和测度方式，以及从结构双元、情景双元、TMT特征、企业内部资源或能力等方面综述了组织双元性的影响因素，最后对组织双元性影响企业绩效的关系形态和情境因素进行了综述，找到了未来研究的理论缺口，为本书的分析框架的构建和研究提供了一个理论支撑平台。

第三章为知识整合的前因、后果与研究展望。本章对知识整合进行了全方位的综述，介绍了知识整合理论的起源和概念的界定，系统梳理了理论上关于知识整合的研究体系：知识整合过程、知识整合能力、知识整合机制，随后综述了知识整合的实证研究，即知识整合对企业组织绩效、创新绩效、知识转移绩效的影响效应，以及从知识特征、主体特征、主体间关联特征、环境特征等角度分析了知识整合的影响因素，找到了未来研究的理论缺口，为本书的分析框架的构建和研究提供了一个理论支撑平台。

第四章为企业外部知识搜索选择、搜索强度与创新绩效关系研究。本章基于注意力理论逻辑，构建了本地知识搜索、国际知识搜索对企业创新绩效影响的概念模型（以表征企业搜索强度的两个指标：搜索努力程度和搜索持续性作为调节变量），通过信度、效度分析对有效回收问卷进行定量处理，以层次回归分析方法检验本章所提出假设的合理性，进一步阐释本地知识搜索、国际知识搜索对企业创新绩效影响以及表征企业搜索强度的特征指标的调节效应。

第五章为企业外部知识搜索双元与创新绩效的关系研究。本章整合外部知识搜索理论和组织双元理论，构建了外部知识搜索双元（平衡维度和联合维度）对企业创新绩效影响的概念模型（以创新复杂性和产业竞争压力两个指标作为调节变量），通过信度、效度分析对有效回收问卷进行定量处理，以层次回归分析方法检验本章所提出假设的合理性，进一步阐释外部知识搜索双元对企业创新绩效影响以及创新复杂性和产业竞争压力的调节效应。

第六章为企业外部知识搜索双元影响创新绩效的中介机制研究。本章整合外部知识搜索理论和组织双元理论，构建了外部知识搜索双元（平衡维度和联合维度）、知识整合机制（正式整合机制和非正式整合机制）、创新绩效的概念模型，通过信度、效度分析对有效回收问卷进行定量处理，以层次回归分析、结构方程建模方法检验本章所提出假设的合理性，进一步阐释外部知识搜索双元影响企业创新绩效的中介机制。

第七章为企业外部知识搜索双元影响国际化的实证研究。本章整合外部知识搜索理论和组织双元理论，构建了外部知识搜索双元（平衡维度和联合维度）对企业国际化影响的概念模型（以组织冗余和环境丰富性两个指标作为调节变量），通过信度、效度分析对有效回收问卷进行定量处理，以层次回归分析方法检验本章所提出假设的合理性，进一步阐释外部知识搜索双元对企业国际化影响以及组织冗余和环境丰富性的调节效应。

第八章为结论与展望。本章对本研究的重点研究结论进行总结，阐述本研究的理论意义与实践启示，进一步阐明本研究的主要创新点，并指出研究中的不足之处和今后进一步深入研究的方向。

3. 研究方法

在明确本书研究问题的基础上，本书采用文献研究与实证研究相结合、定性研究与定量研究相结合的方法对本地知识搜索、国际知识搜索、外部知识搜索双元、知识整合与企业创新绩效的关系进行研究。具体所采用的研究方法如下。

（1）文献研究方法

文献研究方法是指以研究问题为导向，对文献资料进行检索、阅读、整理，以及对文献中的理论观点进行有原则的取舍的一种研究方法（王凯，2010）。本书在研究问题形成之前，首先就本地知识搜索、国际知识搜索、组织双元、知识整合等领域的文献进行了大量的收集整理和分析工作，以此作为本书的重要理论基础。本书依托外文文献数据库 EBSCO、Proquest、Sciencedireet 和中文文献数据库系统中国知网和维普数据库系统等以及 Google 学术搜索平台进行文献的检索和收集工作。本书涉及的核心文献主要来自战略管理领域高水平期刊 AMJ、SMJ、JOM，创新领域高水平期刊 Research Policy、Technovation，国际商务领域高水平期刊 JIBS、JWB、IBR 等。通过文献的阅读、整理、归纳，基本厘清了外部知识搜索、组织双元、知识整合领域的研究现状，在此基础上提出了本书的研究问题。文献研究方法主要运用在本书第二章、第三章的文献综述以及各章节的假设提出和变量测度部分。

（2）定量实证研究

为了验证概念模型中的研究假设，本研究以问卷调查的方式收集数据，并将收集到的有效问卷建立题项数据库，随后综合进行描述性统计分析、方差分析、相关分析、信度和效度检验、层次回归分析、结构方程建模与拟合等统计分析工作。本研究使用 SPSS17.0 软件进行描述性统计分析、方差分析、相关分析、信度和效度检验、探索性因子分析、层次回归分析，使用 AMOS7.0 软件进行验证性因子分析、结构方程建模与拟合。具体分析方法介绍如下。

描述性统计分析。描述性统计分析主要对样本企业的企业规模、企业年龄、行业类型等基本特征进行统计分析，说明各变量的最大值、最小值、均值、百分比、标准差等，同时描述样本的类别、特性以及比例分配状况。

相关分析。本研究以 Pearson 相关分析研究本地知识搜索、国际知识搜索、搜索强度、外部知识搜索双元的平衡维度和联合维度、正式知识整合机制、非正式知识整合机制和创新绩效以及相关调节变量、控制变量的相关系数矩阵，考察各研究变量间是否显著相关，将其作为下一步统计回归分析的基础。

信度与效度分析。信度是指衡量效果的一致性和稳定性（贾怀勤，2006），信度高意味着排除随机误差的能力强。常用的信度指标有稳定性、等值性和内部一致性（李怀祖，2004），本研究主要针对内部一致性进行检验。本研究主要检验样本数据的内部一致性，具体利用 Cronbach's α 值来评价。效度是指测量工具对调查对象属性的差异进行测量时的准确程度，即测量工具是否能真实、客观、准确地反映属性的差异性（贾怀勤，2006），效度高意味着排除系统误差的能力强。效度可分为内容效度（content validity）、构思效度（construct validity）和准则相关效度（criteria-related validity）三类。本研究中的各测量题项都是直接测量，在同一时期内很难找到其他标准资料作辅助，无法进行准则相关效度的分析，因此仅讨论内容效度和构思效度。内容效度旨在检测衡量内容的适切性，本研究为达到内容效度，以相关理论为基础，参考现有实证研究进行问卷设计，并加以修订。问卷初稿完成后，多次与相关领域学者和企业界人士讨论修改，因此能在一定程度上确保变量测量的内容效度。构思效度指测量出理论的概念和特征的程度，因子分析经常被用来检测构思效度。本研究针对概念模型中涉及的本地知识搜索、国际知识搜索、搜索强度、知识整合和创新绩效等变量做了因子分析，以检验本研究变量度量的构思效度。

层次回归分析。本研究以层次回归分析分析外部知识搜索双元对创新绩效的直接影响效应和调节变量的调节效应，具体操作过程中首先验证外部知识搜索双元的平衡维度和联合维度与创新绩效之间的关系，然后逐步检验创新复杂性和产业竞争压力两个调节变量对外部知识搜索双元与创新绩效之间关系的调节效应。层次回归分析可以直接观察随着解释变量的增加，每个模型的解释力会有变化，从而分析不同解释变量对被解释变量的贡献程度，这种变化也为分析变量间的复杂关系提供了重要线索。多重共线性、异方差和自相关是运用回归模型研究经济与管理问题时经常遇到的问题，必须恰当解决，才能得出科学性的结论（马庆国，2002）。本研究按以下准则对回归三大问题分别进行检验：①多重共线性。多重共线性指解释变量（包括控制变量）之间存在严重的线性相关，表现为多个变量有共同的变化趋势，可以用方差膨胀因子（VIF）来判断。一般来说，当 $0 < VIF < 10$，不存在多重共线性；当 $10 < VIF < 100$，存在较强的多重共线性；当 $VIF > 100$，存在严重多重共线性。②异方差。异方差问题指随着解释变量的变化，被解释变量的方差存在明显的变化趋势（不具有常数方差的特征），使估计值不再具有最优的性质。通常用散点图进行判断，以标准化预测值为横轴，以标准化残差为纵轴，进行残差项的散点图分析，若散点分布呈现无序状态，则可认为不存在异方差。③自相关。自相关问题指不同期的样本值（不同编号的样本值）之间存在相关关系。通常用 Durbin-Watson 统计值（DW 值）来检验一阶自相关问题。一般可以认为，当 DW 值介于 1.5 至 2.5 之间，则模型不存在序列相关。

结构方程模型。本研究运用结构方程模型（SEM）的方法进一步检验外部知识搜索双元（平衡维度和联合维度）作用于企业创新绩效的作用路径。结构方程模型是一种综合运用多元回归分析、路径分析和验证性因子分析方法而形成的一种统计分析工具。它具有以下优点：同时处理多个因变量，容许自变量和因变量含测量误差，同时估计因子结构和因子关系，容许更大弹性的测量模型，估计整个模型的拟合程度（Bollen & Long，1993，转引自侯杰泰、温忠麟、程子娟，2004）。全书的概念模型中知识整合以及创新绩效具有主观性强、难以直接度量、度量误差大、因果关系比较复杂等特点，非常适用于结构方程模型。结构方程模型的应用可分为四个步骤：模型建构、模型拟合、模型评价和模型修正（侯杰泰、温忠麟、程子娟，2004）。结构方程分析的核心是模型的拟合性，即研究者所提出变量间的关联模式，是否与实际数据拟合以及拟合的程度如何，进而对研究者的理论研究模型进行验证。要保证基于拟合效果良好的模型来对理论假设进行验证，至少达到多于一个参数标准是必需的。借鉴侯杰泰、温忠麟、程子娟（2004）的研究，本研究将综合运用绝对拟合指数与相对拟合指数进行模型评价，选取了 χ^2/df、RMSEA、TLI、CFI、NFI、IFI 这几类广为认可和应用的指标作为评价模型的拟合指数，具体判别标准如表1-1所示。

表 1-1　评价模型的拟合指标数值范围及理想数值汇总

指标	指标数值范围	理想的指标数值
χ^2/df	大于 0	小于 5，≤2 更好
RMSEA	大于 0	小于 0.1，小于 0.05 更好
TLI	0~1，也可能出现负值	≥0.9，接近 1 更好
CFI	0~1	≥0.9，接近 1 更好
NFI	0~1	≥0.9，接近 1 更好
IFI	0~1	≥0.9，接近 1 更好

四　全书创新点

本书围绕"企业外部知识搜索如何影响创新绩效"这一研究命题，立足于已有研究基础，通过严密的理论分析与逻辑推导，整合组织双元与外部知识搜索理论，以及基于知识整合理论，形成了本书的研究模型。通过问卷调查和大样本统计分析，本书进一步检验理论模型的合理性与有效性，并对之进行了修正与完善。在继承已有研究成果的基础上，本研究在以下三个方面进行了深化与拓展。

第一，从注意力理论着手，探索外部知识搜索不同维度之间的匹配。将注意力理论整合进外部知识搜索领域，将外部知识搜索划分为外部知识搜索选择和搜索强度两个组成部分，验证了搜索选择（本地和国际知识搜索）与搜索强度（搜索努力程度和搜索持续性）的匹配效应，因此进一步深化了外部知识搜索理论。

第二，整合组织双元与外部知识搜索理论，对外部知识搜索理论发展提出了一种新的视角，扩展了组织双元理论的应用范围。以往研究只是关注本地或国际知识搜索战略中的一种，本研究指出了本地搜索与国际搜索既存在矛盾之处，又存在互补效应，初步构建了外部知识搜索双元理论框架，深化了外部知识搜索理论研究，同时也拓展了组织双元领域的研究范畴。

第三，打开了外部知识搜索双元影响创新绩效的中间黑箱。已有关于外部知识搜索与创新关系的研究认为企业从外部获取了有价值的创新知识，进而能够提升创新绩效。本研究基于知识整合视角，认为外部知识搜索双元推动了知识整合惯例的建立，进而提升创新绩效。因此，研究结论深化了外部知识搜索双元影响创新绩效中介机制的研究。

企业外部知识搜索的创新机制

第二章　组织双元性的前因、
后果与研究展望

Tushman 和 O'Reilly（1996）提出的组织双元性对于企业长期发展至关重要的观点，引发了学术界对于组织双元性的大讨论。尽管已有研究涉及组织双元性的构念、前因、后果等方面的研究，然而目前理论界对于组织双元性还存在认识误区，因此有必要对组织双元性的已有研究进行全面的综述，找到未来研究的切入点。

一　组织双元性的概念衍生

1. 组织双元性的起源

组织研究领域的核心观点之一就是不同的组织战略和环境条件需要不同的组织形式与之相对应。例如，Burns 和 Stalker（1961）认为在稳定环境中运营的企业会开发出机械式的管理系统：上下级关系明确、工作定义清晰、员工角色清晰等。相比之下，处于动态环境中的企业会开发出更加有机的组织系统：缺乏正式定义的任务、不依靠正式和标准化管理体系、更多的横向协调机制等。后来的研究证实了这种观点，研究者普遍认为不同的组织结构匹配不同的组织经营战略和环境。

基于这种观点，组织适应论领域的学者们认为，企业为了成功应对动态变化的外部环境，并获得长期的竞争力，就需要改变组织结构。Thompson（1967）将这种在效率与灵活性之间的权衡取舍定义为管理悖论。March（1991）认为，企业所面临的适应性挑战就是需要同时利用现有的资产和能力，开展足够多的探索活动以适应技术和市场环境的变化。在他的观点中，利用是有关效率、控制、确定性、减少差异的活动，而探索是有关搜索、发现、自治和创新方面的活动。在 March（1991）看来，企业面临的基本问题就是实施足量的利用活动以保障企业目前的生存能力，同时实施足量的探索活动以保证企业将来的生存能力。然而，March（1991）也指出，企业很难在利用和探索活动之间保持平衡，因为大多数企业偏向于关注能够获取短期成功的利用活动。探索活动往往就是无效的，不可避免地会产生很多无用的创意。然而，如果企业仅仅关注利用活动，而在探索活动上没有涉及，那么当外部环境发生重大变革时，企业很可能被市场淘汰。

基于探索活动和利用活动需要不同的组织结构的逻辑，学者们认为，组织要想保持长期的竞争力就必须同时拥有两种结构。例如，Duncan（1976）认为企业需要在创新生成和创新利用两种结构之间转换。在对一些企业进行调查后，Tushman 和 O'Reilly（1996）提出组织需要同时探索和利用，成为双元性的组织。这种观点引发了学者们对双元性与企业绩效、结构差异化与双元性、双元性在什么条件下最利于企业绩效提升、如何实现双元性等问题的探讨。

2. 组织双元性的定义

自从 Duncan（1976）第一次提出了组织双元性的概念，学者们开始使用组织双元性描述一系列的组织行为和结果。事实上，正如 Gibson 和 Birkinshaw（2004）所说，组织双元性逐渐被理解成企业同时做两件不同事情的能力，如探索和利用、效率和灵活性、匹配与适应。从文献检索来看，目前对于组织双元性的定义可以分成三类：结构双元（structural ambidexterity）、行为双元（behavioural ambidexterity）和实现双元（realized ambidexterity）。结构双元和行为双元是指组织实现双元性的过程和机制，实现双元是指企业已经实现了探索和利用双元性的一种状态。

结构双元指的是这样一种组织设计或形式，不仅包含独立的从事探索和利用活动的结构子单元，还包括不同的能力、系统、激励、过程和文化（Benner & Tushman，2003）。例如，上游单元（如生产）主要超前享受利用活动,而下游单元(如营销和销售)主要负责探索。这些独立的机构单元受到企业整体价值观、战略意图和结构整合机制的影响,从而形成合力。

行为学视角认为实现组织双元关键是在企业内部建立一个"鼓励员工在探索和利用活动的时间分配上进行自主决策"的高绩效情景(Ghoshal & Bartlett,1994;Gibson & Birkinshaw,2004)。因此,尽管结构双元的思想是在企业内部创造双元的结构来实现组织双元,而行为学的思想是在企业内部建立和实施一系列精心设计的系统和过程,从而界定了组织成员的行为情景。也就是说,组织情景使得个体成员能够同时考虑所承担工作的探索和利用特征。当个体成员尝试如何提高工作效率(正确地做事)的时候,他们也会思考如何增强效果(做正确的事)。

实现双元,也是最常见的一种组织双元,主要根据组织的探索和利用活动界定组织双元,如双元性的组织成功实施了渐进和激进创新(Benner & Tushman,2003;Smith & Tushman,2005)。因此,实现双元与结构双元、情景双元的根本区别在于其明确强调了组织在探索和利用活动上的绩效。本研究认为结果和行为维度指的是组织促进双元性的导向和属性,而实现双元指的是组织在探索和利用活动上的实施情况。

3. 双元性的测度

目前对于组织双元性的测度并没有形成统一的口径。总的来说,学者们主要基于对双元性的平衡和整合的理解来测度双元性(He & Wong,2004)。基于平衡视角的学者认为,同时实施两种相互竞争的战略会对内部资源提出更高的要求,此时企业需要做的是如何在相互竞争的两种战略之间保持平衡,因此组织双元性主要以相互竞争的战略行为的差值的绝对值来测度(Cao,Gedajlovic & Zhang;2009)。基于整合视角的学者认为,同时实施两种相互竞争的战略会产生整合(互补)效应,因此组织双元性主要以相互竞争的战略行为的乘积来测度(Cao,Gedajlovic & Zhang;2009)。此外,还有学者提出"以相互竞争战略行为的和"来测度组织双元性(Lubatkin et al.,2006),但这种方法没有得到理论界的支持。

表 2 - 1   组织双元概念界定汇总

作者	研究方式	分析单元	分析视角	定义
Duncan（1976）	理论研究	业务单元	结构双元	组织推动组织结构差异化的能力
McDonough & Leifer（1983）	实证研究	业务单元	结构双元	一个工作单元同时采用几种不同结构的能力
Tushman & O'Reilly（1996）	理论研究	组织	结构双元	通过在同一企业内部采用多种矛盾性的结构、过程和文化来同时推动渐进和激进创新的能力
Tushman，Anderson & O'Reilly（1997）	理论研究	组织	结构双元	双元性的组织拥有多种组织结构来同时满足多样化的创新需求（渐进创新和激进创新）
Adler et al.（1999）	实证研究	业务单元	实现双元	同时实施惯例和非惯例的任务
Benner & Tushman（2003）	理论研究	组织	结构双元	双元性的组织结构是一种既紧密联系又保持一定松散性的结构
Gibson & Birkinshaw（2004）	实证研究	业务单元	行为双元	在整个业务单元内部同时保持匹配和灵活性的行为能力
He & Wong（2004）	实证研究	组织	实现双元	在探索和利用之间保持平衡，同时在成熟市场（注重成本效率和渐进创新）和新兴市场（注重实验、速度和灵活性）运营的能力
Atuahene-Gima（2005）	实证研究	组织	实现双元	同时在利用现有产品创新能力和探索新能力上投资
Jansen，Van den Bosch & Volberda（2005）	实证研究	业务单元	实现双元	同时实施探索和利用性创新的能力
Kaplan & Henderson（2005）	理论研究	组织	结构双元	组织内部的一部分单元继续按照以往惯例经营，而另一部分单元尝试整合外部最佳实践
Smith & Tushman（2005）	理论研究	组织	结构双元	在业务单元间建立内部一致的组织结构和文化，使得组织能够同时在不同业务单元之间分别实施探索和利用活动
Danneels（2006）	理论研究	企业	实现双元	企业能够同时开发并推销维持性和激进性创新
Gupta，Smith，Shalley（2006）	理论研究	组织	实现双元	双元性指的是组织通过松散的、差异化的子单元来同时实施探索和利用活动
Lubatkin et al.（2006）	实证研究	组织	实现双元	双元性的企业能够灵活利用现有能力并同时探索新的机会

企业外部知识搜索的创新机制

作者	研究方式	分析单元	分析视角	定义
O'Connor & DeMartino (2006)	实证研究	业务单元	实现双元	业务单元管理者同时推动激进创新活动和日常运营活动的能力
Venkatraman, Lee & Bala (2006)	实证研究	组织	实现双元	企业同时探索新产品市场和利用现有产品市场的能力
Bierly & Daly (2007)	实证研究	组织	实现双元	企业处理矛盾性的探索和利用活动的能力
Cegarra-Navarro & Dewhurst (2007)	实证研究	组织	行为双元	双元性就是组织同时实现匹配与适应活动的情景
Sidhu, Commandeur & Volberda (2007)	实证研究	企业	实现双元	企业同时实施探索和利用活动的能力

二　组织双元性的影响因素

对于组织双元性影响因素的研究可以划分为两类。一类，学者们主要回答企业如何实现组织双元性，这一派的研究提出了三种推动组织双元性的方法：结构双元、情景双元、TMT 特征。另一类，学者们主要回答组织双元性受到哪些环境、资源、能力的影响。

1. 结构双元

虽然结构双元的思想最早是由 Duncan（1976）提出的，但真正受到学者们的普遍关注还要归功于 Tushman 和 O'Reilly（1996）的研究。本质上，这些学者认为，当组织内部某些业务单元关注利用活动，某些业务单元关注探索活动时，企业就能实现组织双元性。结构双元指的是"将组织系统分割成多个子系统，每个子系统根据外部环境的需求实施特定的探索和利用活动"（Jansen，Vera & Crossan，2009）。这些子系统在心智、时间导向、功能、产品或市场领域等方面存在差异。在双元性组织内，结构双元使得探索和利用业务单元在空间上分离开来。通过结构上的分离创造了一种真实的边界，结构双元保护实验活动不受企业内部的主导管理认知和惰性的影响。Jelinek 和 Schoonhoven（1993）也提到了半结构的概念，认为企业创新的挑战在于如何在企业内部创造一种同时支持纪律和创造力的双元结构。他们认为，结构上的分离使得探索性业务单元的独特过程、结构、文化不会受到利用性业务单元文化的侵蚀。相反，建立业务单元能够同时满足目前客户，实施利用性活动不会受到探索性业务活动的影响。结构双元使得不一致和矛盾性的探索和利用活动能够在不同的地理位置同时存在，企业可以根据新兴或主流的市场机会建立新的发展目标。通过这种方式，企业能够创造更灵活和自主的经营方式，使得企业在结构上更加灵活地适应本地冲突性的任务环境。

　　然而，组织内部的双元结构同样也可能导致独立的业务单元因无法整合其他业务单元的成果而被孤立或业务失败。因此，通过结构分离实现组织双元性必须以组织的整体战略意图、价值观和设定的结构联系机制为基础，这样才能实现探索和利用业务单元之间的资源分配和成果整合（O'Reilly & Tushman，2008）。正如 O'Reilly 和 Tushman（2008）所说，现在的问题不仅仅是在探索和利用子业务单元的结构分离上做出决策，还应该考虑企业如何实现不同业务单元的整合以创造价值。Iansiti 和 Clark（1994）认为在不同的领域生成详细的知识源（如在探索和利用单元中的运营能力）并不是最重要的，使用建构知识生成新的满足多种多样性顾客需求的能力才是最重要的。因此，仅仅在空间位置上实现探索和利用活动的分离是不够的，并不能同时实现探索和利用性创新。结构双元性创造了一种矛盾的情况，因为利用业务单元主要关注短期效率和控制，这与探索业务单元关注长期的实验和分散化结构是存在本质差异的。当企业分散了探索和利用活动，企业需要在随后的活动中建立整合机制，协调和整合在不同业务单元中生成的运营能力。因此，为了解决这些矛盾性的问题，在探索和利用业务单元层面调动、整合和部署运营能力是企业获取价值和实现双元的必要措施。

　　Jansen，Vera 和 Crossan（2009）认为，尽管结构差异化帮助双元组织解决了矛盾性的需求，但组织需要对探索和利用活动进行协调和整合。结构差异化通过影响高管团队整合机制（权变奖励和社会整合）和组织整合机制（跨职能界面和连接性），进而对组织双元性产生影响。权变奖励指的是单个团队成员所获收益取决于团队成果的程度，其对于面临协调压力的高管团队极为重要。权变奖励在高管团队内部创造了一种结果

企业外部知识搜索的创新机制

20

相互依赖的局面，促使团队成员将注意力和行为重心放到相互帮助上，不崇尚个人主义行为。此外，团队权变奖励鼓励高管团队成员在差异化业务单元间调动和整合运营能力，通过应用新的整合方式来鼓励新的整合。这种方式降低了不同业务单元成员间的竞争，促进了协商和共同协调。总的来说，双元性组织能够利用权变奖励来协调不同探索和利用单元间在分配资源过程中产生的冲突。

社会整合是一个多层面的现象，反映了"团队的吸引力，对团队其他成员的满意程度，以及团队成员间的社会交互"。高度社会整合的高管团队通常伴随着积极的协商、妥协和合作。社会整合的高管团队的成员不仅会更努力地工作以发现和捕捉机会，还善于利用不同探索和利用单元间的运营能力。社会整合加快了合作性问题解决的进程，促进了高管对高管团队内部关键偏好和矛盾性角色的理解。社会整合激发了重要的争辩，使得高管团队成员能够评估和重新设计潜在的知识组合。从这个意义上讲，高管团队社会整合能够调动和整合不同业务单元的运营能力来实现探索和利用活动的新整合。高管团队社会整合在结果差异化和双元性之间起到中介作用，因为社会整合引出了另外一些方式去协调不同业务单元之间的冲突性目标，并且推动知识资源实现新的组合以生成新产品和服务。

双元性组织可能会使用跨职能部门界面，如联络人员、任务小组、团队来促进探索和利用业务单元的知识交流。跨职能部门团队和任务小组将来自差异化业务单元的具有不同业务专长的员工聚集起来。他们超越了探索性和利用性业务单元的边界，探索性和利用性业务单元是由在空间上分离的、拥有根本不同学习模式的业务单元组成的。在业务单元中隐藏在现有产品或服务中的那些知识源可能没有得到有效开发，原因是探索性业务单元中缺乏能力或互补知识。跨职能部门界面能够推动来自不同业务单元的组织成员建立起一个共同的参考框架，以达成相互理解和一致。此外，联络人员主要负责解决探索和利用业务单元之间的差异性，从而克服分歧，进一步明确组织目标。跨职能部门界面通过传播运营能力和学习实现双元性的新方式，为保持多个创新流提供了一个平台。因此，跨职能部门界面促进了知识源的生成和重组，从而保持了探索性和利用性单元间矛盾性结果和过程的完整性。

连接性指的是一个企业的社会网络在密度方面的整体模式，能够促进知识交流。连接性对于建立共享代码和语言是十分必要的。连接性提供了一个共同的理解基础，拥有差异化经验、知识和背景的组织成员能够转移和整合新创意。双元组织内部密集的社会关系，通过保持业务单元边界的渗透性能够减少目标在实施过程中的相关冲突。不断增加的交互作用能够推动以合作性的方式解决冲突问题，因为来自差异化的探索和利用业务单元的成员拥有更多的机会来创造双赢的局面。因此，连接性影响团队成员在探索和利用业务单元间整合和重组差异化知识源的能力和动机，因而在差异化结构和双元性中起到中介作用。

2. 情景双元

虽然从结构上实现双元对于大型企业是一种可行的办法，但却是一种资源消耗战略，需要复制组织职能，因此并不是一种对所有企业都有利的选择。这些限制使得中小型企业需要将其精力同时专注于探索和利用活动。中小企业更可能通过创造一种行为情景来实现双元，这种行为情景需要企业在较低层次上整合不同的活动（Patel, Messersmith & Lepak, 2013）。

与结构双元方法不同的是，从行为学视角来看，实现组织双元性取决于在企业内部建立一个高绩效情景。依据这种逻辑，管理者的主要任务就是在企业内部创造一个"鼓励员工在探索和利用活动上如何分配时间进行自主决策"的组织情景（Gibson & Birkinshaw, 2004）。组织情景就是规范个体行为的系统、过程和信念。组织情景与结构情景、组织文化、组织氛围极为相似。结构情景是指建立一种管理机制，促进员工建立相应的行为，但其关注点是相对有形的系统和过程，如激励或职业管理系统，而不是那些无形的系统特性，如激励员工的系统能力。组织文化指的是潜在的信仰体系和价值观，而不是正式的系统和过程。组织文化是组织管理系统和一系列管理实践和行为的基础。氛围被描述成了一种影响员工行为的环境特征。学者们对组织氛围和心理氛围进行了区分，心理氛围包括个体解释认知。重要的是，氛围研究者将组织氛围看成是一种客观的高层现象。组织情景是结构情景、组织文化和组织氛围的整合，并且是一种高层的属性（Gibson & Birkinshaw，2004）。

Gibson 和 Birkinshaw（2004）将这种高绩效情景定义为纪律（Discipline）、拓展（Stretch）、支持（Support）和信任（Trust）。纪律使得组织成员自愿努力达到他们给自己设定的目标；拓展是鼓励组织成员自愿追逐更为宏大的目标的一种情景；支持使得组织成员自愿向其他成员提供帮助；信任使得组织成员逐渐依赖彼此之间做出的承诺。Gibson 和 Birkinshaw（2004）进一步将这些机制划分为两种行为框架属性：绩效管理和社会支持。绩效管理（包括拓展和纪律）表示组织如何激励员工自愿追逐更加远大的目标和结构；社会支持（包括支持和信任）表示员工在一个合作的工作环境中树立远大的目标，激励员工彼此互相协助和支持。绩效管理与社会支持的交互作用会创造一个高绩效的组织情景，进而实现组织双元性。

当情景双元实现后，一个业务单元内的每个员工都能够在自己的职能范围内向现有客户传递价值，但同时每个员工也在任务环境中寻找变化并采取相应的应对变化的行动。这种情景式的解决办法避免了结构双元所导致的业务子单元的复杂协调问题。另一个需要指出的问题就是，尽管情景双元是代表一个组织的特征，但却是在员工的行为中表现出来的。在日常工作中，个体员工经常面临下列选择：如何花费自己的时间；员工是应该关注现有顾客的需求，还是要关注那些拥有差异化需求的新客户。在一个适应性或者匹配的业务团队中，管理者通常会对员工的任务进行明确的说明，明确了员工仅仅支持适应性或者匹配的活动就会受到奖励。然而，在一个情景双元的业务单元内部，内部环境足够动态和灵活，使得个体员工能够决定如何在适应性或者匹配导向的活动上花费时间，并且在这两类活动上投入时间和精力都会得到奖励。简而言之，情景双元在业务单元层面开发的系统鼓励个体员工双元性的行为。

虽然 Gibson 和 Birkinshaw（2004）的研究指出组织可以通过建立一些"精心选择的系统和过程（拓展、纪律、支持和信任）"来提升企业绩效，这些系统和过程共同定义了一种情景，这种情景使得匹配和适应性能够同时发展。然而，Gibson 和 Birkinshaw 仅仅指出了实现情景双元的一般特征，对于到底需要建立什么样的组织系统来推进行为双元却并没有给出实证证据。Patel，Messersmith，Lepak（2013）在此基础上进一步指出，企业可以通过建立高绩效人力资源管理系统来营造有利于组织双元性的情景。高绩效人力资源管理系统所提供的晋升机会、工作稳定性保障、员工参与、信息分享等元素增强了组织内部的信任和支持，进而营造一个推动内部知识交流和分享的双元情景。

正如 Kang 和 Snell（2009）所说，"情景双元的研究者认为实现组织双元主要依靠个体员工的特定行动，因此实现组织双元必然与企业人力资源管理活动密切相关"。同样，Gibson & Birkinshaw（2004）认为，组织双元性产生于"建立一个鼓励个体员工在矛盾性的匹配和适应性需求上，如何分配时间做出自主决策的业务单元情景"。换句话说，追求行为双元的组织必须在员工管理方式上灵活处理，使得企业人力资源具有自主决定权，愿意同时实施探索和利用活动。例如，日本东芝能够同时实现探索和利用的能力就来自于组织各个层面员工的问题解决能力，而员工的问题解决能力又是源自企业在人力资源管理实践上的投资（提高员工动力、技能和适应能力）。虽然实现组织双元的能力来自于人力资源本身，但归根结底是受到企业人力资源系统的支撑。更为具体的是，强调双元性行为模式的文献突出了建立一个"匹配现有市场同时适应不断变革市场"的人力资源管理系统的重要性。

3. TMT 特征

值得注意的是，结构双元和情景双元的支持者都认为高管在实现组织双元性方面起到了间接却重要的作用。例如，同一组织内部的双元结构容易形成业务单元之间各自为战的局面，因而增加了不同业务单元之间的整合难度。因此战略整合对于实现组织双元性非常关键。Burgelman（2002）对这些复杂的战略整合过程进行了描述，并认为在组织内部开展"战略争论"非常重要，高管应该鼓励反对者勇于提出自己的观点。因此，尽管组织内部不同业务单元在整合上存在矛盾，而高管能够推动这个整合过程。同样，建立一个高绩效的行为情景也需要高管在资源获取透明性、行动自主权、决策制定公平和公正性等方面进行指导（Gibson & Birkinshaw，2004）。基于这种逻辑，近来，学者们对 TMT 特征与组织双元性之间的关系进行了研究。

例如，Smith 和 Tushman（2005）认为在高管中建立一个矛盾的认知框架和过程能够帮助企业在探索和利用活动之间平衡战略冲突。Lubatkin 等人（2006）认为，通过建立一个行为整合的高管团队（包括高管团队的合作行为水平、团队信息交流的数量和质量、对于共同决策制定的强调程度等），使得高管人员能够开放并自由地交流差异化的知识，推动高管团队内部合作和共同决策，进而推动组织双元性建设。

Carmeli 和 Halevi（2009）进一步指出，高管团队行为整合通过影响团队行为复杂性进而影响组织双元性。行为复杂性包含两大元素：行为集合、行为差异化。行为集合表示管理者能够履行的管理角色的类型，行为差异化表示管理者依据组织情景调整领导角色的能力。因此，行为整合团队内部的合作和资源分享氛围使得领导者能够利用互补资源，履行多种领导角色（行为集合），同时根据组织环境选择正确的领导角色，以很好地响应外部环境需求（行为差异化），进而推动企业同时开展探索和利用活动。

Jansen 等人（2008）认为，虽然结构双元帮助企业克服了组织双元活动缺乏相关资源和惯例刚性的困难，但同时也对企业高管如何进行资源分配、知识整合提出了挑战。Jansen 等人（2008）进一步指出，高管团队共享愿景、社会整合、权变激励对组织双元性具有正向影响。在双元性组织内部建立共同目标和价值观能够推动探索和利用业务单元之间的资源交换和整合，此时团队成员更愿意在一些敏感问题上考虑和接受不同意见。团队内部的社会整合机制是指团队成员之间的情感因素，能够推动团队成员之间的妥协、协作以及对集体荣誉感的渴望，因而能够推动团队成员之间的信息交流，解决实施探索和利用活动之间的矛盾。权变激励反映了团队成员收益与团队结果的相关程度，使得团队成员将团队利益凌驾于个体利益之上，降低了个体之间的竞争，促进了协商和相互调整，这对于同时实施探索和利用活动都是必要的。

Nemanicha 和 Verab（2009）认为变革型领导对组织双元性具有直接正向影响，同时变革型领导还会通过学习型文化正向影响组织双元性。变革型领导通过树立理想化的形象赢得下属的信任和追随，为下属指明值得努力的方向，激发下属的创新性行为，为下属个人发展提供人性关怀，因而创造了一个鼓励合作、资源分享和创造性思维的工作环境，进而推动组织双元性。此外，变革型领导还能够创造一种心理安全的环境，领导者勇于承认并公开讨论自己的不足之处，鼓励团队成员提出多样化的见解并参与团队决策，因而使得团队内部形成了一种开放、自由的学习型文化，这种文化使得同时实施探索和利用活动成为可能。

Cao 等人（2010）认为中小企业领导人在实施双元战略中发挥着至关重要的作用。相比大型企业而言，中小企业没有冗余资源和层次管理系统，因此企业需要依靠领导人的执行能力来处理大量矛盾性的信息和知识过程，进而实现组织双元。拥有丰富个人网络的 CEO 能够及时获取大量的有关企业内外部环境的信息，因此他能够对选择探索和利用活动有更深入的理解，避免盲目追随任何一种战略。相比之下，网络联系贫乏的 CEO 容易受信息获取的限制，仅仅基于某一职能部门的考虑而做出有失偏颇的探索或利用战略选择。CEO 个人网络的信息优势对组织双元性的作用会受到 CEO 与 TMT 成员信息分享水平（沟通丰富程度）、全面评估和理解程度（职能互补）、共同利用程度（权力分散化）的影响。

4. 企业内部资源或能力

（1）资源或能力视角

基于组织学习理论视角，组织双元性可以理解成同时实施探索性和利用性创新战略。因此，为了能同时实施双元创新战略，企业需要持续监测外部环境，从外部获取新知识，同时还需要能够将这些知识整合进企业现有业务领域。实现组织双元性需要企业从外部搜索知识、加工知识并整合知识，而组织预见正是探索和利用外部机会的能力（Paliokaitè & Pačėsa, 2015）。Paliokaitè & Pačėsa（2015）以 230 家制造企业为样本，实证检验了组织预见能力（环境扫描能力、战略选择能力、整合能力）对组织双元性的影响。研究发现，环境扫描能力、战略选择能力、整合能力均对组织双元性（探索性创新和利用性创新）具有正向影响。Judge 和 Blocker（2008）也提出实施战略双元需要具备一种动态能力——组织变革能力，即组织持续更新其能力基础并创造新能力以应对新威胁的能力。

Lin 等人（2013）基于资源观理论视角，选取 214 家台湾战略业务单元作为分析对象，实证检验了学习能力对组织双元性（激进创新和渐进创新）的影响。Lin 等人（2013）认为，企业同时实施激进创新和渐进创新需要具备特定的学习能力。学习能力被定义为一系列促进组织内部员工学习、与其他组织建立伙伴关系（促进学习扩散）、开放文化（促进和保持知识分享）的企业实践。研究发现，当组织内部学习、建立外部伙伴关系、开放性组织文化整合在一起时，会对组织双元性产生正向影响。

（2）战略视角

Zhang 等人（2016）重点研究了创业导向和基于能力的人力资源管理对创新双元的影响机制。创业导向是一种反映"创新性、主动性和风险承担"的战略姿态，同时也是指企业探索和利用新市场机会的一系列的决策制定活动。具体来说，创新性反映了提出新创意、支持创造性和新颖性、开展研发新产品和流程的倾向和能力。主动性表示企业参与预测未来市场需求，领先竞争对手引入新产品或服务的意愿。风险承担表示企业大胆进入未知领域，在不确定性的研发活动上投入大量资源的意愿。根据创业导向的定义，创业导向的活动包括有效地生成新市场机会和整合现有资源以利用机会的活动。换句话说，创业导向帮助企业在机会搜索（探索）和优势搜索（利用）之间实现了一种平衡。因此，创业导向强的企业更可能同时实施探索和利用性创新，能够更好地适应和塑造环境。如果仅仅是关注探索活动忽视利用活动，会导致企业在创新活动上承担高风险和高投入，降低利用现有能力所带来的收益。相反，仅仅关注利用活动可能会带来短期收益，但是会损失将来的发展机会。

基于能力的人力资源管理是指一系列的人员管理战略与活动，使得员工能够开发技能和知识，最终增强竞争优势。基于能力的人力资源管理促进组织双元主要是从人员招募或选择、参与、学习机制三个方面着手。首先，为了开发支撑双元的组织结构，要基于能力招募选择员工，同时通过培训使得员工能够探索新知识并改进现有的知识结构。其次，基于能力的参与计划，如团队工作、工作过程中的自治、团队例会、建议计划，使得成员能够将其精力花费在完成工作目标上，进而推动企业战略活动的实施。此外员工自治能力的加强使得员工更有动力在工作中从事探索和利用活动。

　　此外，创业导向还会与基于能力的人力资源管理交互影响创新双元。创业导向影响的是企业发现和利用机会的方式。建立在这一观点之上，创业导向强的企业更可能整合创业思维和基于能力的人力资源管理，以一种补充的方式来创造一种组织结构，使得员工的知识和技能放大，并且朝着探索性和利用性创新的方向努力。创业导向和基于能力的人力资源管理还会以一种互补的方式整合在一起，创业导向的员工选择、招募和培训会朝着有利于探索和利用活动的方向进行。作为一种无形资产，创业导向并不会自动转换为创新。这意味着企业必须将员工的知识和技能与创业理念相结合，而企业正是通过人力资源管理系统实施这一过程的。

　　（3）文化视角

　　Lee 等人（2016）从组织文化视角研究了创新型文化对于实现组织双元的战略意义。尽管同时实施探索和利用活动会带来资源限制与失败等方面的矛盾，但创新型文化能够帮助获取适应环境的战略柔性，帮助企业调整组织惯例以适应这些矛盾。事实上，已有研究已经证实了在创新型文化氛围之下，有机的组织结构和授权的一线管理者更有激情去同时实施探索和利用活动。此外，创新型文化也会促进组织内部对新创意的开放和包容，这也会降低企业推动探索和利用的难度。这意味着，管理者倾向于利用活动，但也对探索活动极其包容和鼓励。

表 2 - 2　组织双元的实证研究

学者（年份）	研究问题	研究结论
He & Wong（2004）	探索性创新、利用性创新、创新双元与企业销售增长率的关系	探索与创新战略的交互项与销售增长率正相关，探索与创新战略差项的绝对值与销售增长率负相关
Gibson & Birkinshaw（2004）	如何在组织内部实现组织双元，以及组织双元与企业绩效之间的关系	情景双元（纪律与拓展、支持和信任）能够推动组织双元的建立，组织双元与企业绩效正相关
Lubatkin et al.（2006）	研究中小企业实施组织双元（探索性创新和利用性创新）的前因和后果	高管团队行为整合（合作行为、信息交流、共同决策制定）与组织双元正相关，组织双元与企业绩效正相关

学者（年份）	研究问题	研究结论
Jansen，Bosch，Volberda（2006）	研究探索性与利用性创新的前因和后果，以及环境动态性和竞争性的调节作用	中心化负向影响探索性创新，正式化正向影响利用性创新，连接性正向影响探索性创新和利用性创新；探索性创新的作用在动态环境中更为明显，利用性创新在竞争性环境中的作用更为明显
Lin，Yang & Demirkan（2007）	在企业联盟（探索性联盟与利用性联盟）背景下关注组织双元与企业绩效的理论边界	联盟双元与企业绩效之间的关系取决于企业规模、环境不确定性、企业中心性、结构洞、网络动态性
Li & Lin（2008）	响应市场导向和先动市场导向与探索性创新、利用性创新关系研究	响应市场导向与探索性创新正相关，响应性市场导向对探索性创新的影响要低于先动市场导向；响应市场导向与利用性创新正相关，先动市场导向对利用性创新的影响要低于响应市场导向
Judge & Blocker（2008）	企业实施战略双元的能力基础和情景因素	组织变革能力与战略双元正相关，环境不确定性与组织冗余的具有调节作用
Jansen et al.（2008）	研究高管团队属性、领导行为与组织双元的关系	高管团队共享愿景、社会整合、权变激励对组织双元性具有正向影响
Mom et al.（2009）	从管理者层面分析影响管理者双元的整合因素	管理者决策制定的集权性与管理者双元正相关，管理者任务的正式化与管理者双元不相关，管理者个人的协调机制（管理者参与跨职能界面以及与其他组织的连接性）与管理者双元正相关
Cao，Gedajlovic，Zhang（2009）	组织双元的平衡维度和联合维度对于绩效的影响	平衡维度对资源限制型企业更为有利，整合维度对能获取大量资源的企业更为有利
Jansen，Vera，Crossan（2009）	结构差异化与双元：整合机制的中介作用	结构差异化通过影响高管团队整合机制（权变奖励和社会整合）和组织整合机制（跨职能界面和连接性），进而对组织双元性产生影响
Carmeli & Halevi（2009）	高管团队行为整合、行为复杂性与组织双元关系研究	高管团队行为整合通过影响团队行为复杂性进而影响组织双元性
Nemanicha，Verab（2009）	变革型领导、学习型文化、组织双元性关系研究	变革型领导对组织双元性具有直接正向影响，同时变革型领导还会通过学习型文化正向影响组织双元性
Jansen 等（2008）	战略领导（变革型领导、交易型领导）与探索性创新和利用性创新关系研究	变革型领导与探索性创新正相关，交易型领导与探索性创新负相关，交易型领导与利用性创新正相关，环境动态性负向调节交易型领导与探索性创新、利用性创新之间的关系

学者（年份）	研究问题	研究结论
张婧、段艳玲（2010）	市场导向均衡对制造型企业产品创新绩效的影响	市场导向的匹配均衡正向影响产品创新绩效，单独分析时市场导向联合均衡对产品创新绩效有显著正效应，同时实现匹配均衡和联合均衡能改善产品创新绩效，环境动态性正向调节市场导向均衡两个维度与创新绩效之间的关系
Cao，Simsek & Zhang（2010）	CEO与高管团队在实现组织双元方面的作用	CEO个人网络的信息优势与组织双元正相关，这一关系受到CEO与TMT成员信息分享水平（沟通丰富程度）、全面评估和理解程度（职能互补）、共同利用程度（权力分散化）的影响
焦豪（2011）	双元型组织竞争优势的构建路径	利用式创新和探索式创新的平衡效应在一定程度上能增强企业的长期竞争优势，二者平衡匹配才能产生协同效应
Chang，Hughes & Hotho（2011）	影响中小企业实施创新双元的内外部因素	内部组织结构（决策制定的中心化＋部门间的连接性）、外部环境（动态性＋竞争性）均与创新双元正相关
Chang & Hughes（2012）	从高管、组织结构、组织情境三个方面研究中小企业实施组织双元的前因	结构特征（正式化、连接性）和领导特征（风险容忍和适应性）与创新双元正相关
李桦（2012）	探讨了战略柔性对企业绩效产生影响的作用机制，即战略柔性能否通过组织双元性的中介作用对企业绩效产生影响	战略柔性对组织双元性和企业绩效有正面的影响；组织双元性在资源柔性影响企业绩效的过程中起到了部分中介作用；组织双元性在协调柔性影响企业绩效的过程中起到了完全中介作用
Hsu，Lien & Chen（2013）	新兴经济体中国际化双元与企业绩效的关系	国际化双元与企业绩效正相关，受到国际化深度、广度的负向调节，受到国际化速度的正向调节
Patel，Messersmith & Lepak（2013）	如何通过高绩效人力资源管理系统推动情景双元的建立	高绩效人力资源管理系统所提供的晋升机会、工作稳定性保障、员工参与、信息分享等元素进一步增加了组织内部的信任和支持，进而营造一个推动内部知识交流和分享的双元情景
Lin et al.（2013）	企业学习能力、创新双元与企业绩效关系研究	当组织内部学习、建立外部伙伴关系、开放性组织文化整合在一起时，会对组织双元性产生正向影响
Clercq，Thongpapanl & Dimov（2013）	研究情景双元与企业绩效关系的内部情景因素	当信息公平和奖励依存度较高时，组织双元性与企业绩效之间的关系会增强；当任务冲突和资源竞争程度较高时，组织双元性与企业绩效之间的关系会减弱

企业外部知识搜索的创新机制

学者（年份）	研究问题	研究结论
Li（2014）	高管团队多样化影响组织双元的机制研究	高管团队多样化不仅通过战略谋划过程正向影响组织双元，还会通过组内冲突负向影响组织双元，高管团队整合机制正向调节这一过程
Clercq，Thongpapanl & Dimov（2014）	研究中小企业情景双元与企业绩效关系的内外部情景因素	当内部竞争较为激烈时，组织双元性（匹配与适应性）对企业绩效的影响程度降低；当外部竞争较为激烈时，组织双元性（匹配与适应性）对企业绩效的影响效应增强
Wei，Yi & Guo（2014）	组织学习双元（探索性学习和利用性学习）、战略柔性与新产品开发	相对探索维度与新产品开发之间呈倒 U 形关系，联合维度与新产品开发之间正相关，资源柔性和协调柔性正向调节这两者之间的关系
周俊、薛求知（2014）	探讨组织双元性的培育机制以及双元性对企业绩效的影响	组织学习促进双元性培育；双元性提高企业绩效；双元性在组织学习和企业绩效之间发挥部分中介作用
Paliokaitė，Pačėsa（2015）	实证检验了组织预见能力（环境扫描能力、战略选择能力、整合能力）对组织双元性的影响	环境扫描能力、战略选择能力、整合能力均对组织双元性（探索性创新和利用性创新）具有正向影响
Lin & Ho（2015）	制度压力、组织双元与绿色绩效关系研究	组织双元在制度压力与绿色绩效之间起到中介作用
Lee，Woo & Joshi（2016）	创新型文化、组织双元与新产品开发绩效关系研究	组织双元在创新型文化与新产品开发绩效之间起到中介作用
Zhang et al.（2016）	战略导向、基于能力的人力资源管理、创新双元与企业绩效关系	战略导向、基于能力的人力资源管理的交互项通过影响创新双元进而影响企业绩效

三　组织双元性的后果

1. 组织双元性与企业绩效的关系形态

Tushman & O'Reilly（1996）认为，相比只实施单一战略的企业，同时实施探索和利用活动的企业更可能获取优质绩效。主要实施探索活动的企业可能会面临潜在的威胁，企业很难收回创新投资。这些企业在探索活动上消耗了稀缺的资源，却并没有从利用活动中获取收益。Levinthal 和

March（1993）认为，"一个只关注探索活动的企业一般会遇到这种困境：企业很难从知识中获取收益"。特别是，如果企业只进行探索活动将会在企业内部生成过多的未开发创意。企业可能会陷入无尽的搜索、失败、徒劳的变革循环中。相比之下，主要实施利用战略的企业通常能够获取预期的收益，但这种收益却往往是不可持续的。Levinthal 和 March（1993）认为，一个只关注利用战略的企业通常会遭遇过时的困境。只在很狭窄的范围内搜索会导致日益强化的认知限制和高度专业化的能力，最终会导致核心刚性。过度关注利用战略可能会在短期内提升绩效，但会导致能力陷阱，进而不能对环境变革做出灵活的反应，影响企业长期绩效。因此，企业同时实施探索和利用活动能够使得企业在不丧失稳定性、惯例化和效率的情况下同时具有创新性、灵活性。企业长期的竞争优势在于企业同时实施探索和利用战略。学者们普遍认为，企业长期绩效来自于企业的组织双元性。Floyd 和 Lane（2000）认为，企业必须利用现有能力和探索新知识，更为重要的是，组织学习的这两个方面是不可分割的。

　　建立在这种理论逻辑的基础上，大量学者检验了组织双元性与企业绩效之间的关系。尽管有少量学者研究发现组织双元与绩效无关（Ebben & Johnson，2005；Venkatraman，Lee & Iyer，2007）或负相关（Atuahene-Gima，2005），但绝大部分实证研究证实了组织双元能够促进企业绩效提升（He & Wong，2004；Gibson & Birkinshaw，2004；Lubatkin et al.，2006；Cao Geday Youic & Zhang，2009；焦豪，2011；李桦，2012；Patel et al.，2013；Clercq，Thongpapanl & Dimov，2013；Clercq，Thongpapanl & Dimov，2014；周俊、薛求知，2014）。如 He 和 Wong（2004）以 206 家制造企业为研究样本，发现探索性创新战略和利用性创新战略的交互项与企业销售增长率正相关，而创新战略和利用性创新战略的平衡与销售增长率负相关。Gibson 和 Birkinshaw（2004）以 41 个业务单元的 4195 位员工的问卷调查数据，证实了业务单元同时实施匹配和适应性的能力与企业绩效正相关。Lubatkin 等人（2006）以 139 家中小企业为样本，证实了同时实施探索性创新和利用性创新对企业绩效具有正向影响。Lin 等人（2013）也认为同时实施激进创新和渐进创新活动可以回避单一依靠其中一种创新战略所带来的弊端，因而能够带来更高的企业绩效。例如，尽管实施激进创新能够带来原创性的产品，进而获得极高的收益率，但企业往往需要更多的时间来识别和搜索组织内外部有价值的知识源，同时企业很难估计激进创新成果的收益收回时机。实施渐进创新能够有效响应顾客需求，带来稳定的现金流，但是更容易被竞争对手模仿和替代。实施渐进创新会限制企业的知识更新速度，导致企业陷入能力陷阱。因此，企业应该同时实施渐进和激进创新战略，一方面创造新市场，获取更多的市场份额，获取长期收益，另一方面改进和拓展现有产品的质量和附加值，满足目前顾客的需求。Cao，Gedajlovic 和 Zhang（2009）将双元性分解为两个维度：双元性的平衡维度、双元性的整合维度。平衡维度主要是指企业在探索和利用维度上保持相对的平衡，强调资源限制对企业实施双元活动的影响。整合维度是指企业整合探索和利用两种活动，强调探索和利用活动之间能够形成互补效应。本研究认为这两个维度是完全不同的，并且从不同的角度提升企业绩效。

此外，有学者尝试将组织双元性理论应用到市场导向、国际化、技术搜索等领域，也发现了组织双元能够推动企业绩效的提升。张婧、段艳玲（2010）将组织双元理论引入市场导向研究领域，认为反应型市场导向和先动型市场导向分别属于利用性和探索性活动，前者加深了现有能力，而后者拓宽或延伸了现有能力。张婧、段艳玲（2010）以 227 家中国制造企业为样本，探索了市场导向匹配均衡和联合均衡对产品创新绩效的影响，研究发现市场导向匹配均衡和联合均衡对产品创新绩效均有显著正向影响。Hsu，Lien 和 Chen（2013）以 207 家台湾企业作为样本，检验了企业国际化双元对企业绩效的影响。研究发现，国际双元性对企业绩效具有显著正向影响。Hsu，Lien 和 Chen（2013）认为企业国际化动机同时具有探索和利用的特征。一方面是为了利用企业现有的技术优势，实现规模经济；另一方面是为了增强企业的技术能力或者是弥补企业的技术劣势，从而推动对发达国家企业的创新追赶。Rothaermel 和 Alexandre（2009）将双元性理论应用到技术搜索领域，认为企业技术搜索可以在企业内部和企业外部同时进行，但由于企业资源限制，企业搜索重点不可避免会有所限制，因此技术搜索具有双元性的特征。Rothaermel 和 Alexandre（2009）以美国制造企业为样本，发现技术搜索双元性与企业绩效之间呈倒 U 形关系；而较高的消化吸收能力能够使企业从技术搜索中获取更多的收益。

2. 组织双元促进企业绩效的情境因素

（1）资源限制因素

尽管组织双元性能够在很大程度上提升企业绩效，然而也增加了企业管理的复杂性和协调成本，同时对企业的资源存量提出了更高的要求（Cao，Gedajlovic & Zhang，2009）。因此，企业实施双元性面临资源获取和内部知识交流的限制。现有研究在很大程度上假定企业资源是足量的，内部知识流动频繁，内部管理者能够公平获取所需的知识，然而情况并非如此。

一方面，并不是所有企业都拥有足够的资源来同时实施探索和利用活动（Cao，Gedajlovic & Zhang，2009）。Lin 等人（2007）在研究联盟双元与企业绩效的过程中，认为组织和环境情景因素都会影响到组织双元与企业绩效之间的关系。企业的资源丰裕程度会影响企业在权衡探索和利用活动上的判断，因为企业需要思考如何在利用现有的联盟伙伴关系和探索新的网络关系上分配资源。企业的资源条件不仅会影响企业的联盟意愿，同时也会影响其能力和机会。例如，在动态的环境下，企业需要在探索性活动上分配更多的资源。Cao，Gedajlovic 和 Zhang（2009）研究发现，双元性平衡维度对于资源限制型企业更为有利，而双元性整合维度对于资源充足的企业更为有利。这说明，资源限制的企业应该更强调探索和利用活动的平衡，而资源丰富的企业应该强调如何保持高水平的探索和利用活动。

另一方面，无效的内部知识流动过程将会极大地阻碍企业整合内部探索和利用活动所生成的知识，企业组织双元性的绩效水平还取决于与企业内外部环境的匹配程度（Clercq，Thongpapanl & Dimov，2013；Clercq，Thongpapanl & Dimov，2014）。Clercq，Thongpapanl 和 Dimov（2013）以加拿大中小企业为样本，检验了知识流动元素（信息公平和任务冲突）和内部竞争环境（资源竞争和奖励依存度）对组织双元性与企业绩效的调节效应。研究发现，当信息公平和奖励依存度较高时，管理者之间彼此分享资源和应用他人资源的意愿会大大增强，组织双元性与企业绩效之间的关系会增强；当任务冲突和资源竞争程度较高时，管理者之间彼此分享资源和应用他人资源的意愿会大大降低，组织双元性与企业绩效之间的关系会减弱。

Clercq，Thongpapanl 和 Dimov（2014）以加拿大中小企业为样本，基于战略匹配理论视角检验了企业内部竞争和外部竞争压力对组织双元性与企业绩效关系的调节效应。当内部竞争较为激烈时，内部管理者之间是一种竞争关系，此时管理者之间不会彼此分享相关的职能知识和应用其他管理者的知识，组织内部知识流动受到抑制，组织双元性（匹配与适应性）对企业绩效的影响程度降低；当外部竞争较为激烈时，意味着企业面临较强的外部威胁，迫使内部管理者联合起来，彼此分享和应用知识，此时外部竞争的压力实际上使得企业内部已有知识与新知识得到了很好的融合，因此组织双元性（匹配与适应性）对企业绩效的影响效应增强。

（2）环境因素

此外，组织双元对企业绩效的影响还受到外部环境条件的调节（Lin，Yang & Demirkan，2007；Wei，Zhao & Zhang，2014），特别是在技术和市场不确定的环境下，组织双元更能够促进企业绩效提升（Junni et al.，2013；O'Reilly & Tushman，2013）。Jansen，Bosch 和 Volberda（2006）认为，环境动态性正向调节探索性创新与财务绩效的关系；负向调节利用性创新与财务绩效的关系，环境竞争性负向调节探索性创新与财务绩效的关系，正向调节利用性创新与财务绩效的关系。环境动态性表示环境的不稳定程度以及变革的速度，可以从环境变革的速度和不可预期性两个方面来理解。动态的环境意味着产业技术、顾客偏好、产品需求和原料供应等方面都有可能发生快速变化。动态的环境使得目前的产品和服务很快过时。为了尽量降低这种风险，在动态环境下，企业需要采取探索性创新，使得企业能够通过开发新产品和服务来应对快速变化的外部环境。相反，如果企业在动态环境下实施利用性创新，那么企业的产品将很快被市场淘汰。环境竞争性表示外部环境的竞争程度，通常用竞争对手的数量来衡量。当环境竞争程度很高时，企业为了生存倾向于追求高效率和低成本，即实施利用性创新活动，因为伴随高风险，追求探索性创新活动此时显得不合时宜。此外，在激烈的竞争环境下，探索性创新成果易于被竞争对手模仿，企业此时很难获取足够的资源用于实施探索性创新活动。

Lin 等人（2007）认为在不确定的环境条件下，为了追求效率和降低风险而过于关注现有企业间的关系可能会降低企业对市场上一些新兴发展趋势的关注程度，导致企业陷入能力陷阱和核心刚性。此外，为了追求灵活性而过度关注探索新的网络关系会使得企业成为一个混沌组织，导致企业出现责任不清、缺乏控制、方向模糊、不能达成共识等问题，最后使得企业难以获得发展的持续性。采取双元的联盟方式能够有效解决这些问题，平衡这两种需求。

四　未来研究展望

通过文献综述可以发现，目前组织与战略管理领域的学者对组织双元的前因和后果都给予了一定的关注，已形成了一个整合的研究框架，但仍存在值得进一步探索的地方。

首先，组织双元的理论研究具有明显的不对称性，双元性研究范畴需要进一步拓展。目前组织双元的研究主要集中于以下几个领域：组织学习（March，1991；Levinthal & March，1993；Gupta，Smith & Shalley，2006）、技术创新（Atuahene-Gima，2005；Lin et al.，2013）、组织适应（Brown & Eisenhardt，1997）、组织设计（Duncan，1976；Tushman & O'Reilly，1996），以上几个方面在外部知识搜索领域有所涉及，但远没有形成较完整的理论体系。近年来，有学者尝试将组织双元性理论应用到了战略导向（张婧、段艳玲，2010）、国际化（Hsu，Lien & Chen，2013）、战略联盟（Lavie & Rosenkopf，2006）、技术搜索（Rothaermel & Alexandre，2009）等领域。这些研究证实了双元性研究能够在其他领域拓展的可能性。因此，后续研究可以进一步将双元性研究深入拓展至外部知识搜索领域，这有助于拓宽双元性的研究范畴。

其次，大多数研究主要关注组织双元与绩效的直接效应，较少有学者探究组织双元影响绩效的中介机制。在所能检索的文献中，仅有少数研究探索了组织双元影响绩效的中介机制。如 He 和 Wong（2004）发现创新战略双元通过影响产品创新强度和工艺创新强度进而影响企业绩效；Jansen，Vera 和 Crossan（2009）发现结构双元通过影响高管团队整合机制（权变奖励和社会整合）和组织整合机制（跨职能界面和连接性）进而影响企业绩效。大多数研究主要关注如何实现组织双元，以及组织双元与绩效的直接效应。因此，后续研究需要更多地关注组织双元影响绩效的中介机制。

最后，对于组织双元前因的研究主要集中于结构特征、情景特征、高管领导特征三个方面，并认为这三个方面的设计都能够实现组织双元。然而，已有研究只是从结构、情景、高管领导三种解决途径中的单一视角进行剖析，缺乏整合性的研究。Raisch 和 Birkinshaw（2008）认为对于组织双元前因的研究需要整合三种视角，探索三种因素对于组织双元的影响机理。Chang 和 Hughes（2012）认为三种因素对于组织双元的影响存在理论重叠。例如，结构双元容易形成业务单元之间各自为政的局面，增强了不同业务单元之间的整合难度，而高管的战略整合行为对于推动信息分享和合作非常关键，因而解决了结构双元造成的难题（Simsek，2009）。同样，建立一个高绩效的行为情景也需要高管在资源获取透明性、行动自主权、决策制定公正性等方面进行指导（Gibson & Birkinshaw，2004）。基于这种逻辑，未来研究可以整合三种分析视角，综合研究组织结构特征、情景特征、高管领导特征及其对组织双元的影响机理。

第三章　知识整合的前因、
　　　　后果与研究展望

一　理论溯源与内涵界定

知识整合的概念最早由 Henderson 和 Clark（1990）在研究产品开发时提出。Henderson 和 Clark（1990）在《管理科学季刊》（*Administrative Science Quarterly*）共同发表文章《架构创新：既有产品知识和公司失败》，明确指出企业产品开发需要两方面的知识：部件知识（component knowledge）和架构知识（architectural knowledge）。部件知识是知识系统中的局部知识，架构知识是有关知识组合的整体性知识。部件知识的结构是受到外部市场的需求拉动，常常是问题导向，在特定的问题解决方案中会产生架构知识。因此，架构知识的产生过程就是知识整合，是在产品开发过程中对企业现有知识的重新配置。Kogut 和 Zander（1992）也认为知识整合是企业利用现有知识产生新应用的能力，整合方式不仅靠硬件如数据库，也须靠人员间的沟通，以及共同的文化。

Iansiti 和 Clark（1994）进一步拓展了知识整合的概念，认为知识整合不仅包括对企业现有知识的整合，还包括对企业外部顾客和技术知识的整合，并把知识整合区分为企业外部整合和内部整合来描述企业能力的形成。内部整合包括"跨职能整合"和"整合的问题解决模式"两个方面。跨职能整合着重于企业高层次整合程序，整合的问题解决模式着重于个人层次活动的整合，包括利用一些复杂的技巧、惯例和管理程序来整合各种问题解决活动。外部整合分为市场不确定环境下的顾客知识整合和技术不确定环境下的技术知识整合。顾客整合是指将潜在顾客和他们的产品使用信息和知识收集起来，用于开发流程和工程方面细节的能力。顾客整合能力根植于组织预测客户需求的一些惯例和机制，这些机制能够帮助组织成员解构目前的市场信息并对未来市场形成见解。技术整合是指将不断变化的技术知识基础（包括企业内部和外部）与组织内部的现有能力结合起来的能力。技术整合能力根植于组织将一些新的技术知识元素整合进现有能力结构的问题解决活动。组织知识的内部与外部整合构成了企业能力的基础，它们既相互区别又密切联系，外部整合是内部整合的条件，内部整合是外部整合的基础，它们又都依赖于企业对知识的吸收能力。

Grant（1996）首次系统阐释了知识整合的理论框架，包括知识整合的两种机制（命令和组织惯例）、三种特征（整合效率、范围和灵活性），并认为企业竞争优势并不是来源于企业拥有的知识，而是来自于知识整合，知识整合本身就是一种能力。然而，Grant（1996）并没有对知识整合能力给出清晰的定义。Zahra，Ireland 和 Hitt（2000）在此基础上，将知识整合定义为企业管理者整理、集成、运用所获取知识的过程。整理是指企业管理者通过系统化的方式和方法来盘点企业所学知识，并对其重要性做出评价的过程；集成是指企业管理者通过系统化的方式和方法来理解所学知识，并明确表明这些知识的价值和功用的过程，目的在于将其所学知识转化为组织本身的知识；运用是指企业管理者尝试设计出有效的方法来高效利用知识，这需要在企业内部推动知识的普及与扩散。De Luca 和 Atuahene-Gima（2007）进一步将知识整合定义为企业识别、分析、解释、组合已有知识的结构和过程，如利用文件、信息分享会议、项目分析、项目评审、外部专家咨询等。这些结构和相关的过程使得管理者能够对过去所学知识进行内化和重组，促进企业从过去的产品开发经验中学到更多知识，最终提高管理者的知识利用效率。

我国学者在国外研究的基础上给出了知识整合的定义。张利斌、张鹏程、王豪（2012）认为，知识整合即为组织内员工、团队和组织之间通过各种共享手段（如知识网络、会议、团队学习）共享各类知识（包括显性知识和隐性知识，可能是信息、观点、建议、专长或经验等），实现知识的转化和创新，形成组织的知识财富的过程。李久平、姜大鹏、王涛（2013）认为，产学研协同创新中的知识整合是指企业大学和科研院所之间跨组织的知识合作与整合行为，是各方通过信息技术和各种交流平台与途径，知识主体之间有意识地共享其所拥有的知识，实现各种知识在知识主体之间的双向流动、提炼重构和整合创新，实现知识增值，并为整合主体带来新的竞争力，甚至形成核心竞争力的一个动态过程。

曹霞等（2012）认为，知识整合是将组织杂乱的、松散的不同来源不同类型的知识，通过选择和融合，整合成为一个新的、有序的知识体系。曹霞等（2012）借鉴知识整合中的知识联结观和知识综合集成观，认为产学研合作创新知识整合是指在产学研合作创新过程中，运用科学的方法对纳入产学研合作创新组织内部零散无序的知识进行甄别和选择，并对选择出来的知识进行提炼集成，从而形成一个新的、有序的，且有利于合作创新目标实现的知识体系的过程。

魏江、徐蕾（2014）从企业微观过程视角将知识整合界定为：为实现企业能力提升与创新，对来自本地、超本地知识网络中不同主体内容形态的知识进行获取、解构、融合与重构的动态循环过程，并将知识整合细分为对辅助型知识的整合和对互补型知识的整合。辅助型知识指企业具有该类知识或者具备发展该类知识的能力，从外部整合该类知识的目的在于提高效率或降低成本，获取短期绩效，但此类知识增加企业知识冗余度，不利于长期能力提升；互补型知识指企业不拥有该类知识，并且不具备发展该类知识的能力，从外部整合该类知识的目的在于提升企业能力和长期绩效，此类知识虽降低企业知识冗余度，但易引发风险。

本研究通过对知识整合概念的梳理可以发现，对于知识整合概念的界定主要有能力观和过程观两种视角，虽然学者们对于知识整合的界定不尽相同，但对以下几点基本达成共识：①知识整合的方向包括组织内部和组织外部，即知识整合不仅包括对企业内部现有知识的整合，还包括对企业外部顾客知识和技术知识的整合；②知识整合是一个复杂的过程，需要对知识进行识别、吸收、合并、重组和运用；③知识整合涉及大量的实践模式，需要综合应用信息分享会议、项目分析、项目评审、外部专家咨询等多种惯例、机制和制度；④知识整合实质并非知识存量的简单累加或合并，而是通过组织成员交流互动、加工重组产生质变，创造新知识或形成知识体系。因此，本研究将知识整合定义为"企业利用系统化、社会化等多种机制对现有知识与外部技术和顾客知识进行分析、融合与重构的能力"。

表 3-1　知识整合的概念

学者（年份）	知识整合的定义	视角
Kogut & Zander（1992）	知识整合是企业利用现有知识产生新应用的能力	能力观
Iansiti & Clark（1994）	知识整合不仅包括对企业现有知识的整合，还包括对企业外部顾客和技术知识的整合	
Grant（1996a）	首次阐释了知识整合的理论框架，包括知识整合的两种机制（命令和组织惯例）、三种特征（整合效率、范围和灵活性），并认为企业竞争优势并不是来源于企业拥有的知识，而是来自于知识整合，知识整合本身就是一种能力	
Smith，Collins & Clark（2005）	高管团队和知识员工内部及与利益相关者分享知识的程度，整合信息和知识生成新知识，以及从整合和交流过程中发现价值的能力	
赵增耀、于海云（2012）	知识整合能力是一种获取并应用个别知识的能力，这种能力是一种转化与重新组合知识的能力，将知识整合能力分为三个层面：知识识别与获取能力、互动与协调能力、知识转化与应用能力	
Henderson & Clark（1990）	架构知识的产生过程就是知识整合，是在产品开发过程中对企业现有知识的重新配置	过程观
Zahra，Ireland & Hitt（2000）	企业管理者整理、集成、运用所获取知识的过程	
De Luca & Atuahene-Gima（2007）	企业识别、分析、解释、组合已有知识的结构和过程，如利用文件、信息分享会议、项目分析、项目评审、外部专家咨询等	
张利斌、张鹏程、王豪（2012）	知识整合即为组织内员工、团队和组织之间通过各种共享手段共享各类知识，实现知识的转化和创新，形成组织的知识财富的过程	
曹霞等（2012）	知识整合是将组织杂乱的、松散的、不同来源不同类型的知识，通过选择和融合，整合成为一个新的有序的知识体系	

学者（年份）	知识整合的定义	视角
李久平、姜大鹏、王涛（2013）	知识整合是指企业大学和科研院所之间跨组织的知识合作与整合行为，是各方通过信息技术和各种交流平台与途径，知识主体之间有意识地共享其所拥有的知识，实现各种知识在知识主体之间的双向流动提炼重构和整合创新，实现知识增值，并为整合主体带来新的竞争力，甚至形成核心竞争力的一个动态过程	过程观
魏江、徐蕾（2014）	为实现企业能力提升与创新，对来自本地、超本地知识网络中不同主体内容形态的知识进行获取、解构、融合与重构的动态循环过程	

二 知识整合的重要研究领域

1. 知识整合过程

Huang 和 Newell（2003）研究了跨职能团队项目实施中的知识整合过程和动态特征，认为知识整合不仅是对知识的处理，而且是团队协调运作和价值重构过程。其实质是组织成员通过互动不断构建、表达、重新定义共享信念的集体协作过程。沟通协调水平影响着知识整合的效率和范围，以往的整合经验和社会资本对沟通协调水平起着关键作用。

魏江、刘锦、杜静（2005）研究了自主技术创新中的知识整合过程，将知识整合划分为无知、感知和描述、控制与解释、全知、扩散五个过程。①无知阶段。对于新给定的开发任务，研发人员刚开始基本处于无知状态。研发组织和人员往往利用各种渠道收集大量信息，尤其是专业方面的知识，尽可能扩大知识接触面，为下一阶段整合做准备。②感知和描述。通过相关资料的收集和知识的接触，研发人员对研发任务有了一定的了解和设想，开始使用一系列的符号、数字和文字等描述和表达所产生的每一点创新思想与见解。这是一个从对问题未知转变到知晓并描述和探索的过程，其结果直接导致组织知识大量增加。该过程中，主要发生隐性知识的显性化、研发人员内部隐性知识相互转移等。③控制与解释。在感知和描述的基础上，研发人员开始实验和测试，试图改变和控制所开发的项目或产品。通过对记录的数据、结果和参数进行整理并分析，研发人员不仅要知道各因素间的关联和变化，还要知道各因素的影响因子，对所采集到的不同数据和结果做出解释，并为这些解释找到理论依据，用理论知识指导下一步工作。④全知阶段。这一阶段是指研发人员对所有的相关因果关系都已掌握，能非常全面地预知和控制研发的进程和结果。⑤扩散阶段。经过全知阶段，新产品、新技术首次投入市场，创新成果得到应用并向市场扩散。

芮明杰、刘明宇（2006）认为，网络状产业链的知识整合过程包括知识冲突、知识挖掘、知识整理、知识融合。知识冲突是整个产业链SE-CI过程的起点，意味着存在知识创新的机会。这种冲突一般存在于舵手企业或者模块企业内部。舵手和模块企业通过解决共同的问题，实现模糊知识的共享，并达成关于知识主题的共识，通过围绕一定的主题挖掘系统需要的知识，与主题无关的知识则被摒弃。通过组织之间的直接交流，企业隐藏的知识逐渐明晰，问题得到明确的界定。舵手在明晰知识基础上进行知识整理，知识整理与摒弃系统将传递过来的知识与原有的知识系统进行比较，首先观察有没有新知识与旧知识冲突的现象，那些不符合发展趋势的旧知识和不被纳入标准的新知识则被摒弃，保留下来的知识按一定的逻辑重新归类，然后将这些条理化新知识传递给知识融合系统。知识融合系统的任务是负责把传递过来的新知识融合到旧的知识系统中去，把它们整理成一个新的知识系统，在必要的时候对原知识系统的结构进行重新整理。

季成、朱晓明、任荣明（2007）提出了企业并购的知识整合价值链，包括知识整合管理活动和辅助整合活动，其中知识整合管理活动包括知识冲突、知识识别、知识转移、知识融合等环节，环节之间并没有非常明确的先后顺序，它们在知识整合过程中可能交叉进行，共同决定并购的知识整合绩效。企业在并购后应识别因知识异质性、文化差异性等有可能产生的冲突；应识别并购双方的知识，剔除无用或价值不大的知识，并按照重要程度重新进行分类、组织、整理，改善知识转移的情景，最后充分融合已有知识与新转移进来的知识。在知识整合过程中，知识转移和知识融合是实现企业并购知识协同的先决条件，也是知识整合价值链的核心环节。因此，如何使知识冲突降至最低，提高知识识别、知识转移和知识融合的效率是保证知识整合成功的重要条件。

惠青、邹艳（2010）从知识整合的过程角度出发，认为产学研合作中的知识整合包括知识挖掘、知识转移和知识融合。知识挖掘是从大量的、不完全的、有噪声的、模糊的数据中提取出可信的、新颖的、潜在有用的、能被人理解的信息、模式和知识的过程。其价值主要体现在企业对外部知识的发现、收集、分析和过滤，实现隐性知识向显性知识的转化，形成有序的、分层次的、易于理解的知识。知识转移是获取外部知识的员工或团队将整理后的知识传递到企业内部，为该企业吸收，从而成为组织知识的过程。知识融合是将知识进行提炼和整理，使之具有较强的柔性、条理性、系统性，必要的时候需对原有的知识体系进行重构，并以此形成企业新的核心知识体系。

曹霞等（2012）分析了网络视角下知识整合过程机理，认为知识整合过程包括知识选择和知识融合。知识整合是将原有的旧知识通过整合提炼出可用的内容，这个过程当中要对旧知识进行过滤，去粗取精得到组织所需要的知识元素，这就是对知识的选择。知识选择的过程大体可分为知识盘点、知识过滤两个步骤。知识盘点主要是明确知识存量，即组织通过对已有的知识进行盘点，明确组织具有的知识存量、知识结构、知识新旧度等。知识的过滤是指在明确组织知识存量的基础上去粗取精，选择出可用的知识添加到新的知识库中。

知识融合主要是将来自于组织内部和外部的个人和组织的显性知识和隐性知识等不同门类的知识，按类型和结构分类，按照优势互补的原则寻找相互匹配的知识进行融合，这是对旧知识体系的归纳和整理，是对原有知识库的进一步扩充，是通过知识融合使组织的知识结构变得更加完善，体现出了知识的扩散效应和协同效应。

2. 知识整合能力

Grant（1996a）认为，知识本身并不能为企业带来持续的竞争优势，能够为企业带来竞争优势的是企业的知识整合能力。知识整合能力可以从三个方面来衡量：整合效率、整合范围、整合灵活性。整合效率越高、范围越广、越灵活，企业知识整合能力越强。整合效率，表示获取与利

企 业 外 部 知 识 搜 索 的 创 新 机 制

44

用组织成员专业化知识的能力。企业知识整合效率受到三个因素的影响：共有知识的水平（包括共同语言、共有的行为准则、组织文化），任务绩效的频率和变化性（整合效率取决于沟通的效率，如果组织需要不断调整组织惯例来应对情景的变化，那么整合的效率就会偏低），组织结构（应该设计一种合理的组织结构来降低内部沟通的水平和强度，从而提高整合的效率）。整合范围，表示组织能力所利用知识的宽度。整合的范围越大，利用的知识面就越广，生产的产品或提供的服务中的知识含量就越丰富和复杂，因而也就越难被竞争对手模仿。整合灵活性，表示获取附加知识和重组现有知识的能力。在超竞争环境下，企业竞争力很容易被竞争对手模仿和替代，因此有必要对企业竞争力进行持续更新，包括两种方式：在现有能力中融入新的知识，以及通过新的整合模式对现有知识进行重组。Kenney 和 Gudergan（2006）认为，可以用知识整合过程特征"整合效率、整合范围、整合灵活性"来衡量知识整合能力，并通过案例研究的形式实证检验了组织形式、组合能力对知识整合能力的影响机制。

　　Boer，Bosch 和 Volberda（1999）认为知识整合能力包括三个方面：系统化能力、合作能力与社会化能力。系统化能力是通过正式系统创造新架构知识的能力，如代码、计划、指令、政策、程序和手册等。合作能力是通过团队成员之间的关系来推动知识整合，通过培训、工作轮换、联络设备、分享等方式，合作能力会不断提升。社会化能力是指通过企业在内部产生共同观念、信念与价值观以推动知识整合的能力，社会化能力来自于企业文化的营造。我国学者谢洪明、王成、吴隆增（2006），谢洪明、吴隆增、王成（2007），简兆权、吴隆增、黄静（2008），蒋天颖、张一青、王俊江（2009），蒋天颖、孙伟、白志欣（2013），李贞、杨洪涛（2012），缪根红、陈万明、唐朝永（2014）在实证研究中遵循了这种定义方式，将知识整合能力划分为系统化能力、合作能力和社会化能力，将知识整合视为二阶因子，分析了知识整合能力对组织绩效或组织创新的影响。谢洪明、吴溯、王现彪（2008）认为社会化能力和合作能力是知识整合能力的主要组成因素，在实证研究中主要研究这两个因素与知识整合效果以及技术创新的关系。魏成龙、张洁梅（2009）设计了系统化能力、合作能力与社会化能力的测度量表，利用因子分析将所有 13 个题项划分为知识整合能力因子 1 和知识整合能力因子 2，并分析了两个能力因子对核心能力和并购绩效的影响。

Iansiti 和 Clark（1994）将知识整合能力区分为外部整合能力和内部整合能力。内部整合包括"跨职能整合"和"整合的问题解决模式"两个方面。外部整合分为市场不确定环境下的顾客知识整合和技术不确定环境下的技术知识整合。周健明、陈明、刘云枫（2014）依据 Iansiti 和 Clark（1994）的研究设计了外部知识整合能力和内部知识整合能力的测度量表，外部知识整合的衡量由三个问题指标构成，内部知识整合的衡量由四个问题指标构成。外部知识整合的 Cronbach's α 值为 0.85；内部知识整合的 Cronbach's α 值为 0.81。潘文安（2012）则从内部系统化能力、内部协调能力、内部社会化能力三个方面来衡量内部知识整合能力，从外部系统化能力、外部协调能力、外部社会化能力三个方面来衡量外部知识整合能力。吴俊杰和戴勇（2013）借鉴了潘文安（2012）的测量体系，利用 15 个测量题项对内部知识整合能力和外部知识整合能力进行测度。

此外，张可军、廖建桥、张鹏程（2011）发展了 Nahapiet 和 Ghoshal（1998）对于知识整合就是知识的交换和组合的定义，将知识整合细分为贡献知识、组合知识两个维度。赵增耀、于海云（2012）主要参考了 Grant（1996a）关于知识整合能力的定义以及整合能力的三个相关特性的描述，认为知识整合能力是一种获取并应用个别知识的能力，这种能力是一种转化与重新组合知识的能力，他们将知识整合能力分为三个层面：知识识别与获取能力、互动与协调能力、知识转化与应用能力。

3. 知识整合机制

Grant（1996a）认为显性知识不会涉及太多整合的问题，由于显性知识能够轻易地编码、沟通、消化、储存和重新获取，因此信息技术的快速发展已经解决了显性知识的整合问题，但是缄默知识的整合却是相当复杂的问题，需要企业综合应用"指令"和"组织惯例"两种知识整合机制。指令是一种主要的知识整合机制，表示组织通过将缄默知识编码显性化为明确的规则和说明，运用这种机制，知识能够以较低成本在专家和非专家以及其他领域专家之间进行整合。例如，为了将麦当劳的运营最优化，有必要规划一本涵盖内部管理各个方面的运营手册，而不是对内部管理者在烹饪、营养管理、工程、营销、生产管理、人力资源管理、财务和会计等标准化运营规则方面进行教育。一项活动越复杂，越需要在多个地点进行复制，因此越依赖通过指令进行知识整合。由于隐性知识在转化为显性知识的过程中损失了部分信息，因此有必要应用组织惯例这种协调机制来整合知识。组织惯例为组织提供了一种不需要将知识显性化的协调机制，组织成员之间形成了熟悉的交互方式，不需要通过知识沟通就可以整合知识。然而，这些协调高度依赖于一些通过平常的培训和重复活动所建立起来的已被广泛接受和认可的非正规程序。

Grant（1996b）提出知识整合的四种机制：①规则与指令，依靠计划、预测、规则、政策、标准化的信息和通信系统来管理知识整合，将专家与成员之间的沟通成本降到最低。这些规则都是指令性的，使得组织能够将缄默知识转化成容易理解的显性知识。②排序，将企业的生产活动分割成不连续阶段，每一阶段所需的专家知识投入互不影响，这样能够有效整合专业知识同时能够将沟通与协调成本最小化。然而这种整合机制受到产品特征、物质投入、生产技术的影响，如相比一种由连续过程生产出来的产品，由多种元件组成的产品更容易通过排序实现知识整合。③组织惯例，是一种相对复杂的行为模式，惯例使得专家们的知识能够得到有效整合，而不需要通过广泛的沟通或者昂贵的交叉学习方式去调整。④团队问题解决与决策制定，需要组织人员频繁地沟通以解决重要的复杂问题。前三种整合机制通过减少沟通与学习成本以增加整合效率，因而组织一般应广泛采用这些知识整合机制；然而当任务复杂性和不确定性程度较高时，或陷入危机时，有必要使用高交互、非标准化的协调机制。

Boeq 等（1999）认为，知识整合能力是由相应的知识整合机制实现，将知识整合机制划分为系统化机制、合作化机制与社会化机制。系统化机制主要是指正式系统，如代码、计划、指令、政策、程序和手册等；合作化机制是推动组织成员之间关系建立的机制，如培训、工作轮换、联络设备、分享等；社会化机制是指推动组织成员之间建立共同观念、信念与价值观的机制。

国内研究者陈力、宣国良（2006）认为，跨职能的知识整合对于新产品开发绩效具有重要推动作用，然而跨职能知识整合面临组织中诸多边界的影响，包括结构性的边界（部门目标间的关系、部门间的信任关系、部门主管间的关系）、亚文化边界和知识边界，而企业可以依靠五种知识整合机制来穿透结构性边界、亚文化边界和知识边界。这五种知识整合机制依次为：扩展个人和部门的范式来赢得共识，进行跨职能职位轮换，构建跨职能的产品团队，构建基于对等知识联网的柔性组织，重新配置组织记忆以创造新的组织惯例和知识。他们系统分析这些机制是如何穿透以上三种边界从而能够进行跨职能的知识整合，进而对新产品开发绩效产生影响。

李柏洲、汪建康（2007）将跨国企业集团的知识整合机制划分为互动式和系统式知识整合机制。系统式知识整合机制是指采用指令、规则、程序、计划等形式化的方式进行知识整合，目的在于减少知识整合的沟通成本，从而提高整合效率。交互式知识整合机制是指通过人际间密切的沟通互动的方式来进行集体问题的解决，增加复杂、内隐或专属性知识的可整合性，或是发展作业例规，以逐渐形成形式化的知识整合机制，主要目的在于增大知识整合的范围与弹性。

陈明、周健明（2009）将企业间的知识整合机制划分为三种。①程序交流（procedural bridge）：双方共同进行企业规划活动，并达成共识，目的在于保持流程的一致性，提高知识转移衔接效率。②人员交流（human bridge）：企业双方人员通过接触互动，促进彼此的学习合作。③组织交流（organizational bridge）：彼此有正式的结构与专门机制，通过专职的知识转移小组或团队促进知识转移绩效。

于海云（2012）根据加盟于内资企业的员工来源和人数，将由于员工流动导致内外资企业间知识转移的整合机制分为团队知识整合、个体知识整合和混合知识整合。团队知识整合指的是多名来自同一家外资企业员工之间的知识整合。个体知识整合指的是来自不同外资企业单个员工之间的知识整合。混合知识整合指的是既包括团队知识整合，也包括个体知识整合。

孙彪、刘玉、刘益（2012）从技术创新联盟的特定情境出发，将知识整合机制分为独立整合机制和合作整合机制两个维度，分析并强调了它们对创新绩效的正向影响作用。独立知识整合机制是指，合作某一方在其组织内部独立建立的知识整合机制；合作知识整合是指，合作各方以合作创新单元或团队为平台，系统性地整理和集成来自合作各方的零散知识（各方已有知识、合作创新知识和各方转移的外来知识）而共同建立的结构和流程。合作知识整合机制包括：跨组织信息系统、跨界人员沟通、会议、文件编制、规则制定等。

三　知识整合的后果

对于知识整合的后果的研究，学者们主要关注知识整合对组织绩效（谢洪明、吴隆增、王成，2007）、创新能力或创新绩效（缪根红、陈万明、唐朝永，2014；孙彪、刘玉、刘益，2012；李贞、杨洪涛，2012）的影响，少数学者研究了知识整合对知识转移绩效（赵增耀、于海云，2012；陈明、周健明，2009）、知识整合绩效（魏成龙、张洁梅，2009）等因变量的影响。

1. 组织绩效

Grant（1996a）认为，企业竞争优势并不是来自于知识，而是来自于整合知识的能力，原因在于知识的黏性特征使得知识在企业内部的转移和整合难度、成本都极大。Teece，Pisano 和 Shuen（1997）也认为，知识整合能力有助于提高组织学习绩效和竞争优势。谢洪明、吴隆增、王成（2007）进一步指出知识是组织核心能力的基础，不论是显性或隐性的知识，都必须依靠知识整合的力量，尤其是部门间合作与部门内知识的系统整合，才能转化为企业的竞争力。不少学者均以大样本实证检验了知识整合对于组织绩效的促进作用（Collins & Smith, 2006；谢洪明、王成、吴隆增，2006；谢洪明、吴隆增、王成，2007；简兆权、吴隆增、黄静，2008；Lin & Chen, 2008；蒋天颖、孙伟、白志欣，2013）。然而，绝大部分实证研究均证实知识整合对于组织绩效的影响是间接的。如谢洪明、王成、吴隆增（2006）发现知识整合可以通过技术创新和管理创新来提升组织绩效；谢洪明、吴隆增、王成（2007）发现知识整合通过增强核心能力进而提升组织绩效。简兆权、吴隆增、黄静（2008）以我国珠三角地区高科技产业作为实证研究对象，发现知识整合通过增强组织创新进而提升组织绩效。Lin 和 Chen（2008）经实证发现内部整合和外部整合通过影响内部能力、顾客和供应商的知识共享进而影响竞争优势。蒋天颖、孙伟、白志欣（2013）以浙江省 7 个地区的 136 家中小微企业为研究对象，发现组织创新在知识整合与企业竞争优势（财务绩效和战略绩效）之间起到完全中介的作用。

2. 创新绩效

Boer，Bosch 和 Volberda（1999）认为，企业通过一些命令、政策、程序、手册等机制，能够融合内部各种不同属性的知识，形成新概念或新工艺，进而促进产品创新。Smith，Collins 和 Clark（2005）认为，企业创新依赖于对内部知识的创造性整合。后来的学者都支持这种观点，并实证检验了知识整合对企业创新绩效的正向影响。De Luca 和 Atuahene-Gima（2007）认为，企业从市场上学到的知识需要经过内部的知识整合机制才能用于企业的产品创新过程中。通过在企业内部建立正式的结构和过程，企业能够整合不同职能部门的创造力和智慧，推动不同职能部门的知识分享、利用和学习，从而提高产品创新过程中问题解决的成功率。此后，不少学者均以大样本实证检验了知识整合对于企业创新绩效的促进作用（谢洪明、吴溯、王现彪，2008；惠青、邹艳，2010；缪根红、陈万明、唐朝永，2014；孙彪、刘玉、刘益，2012；Tsou，2012；李贞、杨洪涛，2012；李晓红、侯铁珊，2013；周健明、陈明、刘云枫，2014）。然而，Tsai，Liao 和 Hsu（2015）却发现知识整合与创新绩效之间应是倒 U 形关系。

知识整合对于技术创新存在直接影响和间接影响。如缪根红、陈万明、唐朝永（2014）以航空企业和南京的部分钢铁企业作为实证研究对象，发现知识整合对创新绩效具有显著直接正向影响；谢洪明、吴溯、王现彪（2008）以华南地区的 219 家企业为实证研究对象，发现企业知识整合能力通过影响知识整合效果进而影响企业创新能力。

3. 知识转移绩效

有部分学者关注知识整合对知识转移绩效的影响。赵增耀、于海云

（2012）将由于员工流动导致内外资企业间知识转移的整合机制分为垂直整合、水平整合和混合整合，并分别探索了三种机制对知识转移效果的影响。垂直整合指的是流动员工来自供应商或下游关键客户的知识整合，水平整合指的是流动员工来自竞争对手的知识整合，混合整合指的是流动员工既有来自供应商或关键客户也有来自竞争对手的知识整合。实证研究结果发现：垂直整合机制、水平整合机制和混合整合机制均对知识转移效果具有显著的正向影响，混合整合机制的影响效果最好，垂直整合机制的影响效果次之，水平整合机制的影响效果最差。陈明、周健明（2009）探索了程序交流、人员交流、组织交流三种知识整合机制对知识转移绩效的影响，发现程序交流、人员交流、组织交流均对知识转移绩效具有显著正向影响。人员交流和团队交流是保障知识在企业间有效进行转移的有力措施，通过知识管理程序的搭配来加强知识的转移。

此外，潘文安（2012）将企业知识转移绩效划分为创新性知识转移效率和协同性知识转移效率，实证研究了内部知识整合能力和外部知识整合能力对两种知识转移效率的影响，发现内部知识整合能力和外部知识整合能力均对创新性知识转移效率和协同性知识转移效率具有显著正向影响，因此，加强知识整合能力建设是企业提升供应链协同性知识转移效率的关键。

4. 知识整合绩效

有学者直接用知识整合绩效来衡量知识整合的效果。魏成龙、张洁梅（2009）探索了企业并购后知识整合的传导机理，发现知识整合能力对并购整合绩效（财务绩效、客户绩效、内部流程绩效、学习和成长绩效）具有显著正向影响，同时知识整合能力通过影响企业核心能力（战略管理能力、组织管理能力、职能管理能力）进而影响并购整合绩效。

表 3 - 2　知识整合实证研究总结

作者（年份）	研究问题	研究结论
Huang & Newell（2003）	跨职能项目情境下知识整合过程与动力研究	组织的嵌入实践、以往经验、社会资本决定知识整合的效率和范围

作者（年份）	研究问题	研究结论
Tiwana（2004）	知识整合对软件开发绩效影响的实证研究	软件开发过程中应用领域的知识与技术知识的高度整合能够增加软件开发效率
Smith，Collins & Clark（2005）	现有知识、知识整合能力与新产品引入率关系研究	员工现有知识、个人网络、组织氛围正向影响知识整合能力，知识整合能力正向影响新产品数量
谢洪明、王成、吴隆增（2006）	知识整合、组织创新与组织绩效关系研究	知识整合可以通过技术创新来提升组织绩效，也可以通过管理创新来提升组织绩效
Collins & Smith（2006）	人力资源管理实践、知识整合、企业绩效关系研究	人力资源管理实践通过正向影响组织社会氛围，进而影响知识整合能力，最终影响企业绩效
Kenney & Gudergan（2006）	组织形式、组合能力与知识整合能力关系研究	组织形式、组合能力对知识整合的效率、范围、灵活性具有重要影响
谢洪明、吴隆增、王成（2007）	学习、知识整合与创新的关系研究	学习导向直接正向影响知识整合，必须通过知识的整合才能促进技术创新和管理创新
谢洪明、吴隆增、王成（2007）	组织学习、知识整合与核心能力的关系研究	组织学习通过影响知识整合进而影响核心能力，最后影响组织绩效
De Luca & Atuahene-Gima（2007）	市场知识、跨职能合作影响产品创新绩效的机制研究	知识整合机制在市场知识维度、跨职能合作与产品创新绩效间起到中介作用
简兆权、吴隆增、黄静（2008）	吸收能力、知识整合对组织创新和绩效的影响	吸收能力正向影响知识整合，知识整合通过正向影响组织创新进而提升组织绩效
谢洪明、吴溯、王现彪（2008）	知识整合对技术创新的影响机制研究	社会化能力、合作能力通过正向影响整合效果进而影响技术创新
Lin & Chen（2008）	内部整合和外部整合对三种类型知识分享的影响	内部整合和外部整合显著影响内部能力、顾客和供应商的知识分享，团队成员分享的知识对创新能力和新产品竞争优势具有正向影响
陈明、周健明（2009）	企业文化、知识整合机制对企业间知识转移绩效的影响	人员交流和团队交流在创新型文化与知识转移绩效间具有部分中介作用，程序交流在支持型文化与知识转移绩效间具有完全中介作用
魏成龙、张洁梅（2009）	企业并购后知识整合传导机理	知识整合能力直接正向影响并购整合绩效，核心能力对企业并购整合绩效有显著的直接正向影响

作者（年份）	研究问题	研究结论
蒋天颖、张一青、王俊江（2009）	战略领导行为、学习导向、知识整合和组织创新绩效关系研究	战略领导行为正向影响学习导向；战略领导行为通过学习导向间接影响知识整合；学习导向和知识整合在战略领导行为与创新绩效之间起着中介作用
惠青、邹艳（2010）	产学研合作创新网络、知识整合、技术创新关系研究	知识整合在网络结构与技术创新中起到完全中介作用，在网络关系与技术创新中起到部分中介作用
张可军、廖建桥、张鹏程（2011）	变革型领导对知识整合影响：信任为中介变量	员工信任在变革型领导与知识整合（贡献知识、组合知识）之间具有部分中介作用
熊焰、李杰义（2011）	网络结构、知识整合与知识型团队绩效关系研究	工具性社会网络密度对知识整合有显著的积极影响；工具性社会网络非中心度对知识整合有 U 形的影响关系；知识整合对团队绩效有显著的积极影响
Tsou（2012）	合作能力、伙伴匹配影响电子服务产品创新的机制研究	知识整合机制在合作能力、伙伴匹配与电子服务产品创新间起到中介作用
潘文安（2012）	关系强度、知识整合能力与供应链知识效率转移	外部知识整合能力在关系强度与知识转移绩效之间起到部分中介作用
李贞、杨洪涛（2012）	吸收能力、关系学习及知识整合对企业创新绩效的影响	知识整合在吸收能力与创新绩效间起到完全中介作用，在关系学习和创新绩效间起到部分中介作用
赵增耀、于海云（2012）	内资企业知识整合机制、知识整合能力与知识转移效果之间的关系	垂直整合机制、水平整合机制和混合整合机制正向影响知识转移效果；内资企业的知识整合能力是影响知识整合机制与知识转移效果的关键中介因素
孙彪、刘玉、刘益（2012）	不确定性、知识整合机制与创新绩效的关系研究	独立型、合作型知识整合机制在任务不确定性、联盟关系不确定性（联盟依赖和联盟冲突）以及外部环境不确定性和创新绩效之间起中介作用
高展军、郝艳（2012）	网络连接与关系信任的互动对突变创新的影响机制研究	关系信任和网络连接正向影响知识整合，并通过知识整合的中介促进突变创新；关系信任和网络连接的互动效应也通过知识整合的中介影响突变创新
曹霞等（2012）	产学研合作创新知识整合影响因素研究	知识整合手段、合作双方共有知识、合作创新技术特性、创新组织氛围和知识整合意愿对知识整合绩效有显著性影响，但产学研合作创新组织的知识整合能力对知识整合绩效不具有显著性影响

第三章　知识整合的前因、后果与研究展望

作者（年份）	研究问题	研究结论
Connell & Voola（2013）	市场营销导向、知识整合、竞争优势关系研究	知识整合在市场营销导向与竞争优势间起到中介作用
吴俊杰、戴勇（2013）	企业家社会资本、知识整合能力与创新绩效关系	企业家的技术、商业和制度等社会资本正向影响知识整合能力，知识整合能力正向影响技术创新绩效
叶笛、林东清（2013）	基于相似吸引理论探讨相似和吸引对于信息系统开发团队知识整合的效应	人口统计学相似性和目标相似性会影响成员间的人际吸引，激发成员间的社会融合并最终促进团队成员间的知识整合
蒋天颖、孙伟、白志欣（2013）	基于市场导向的中小微企业竞争优势形成机理	市场导向既直接影响竞争优势，也通过知识整合和组织创新产生间接影响；知识整合对中小微企业组织创新产生显著影响，但对竞争优势无显著影响
Tzabbar, Aharonson & Amburgey（2013）	从外部获取知识在什么情况下能推动知识整合	相比与熟悉的伙伴建立联盟，招募具有远端知识的科学家更能够促进知识整合速度
雷宏振、刘海东（2013）	组织成员关系、知识吸收能力对知识整合的影响研究	知识吸收能力在义务性关系和知识整合之间起完全中介作用，在情感性关系和知识整合之间起部分中介作用
李晓红、侯铁珊（2013）	知识整合能力对自主创新的影响	外部知识整合能力、内部知识整合能力、用户整合能力显著正向影响自主创新绩效
魏江、徐蕾（2014）	知识网络双重嵌入、知识整合与集群企业创新能力关系研究	互补性知识整合和辅助性知识整合的中介效应在集群企业本地和超本地双重嵌入，与其创新能力之间具有中介效应
Tsai & Hsu（2014）	跨职能合作、知识整合机制与新产品绩效关系	跨职能合作正向影响知识整合机制，知识整合机制正向影响新产品绩效
周健明、陈明、刘云枫（2014）	知识惯性、知识整合与新产品开发绩效关系研究	知识整合在程序惯性与新产品绩效间起完全中介作用，在经验惯性与新产品绩效间起部分中介作用，外部知识整合在资讯惯性与新产品绩效间起完全中介作用
缪根红、陈万明、唐朝永（2014）	外部创新搜寻、知识整合与创新绩效关系研究	知识整合在外部新知识搜寻和创新绩效之间具有部分中介作用，在外部旧知识搜寻和创新绩效之间具有完全中介作用
Ghazali, Ahmad & Zakaria（2015）	探索知识整合在领导风格与企业系统成功间的中介作用	知识整合在变革型领导、交易型领导与企业系统成功间起到完全中介作用
Tsai, Liao & Hsu（2015）	使用知识整合机制能够提升创新绩效吗	知识整合与创新绩效呈倒 U 形关系

企业外部知识搜索的创新机制

54

四　知识整合的前因

鉴于知识整合对提升企业竞争力和创新能力等方面的重要作用，学者们从多个层面探索了影响知识整合的因素。具体来说，已有文献主要从知识特征、整合主体特征、主体间关联特征、整合环境特征四个方面进行讨论。

1. 知识特征

知识本身的特征会影响知识整合。尽管通过外部联盟和外部招募科学家的方式都能够推动企业知识整合，但 Tzabbar，Aharonson 和 Amburgey（2013）通过对美国 456 家生物技术企业的实证研究后发现，企业知识整合速度取决于外部知识源的类型，招募具有远端知识的科学家比与熟悉伙伴的联盟更能够推动知识整合。相比通过联盟形式获取外部知识，通过招募科学家的形式更易于获取企业所需的知识，同时招募具有远端知识的科学家促使企业做出系统化的努力和安排来将其整合进现有知识库中。

De Luca 和 Atuahene-Gima（2007）实证检验了市场知识的不同维度对知识整合机制的影响，发现市场知识宽度、深度、缄默度、专用性对知识整合具有正向影响。市场知识宽度表示企业所熟悉的不同顾客及竞争对手类型的数量。市场知识深度表示企业所熟悉的顾客和竞争对手的知识的复杂性。市场知识缄默度表示市场知识的明确程度、可编码和沟通程度。市场知识专用性表示该知识适用于处理特定问题，即在特定情境下使用效率是最高的，如果在其他情境下使用将会降低其价值。

周健明、陈明、刘云枫（2014）认为，企业知识惯性会对知识整合过程产生影响。当人们已具备某些知识后，会自然而然地延续这些知识的使用，若新知识的刺激不足以打破原有知识体系，则其知识体系会保持原有的状态，这就是所谓的知识惯性现象。知识惯性可以划分为三种惯性类型：程序惯性、资讯惯性、经验惯性。程序惯性指组织成员在解决问题时会使用过去惯行使用的问题解决程序；资讯惯性指组织成员在解决问题时会使用以往常用的知识源进行资讯寻找；经验惯性指组织成员在处理问题时会使用过去的经验来解决当前问题。通过对中国珠三角地区高新技术企业的实证调研，发现程序惯性和资讯惯性对企业知识整合具有显著负向影响，而经验惯性对知识整合具有显著正向影响。这说明当企业引入新知识，并对外部知识进行整合的时候，企业程序惯性和资讯惯性会对这一进程产生破坏作用，对企业知识整合产生负面影响。企业在处理或整合知识进行产品创新的时候，条条框框的制度程序、惯例处理程序和潜在的办事规则以及获取资讯的来源惯性，对外部知识及内部知识的整合均有负面破坏作用。此外，对于我国高技术企业而言，经验对于知识整合过程仍然至关重要，具有丰富经验的项目经理对内部和外部知识整合具有关键作用。

2. 主体特征

已有研究对于知识整合主体的研究主要关注三个层面：企业层面、团队层面、个体层面。企业层面的研究主要关注企业知识存量（Smith, Collins & Clark, 2005）、学习导向（谢洪明、吴隆增、王成, 2007）、市场导向（蒋天颖、孙伟、白志欣, 2013）、外部知识搜索（缪根红、陈万明、唐朝永, 2014）等因素；团队层面的研究主要关注社会资本和网络因素（柯江林等, 2007；熊焰、李杰义, 2011；叶笛、林东清, 2013）；个体层面的研究主要关注个体特性、个体关系因素（Tzabbar, Aharonson & Amburgey, 2013；吴俊杰、戴勇, 2013；雷宏振、刘海东, 2013）。

（1）企业层面

Smith, Collins 和 Clark（2005）认为，企业知识整合能力受到企业现有知识及可获取知识的影响。知识整合的产生需要企业拥有不同层次和类型的知识和信息，同时企业员工愿意并且有能力参与团队合作与沟通，彼此共享知识和信息。Smith, Collins 和 Clark（2005）以企业高管团队和知识员工的经验、教育程度、职能多样化程度来表示企业的知识存量，以高管团队和知识员工的直接联系数量、网络范围、网络关系强度来表示企业可获取的网络资源。实证研究发现，受教育程度、职能多样化、直接联系数量、网络关系强度对知识整合具有显著正向影响。

谢洪明、吴隆增、王成（2007）认为，学习是组织知识的主要来源，组织内部学习和外部学习决定了知识整合能力。内部学习是指重整、建构组织内现有知识，而外部学习则是指组织从与其他组织合作形成的社会网络（该社会网络建立在共享的信任、规范上）中有效地接收可靠的知识和信息。通过对华南地区 144 家样本企业的实证发现，组织学习导向对知识整合有显著的直接正向影响。

张可军、廖建桥、张鹏程（2011）实证分析了变革型领导对知识整合的作用机制，发现变革型领导能够建立和提升组织的信任氛围，此时员工更愿意交换信息和采取合作行为，因而推动了知识整合活动的发生。Ghazali，Ahmad 和 Zakaria（2015）也发现变革型领导和交易型领导对知识整合具有显著正向影响。蒋天颖、张一青、王俊江（2009）通过对浙江、江苏和上海三省（市）163 家企业的问卷调查，发现战略领导行为并不直接影响知识整合，而是通过学习导向间接地影响知识整合能力。

此后，蒋天颖、孙伟、白志欣（2013）探索了市场导向对知识整合的影响，研究发现市场导向对中小微企业知识整合产生显著正向影响。市场导向能够最大限度地诱发企业创造客户价值的行为，进而提升组织绩效。他们指出，市场导向由客户导向、竞争者导向、跨部门协调、长期目标和利润导向等五部分内容构成。企业积极关注客户、竞争者以及市场信息，有助于实现外部知识的获取，拓宽组织的知识吸收通道，以提高组织的知识整合能力。Connell 和 Voola（2013）探索了关系营销导向对知识整合的影响，研究发现关系营销导向对企业知识整合产生显著正向影响。

缪根红、陈万明、唐朝永（2014）整合开放式创新领域的研究成果，探索了外部知识搜索对知识整合的影响，发现外部新知识搜索宽度和深度、外部旧知识搜索宽度均对知识整合具有显著正向影响。然而，外部旧知识搜索深度并未对知识整合产生显著影响，具体原因可能是企业对新知识、新技术过分依赖，而对于旧知识的价值即可靠性、低风险性和独特性认识不足。

（2）团队层面

对于团队层面知识整合影响因素的研究主要集中于社会资本和网络结构层面。团队的外部社会网络为团队提供了新的知识资源，团队的内部社会网络为团队探索利用内部知识提供了机会。柯江林等（2007）将团队社会化资本定义为嵌入在团队成员内部社会关系网络中的一种资源交换能力。基于社会资本的经典三维框架——结构、关系和认知，他们探索了R&D团队社会资本结构（互动强度、网络密度）、关系（同事信任、主管信任）和认知（共同语言、共同愿景）对知识整合的影响。研究发现，互动强度、网络密度、同事信任、主管信任、共同语言、共同愿景对知识分享具有显著正向影响，共同语言、共同愿景对知识整合具有显著正向影响。

熊焰、李杰义（2011）研究了知识型团队内部网络结构（网络密度和中心化程度）对知识整合的影响。他们认为，团队知识整合受到团队社会网络结构和内容的影响。团队的社会网络结构是指团队成员之间关系的质量和模式。网络密度反映了团队成员之间可以利用的关系连带数量，决定了团队成员可以被转移的信息数量，因此能够表征团队内部的互动质量。团队社会网络的中心化程度反映了团队内部的互动模式。在中心化互动模式的团队，存在一名轴心团队成员，这名团队成员将大量的信息在团队内部进行分配；而在非中心化互动模式的团队，不存在轴心成员，此时知识能够在团队中更加平均地分配。此外，团队内部存在两种网络：工具性社会网络和情感性社会网络。工具性社会网络主要是工作性相关的知识交换通道，情感性社会网络主要是团队成员之间所进行的情感性沟通。研究发现工具性社会网络密度对知识整合有显著的积极影响，工具性社会网络非中心度对知识整合有U形的影响关系；情感性社会网络密度和网络非中心度通过影响信任进而影响知识整合。

叶笛、林东清（2013）认为，团队成员间的相似性也会影响成员的互动，它们是实现知识整合有效性的基础。实证结果显示人口统计学相似性和目标相似性会影响成员间的人际吸引，激发成员间的社会融合并最终促进团队成员间的知识整合。研究结果表明，项目经理可通过关注团队成员的组成来有意识地提升团队的知识整合，因为相似性和相互间的吸引可潜在地影响项目团队中的知识整合。

（3）个体层面

从企业内部个体角度分析知识整合的影响因素是另一个重要的研究

视角，主要涉及独特个体、个体社会关系以及组织成员之间的关系。

吴俊杰、戴勇（2013）探索了企业家社会资本对知识整合的影响，发现企业家技术社会资本、商业社会资本、制度社会资本对知识整合能力均具有显著正向影响；技术社会资本对知识整合能力的提升具有最重要的正向影响作用，其次是商业社会资本，而制度社会资本的影响作用最小。

雷宏振、刘海东（2013）认为，组织内部成员之间的关系对于知识整合至关重要，并从关系成分的研究视角，将组织成员关系划分为工具性关系、义务性关系和情感性关系。工具性关系是组织成员为获得某些利益或某种物质目标而建立起来的一种即时实现的手段或者工具。义务性关系强调交往过程中的角色义务和责任，把组织成员间的相互扶持看作是成员之间应尽的义务。情感性关系是交往过程中逐渐形成的一种紧密相连的情感，体现了组织成员间彼此关爱、关心，在情感性关系中，组织成员乐于分享彼此的想法和感受，可以满足组织成员个人在安全感和归属感等的需要。实证研究发现，工具性关系对知识整合没有显著正向影响，义务性关系和情感性关系对知识整合具有显著正向影响。

3. 主体间关联特征

现有的主体间关联因素对知识整合影响的研究主要从关系网络的角度展开。李贞、杨洪涛（2012）认为，企业通过与其上下游其他企业之间的沟通调整以及合作，能够学习大量的互补知识，进而推动知识整合过程。魏江、徐蕾（2014）也赞同构建知识网络是知识整合的前提，并实证发现本地与超本地两类知识网络的双重嵌入对知识整合具有正向影响。张利斌、张鹏程、王豪（2012）从社会网络的关系嵌入和结构嵌入理论视角探索了知识整合的前因，认为社会网络在促进知识整合与合作满意度的同时，也存在增加角色负荷的潜在消极作用，同时认为人与环境的匹配程度越高，越有利于知识整合。

此外，有学者将外部关系网络的情景进一步具体化，着重探索产学研、供应链联盟、关键联盟等特定的关系网络特征对知识整合的影响。惠青、邹艳（2010）以产学研合作企业为研究对象，从过程的角度对知识整合进行了界定，并对产学研合作创新网络、知识整合和技术创新之间的关系进行了实证研究。研究结果表明，知识整合在网络结构对技术创新的影响过程中起着完全中介作用，在网络关系对技术创新的影响过程中起着部分中介作用。潘文安（2012）研究了供应链联盟内部的关系强度对知识整合能力的影响。强联结是建立在相互信任和情感性承诺基础上的，可以克服在知识外部整合过程中的敌对与封闭，对降低外部整合成本是非常有帮助的；紧密的伙伴关系可以使双方共同进行知识规划活动，并达成共识，促进技术信息标准化和保持流程的一致性，从而有利于知识整合过程中系统化能力的提升。强联结容易使伙伴之间对相互文化价值和信念的认同感增强，有利于组织成员的彼此沟通、相互适应和协调，可以促进知识整合过程中社会化能力的提升；积极的行为性承诺、稳健的利益共享和风险分担机制可以减少相互间的目标冲突，对于伙伴成员应对市场风险，提高知识应用一致性极为有利。高展军、郝艳（2012）研究了企业关键联盟中的关系信任和网络连接对企业知识整合的影响，发现关系信任和网络连接分别正向影响知识整合。

4. 环境特征

知识整合的重要前提之一就是需要形成有利于知识共享的环境，包括整合主体的内部环境和外部环境。内部环境主要是指组织文化与氛围，外部环境主要是指环境动荡性对于整合效率的影响。

（1）内部环境

知识整合的前提条件不仅是企业需要拥有一定的知识基础，同时还需要在企业内部形成有利于知识交流和合作的良好氛围。Smith，Collins和 Clark（2005）将组织氛围定义为内部员工对于日常工作的集体态度和信念，是嵌入在企业内部的战略价值观、信念和对组织如何运营的假设。风险承担氛围和团队合作氛围是组织氛围的两个重要方面。倾向冒险的文化氛围鼓励员工测试和交流不同寻常的知识和创意，将组织引入一种无序和实验的状态，促进企业的知识整合活动。鼓励团队合作的文化氛围为内部成员之间的沟通和交流提供了渠道，增进了成员之间的信任感，有利于知识整合。Smith，Collins和 Clark（2005）的实证研究也证实了风险承担氛围和团队合作氛围对知识整合具有显著正向影响。

Collins和 Smith（2006）认为，企业员工的知识整合受到内部社会氛围的影响，并将社会氛围定义为"企业员工的集体准则、价值观和信念，反映了员工在完成企业任务时对与其他员工接触的看法"。社会氛围包括信任、合作、共有代码和语言。信任能够增强企业员工之间的合作意愿，降低合作风险；合作氛围也会降低内部竞争，提升分享关键信息的意愿；共有代码和语言为知识分享与整合创造了机会，加快了整合效率。Collins和Smith（2006）的实证研究也证实了信任、合作、共有代码和语言对知识整合具有显著正向影响。

陈明、周健明（2009）探索了不同类型企业文化对不同类型知识整合机制的影响作用。在创新型文化和支持型文化背景下，企业员工的创新性行为受到鼓励，同时企业内部必定会形成有效的保障机制保证组织内形成高度的支持、公平、开放、和谐的工作环境，从而推动企业员工之间、团队之间进行充分的交流，企业间的程序交流也会得到保障。通过对我国环渤海地区155家高新科技企业的实证研究，他们发现创新型文化对人员交流、团队交流具有显著正向影响，支持型文化对程序交流具有显著正向影响。

Tsai和Hsu（2014）也发现企业内部的跨职能合作能够促进知识整合，进而提升企业新产品绩效。跨职能合作代表了企业内部的一种合作文化，跨部门合作程度较高表示企业内部各部门合作较好，能够统一目标将组织利益最大化。

（2）外部环境

孙彪、刘玉、刘益（2012）从技术创新联盟的特定情境出发，将知识整合机制分为独立整合机制和合作整合机制两个维度，分析并强调了它们对创新绩效的正向影响作用。基于多重理论视角，他们识别并研究了任务不确定性、联盟关系不确定性（联盟依赖和联盟冲突）以及外部环境不确定性对这两种整合机制的影响，认为独立型、合作型知识整合机制在这些前导变量和创新绩效之间起中介作用，并给出了相关命题和研究框架。

曹霞等（2012）发现知识整合手段、产学研合作双方的共有知识、合作创新技术特性、产学研合作创新组织氛围、产学研合作双方的知识整合意愿对产学研合作创新知识整合绩效有显著性影响。

五 未来研究展望

　　总之，目前对于知识整合前因的研究主要集中于学习导向、网络嵌入、领导风格、跨职能合作、环境特征等方面，而从外部知识搜索双元视角的研究鲜有涉及。本研究尝试从外部知识搜索双元理论角度探索企业内部知识整合机制的构建机理。此外，现有以知识整合作为前置变量对企业创新绩效的研究均仅关注企业内部的正式整合机制，而对于非正式知识整合机制缺乏关注。事实上，Zahra 和 Nielsen（2002）指出，企业内部的知识整合机制包括正式机制和非正式机制。正式知识整合机制通过事先建立的过程、管理界面来协调和解决差异化的活动，而非正式整合机制是一种社会特征，强调在企业内部建立一种非正式的机制和文化氛围来推动内部的知识分享和扩散。因此，本研究在此基础上进一步深化，探索实施外部知识搜索双元战略的企业如何通过建立两种知识整合机制来提升企业创新绩效。

第四章　企业外部知识搜索选择、搜索强度与创新绩效关系研究

本章基于注意力理论视角，将外部知识搜索过程分解为外部知识搜索选择和搜索强度两个部分，讨论外部知识搜索选择（本地知识搜索和国际知识搜索）、搜索强度（搜索努力程度和搜索持续性）对创新绩效的影响。本地知识搜索和国际知识搜索都对企业创新绩效具有正向影响，而国际知识搜索对创新绩效具有更强的影响效应；此外，企业外部知识搜索选择必须与搜索强度相匹配。

一　引言

随着竞争强度的增加和技术变革的加快，创新已成为决定企业竞争成败的关键（Chesbrough，2003）。通过不断引入新产品，企业能够持续满足顾客日益变化的需求，并在新的技术变革中站稳脚跟（Wu，2014）。然而，创新是一项高投入、高风险的活动，具有极大的不确定性，对企业内部资源存量和外部信息搜索能力提出了挑战。特别是随着近来创新速度的加快和复杂性的增加，企业仅仅依靠内部资源开展创新已显得捉襟见肘，外部知识搜索的重要性日益显现（Laursen & Salter，2006；Garriga，Von Krogh & Spaeth，2013；Wu，2014）。

创新管理领域的学者认为，企业知识搜索能力直接决定创新绩效（Rosenkopf & Nerkar，2001；Katila & Ahuja，2002）。Chesbrough（2003）

在已有研究的基础上进一步提出了开放式创新的理念，认为创新型企业应充分重视对外部知识的搜索，如在全球范围内招募员工、引进先进技术等。Laursen 和 Salter（2006）以英国制造企业作为样本，发现企业外部知识搜索深度、外部知识搜索广度与创新绩效呈倒 U 形关系。Chen，Chen 和 Vanhaverbeke（2011）以中国企业作为研究样本也得出了类似的结论。尽管这些研究都证实了外部知识搜索对企业创新的战略意义，但却忽视了对以下两个问题的解答：①企业应该去哪搜索？按照外部知识搜索范围划分，企业外部知识搜索可以分为两类：本地知识搜索和国际知识搜索（Kim et al.，2013）。目前开放式创新领域的研究主要关注企业如何在本地搜索推动企业创新，而忽视了对国外知识搜索的研究。②企业在不同的外部市场上应该如何搜索？已有研究仅仅强调了外部知识搜索的战略意义，但对于企业如何在外部市场（本地和国际市场）上搜索缺乏关注。已有研究无法回答企业在本地和国际市场上搜索的方式是否存在差异。

　　本研究以中国制造企业作为研究样本，将外部知识搜索划分为本地知识搜索和国际知识搜索两种类型，将外部知识搜索过程划分为搜索选择和搜索强度两个部分，探究了企业外部知识搜索选择（本地知识搜索和国际知识搜索）、搜索强度（搜索努力程度和搜索持续性）对企业创新绩效的影响。研究结论对于深化外部知识搜索理论具有重要意义，对于指导企业如何从外部搜索知识提升创新能力具有实践启示。

二　理论基础与概念模型

　　虽然长期以来外部知识搜索一直被认定为推动企业创新发展的一项重要战略，然而较少有研究探索企业外部知识搜索的过程特征。尽管 Gavetti 和 Levinthal（2000）提出了企业搜索的认知过程特征，但现有大部分实证研究通常忽视了这种认知过程，而只是关注企业外部搜索的位置选择（本地搜索和国际搜索）（Mesquita & Lazzarini，2008；Wu，2014），或者是外部知识搜索的程度（广度和深度）（Laursen & Salter，2006；Garriga，Von Krogh & Spaeth，2013）。本研究尝试基于注意力理论

（attention-based theory），将外部知识搜索划分为搜索选择和搜索强度两个部分，构建企业外部知识搜索选择、搜索强度影响创新绩效的关系模型。

1. 外部知识搜索过程：搜索选择与搜索强度

基于注意力理论的逻辑，注意力包含两个部分：注意力选择和注意力强度（Kahneman，1973）。注意力（attention）比选择（selection）的含义更为丰富（Posner & Rothbart，2007）。在日常用语中，注意力也包含了数量和强度的意思，通常我们注意到某项活动意味着选择了关注某项活动，并在该项活动上花费一定的时间和精力。将注意力关注在某项活动上其实就是一项确定注意力选择和注意力强度分配的过程。注意力选择指的是将注意力固定在某类刺激物上的过程，通常认为新奇的、生动的信息更能吸引搜索者的注意力；注意力强度以施加在认知过程中的努力程度和持续性为特征，代表了应用于识别、解释、理解信息和知识的认知能力的水平。努力和持续的注意力能够带来高水平的认知能力（Kahneman，1973）。

企业外部知识搜索是一项受控的、主动的监测、评估新知识和信息的认知活动（Wu，2014）。在外部知识搜索过程中，企业将时间和精力花费在对外部知识和信息的识别和获取上，涉及企业注意力的选择和强度的分配（Li et al.，2013）。因此，依据注意力理论的逻辑，企业外部知识搜索可以划分为两个组成部分：外部知识搜索选择和搜索强度。外部知识搜索选择是指企业决定将注意力放在哪里搜索。换句话说，搜索选择指的是企业在"哪里"寻找新知识和信息，因此决定了企业能够搜索到知识和信息的类型。由于时间和精力的限制，搜索选择反映了企业重点搜索的方向，可能会影响最终的搜索结果。外部知识搜索强度是指企业在搜索过程中的努力程度和持续性。搜索努力程度定义为企业在搜索活动上的投入程度，搜索持续性定义为在搜索时间间隔方面的搜索强度。较高的搜索努力程度和持续性能够增强企业对外部信息的认知加工能力。在开发新产品情境下，较高的搜索努力程度和持续性能够增强企业识别、解释、理解信息和知识的能力，最大限度地利用企业从外部获取的新颖知识。

2. 外部知识搜索选择的绩效差异

先前的搜索研究主要关注本地搜索或远距离搜索（Helfat，1994；Martin & Mitchell，1998；Stuart & Podolny，1996），广范围搜索或狭窄范围搜索（Katila & Ahuja，2002），熟悉或不熟悉搜索（Rosenkopf & Almeida，2003）中的一种，并发现虽然远距离、广范围和不熟悉的搜索虽更具挑战性，但更能够推动企业创新。

一方面，不熟悉的、远距离的搜索能够带来更加新奇、突出和生动的信息，因而更容易吸引企业的注意力。这些新知识更容易用于产品创新过程，并能够帮助企业在产品创新中取得突破。选择性注意理论认为，新奇的、突出的、生动的信息容易在相关情境中脱颖而出，因此更容易吸引企业的注意力（Ocasio，2011）。由于新奇的、突出的、生动的信息与一般的期望和准则是背离的，因而更能够进入企业的搜索视界，进而影响随后的创新活动。事实上，由于具有独特性原则、效果突出、环境影响显著等特点，新颖信息更吸引搜索者注意力的能力在心理学文献中早已明确。例如，Dutton 等人（2001）认为下属描绘的问题越新奇就越能够吸引高管的注意力。因此，相比本地搜索而言，远距离的搜索更能够获取新奇的信息，因而更容易吸引企业的注意力，进而影响随后的创新行为。

另一方面，除了能够更好地吸引企业搜索人员的注意力，陌生的、远距离的、多样化的搜索范围也更能够获取新的知识和信息，进而推动企业不断更新其知识基础，并且加深对新产品监测、开发和部署的理解。具体来说，首先，新奇的信息使得企业能够以一些新的方式整合现有的知识。例如，Smith，Collins，Clark（2005）发现，企业的新产品引入速度受到企业整合和交换知识能力的影响。其次，新奇的信息使得企业管理者能够在如何更好地分配资源以及如何协调和引导创新努力方面产生新的想法。最后，企业知识基础的更新不仅能够带来新的信息，还能够帮助企业抛弃过时的知识，避免陷入能力陷阱（Levinthal & March，1993）。知识更新对于新产品开发显得尤其重要，能够帮助企业不断修正认知偏见，避免陷入思维惯性和能力陷阱；不关注新奇信息的企业可能会陷入企业已有的经营模式，进而无法意识到企业存在的经营误差。

总的来说，通过在陌生的、远距离的、多样化的区域实施搜索行为，企业能够发现新奇的、突出的、生动的知识和信息，这些知识和信息不仅更容易吸引搜索者的注意力，还能够推动企业利用这类信息开发新的知识组合，更新企业知识基础，进而推动新产品开发。

3. 外部知识搜索选择、搜索强度与创新绩效关系模型

由于企业外部知识搜索包含了搜索位置选择和搜索强度两个部分，因此不难推断企业创新绩效不仅取决于创新搜索的位置选择，还取决于外部搜索的强度。通过与国内和国外顾客、供应商、竞争者、中介机构的交互作用，本地知识搜索、国际知识搜索都能够为企业提供创新所需的知识，提升企业创新绩效（Zahra，Ireland & Hitt，2000；Laursen & Salter，2006；Wu，2014）。然而，由于国外搜索所获取的知识更加新颖和多样化，更能够吸引企业的注意力，因而国外搜索相比国内搜索更能够推动企业创新。此外，由于有限理性和有限的信息加工能力，企业搜索强度的安排必须与选择搜索的位置相吻合（Yadav，Prabhu & Chandy，2007）。如果企业对于新颖的知识源没有投入一定的时间和精力去消化、吸收，那么企业外部知识搜索的效果就会非常有限；相反，如果企业对熟悉的知识投入了过多的时间和精力，此时企业在新知识的搜索方面必然投入不足，限制企业创新。鉴于此，本研究提出的研究框架如图 4 – 1 所示。研究问题主要包括：本地知识搜索、国际知识搜索对创新绩效的影响和程度比较；搜索努力程度、搜索持续性对本地知识搜索、国际知识搜索与创新绩效关系的调节效应。

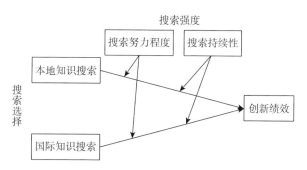

图 4 – 1　外部知识搜索选择、搜索强度与创新绩效概念模型

三　假设提出

1. 本地知识搜索与创新绩效

实施本地知识搜索战略是企业最常用的一种外部知识搜索战略。企

业天生倾向于首先在本地进行知识搜索，认为在本地进行知识搜索更容易、成本更低（Patel et al.，2014）。与国际知识搜索战略相比，由于本地企业之间拥有相似的文化环境和更近的地理距离，因此企业在本地进行知识搜索能够快速整合外部知识，帮助企业以更低成本开展创新，并且使得企业对本地知识有更深入的了解（Funk，2014）。Mesquita 和 Lazzarini（2008）发现企业与本地顾客、供应商、竞争者的合作能够创造一种"集体效率"，帮助企业克服内部基础设施缺陷、获取互补资源、深入交流专有信息，创造基于成本的竞争优势，推动更快的产品创新。Zhang 和 Li（2010）发现，集群企业与本地创新服务中介的合作能够拓展企业的外部知识搜索范围，降低搜索成本，进而推动企业创新。Patel 等人（2014）也认为，合作对象较近的地理距离对于中小企业尤其重要，能够极大地降低企业的知识搜索难度和成本。由于创新是一个交互的过程，隐性知识的交换需要面对面的交流，在本地进行知识搜索使得企业非常容易与其他企业产生交互作用，获取知识溢出（Funk，2014）。总之，已有研究均指出了本地知识搜索对于企业创新非常重要。鉴于此，本章提出如下假设：

H$_1$：企业本地知识搜索对创新绩效具有正向影响。

2. 国际知识搜索与创新绩效

国际化领域的研究证实了国外市场是一种重要的创新源（Hitt，Hoskisson & Kim，1997；Zahra，Ireland & Hitt，2000）。由于各国之间在文化、技术发展水平、自然资源禀赋、创新性、产业组织、市场特征等方面都存在差异，因此实施国际知识搜索战略能够为企业带来更多的技术机会和在本地不能获取的新知识和技术（Zahra，Ireland & Hitt，2000；Kafouros & Forsans，2012；Wu & Wu，2014）。Kafouros 等人（2008）发现，通过与国外供应商、研发中心和竞争者建立契约、联盟等合作关系，国际搜索企业可以直接获取国际知识源。Zahra，Ireland，Hitt（2000）发现，与国外顾客、供应商、竞争者的合作能够提升企业技术学习的深度、广度和速度。更为重要的是，Kafouros，Forsans（2012）发现企业在国际市场上搜索的往往都是新奇的、多样化的知识。当这些知识被整合进企业现有知识库中时，会极大地提高企业创新水平（Zahra，Ireland & Hitt，

2000）。此外，通过进入国际市场，企业创新动力不断增强。通过在国际市场上搜索，企业能够接触到更加丰富多样的顾客需求和市场环境。与仅在本地市场上搜索的企业相比，国际搜索企业会面临更加严峻的竞争形势和更加多样化的顾客需求（Kafouros & Forsans，2012）。这种挑战会激发企业的创新意识，迫使企业不断增强技术创新能力和国际竞争力（Hitt，Hoskisson & Kim，1997）。因此，国际知识搜索使得企业能够从多个市场和文化背景下学习新的、差异化的创意，同时企业也会面临更激烈的竞争压力，这些都会推动企业不断创新。鉴于此，本章提出如下假设：

H_2：企业国际知识搜索对创新绩效具有正向影响。

3. 国际知识搜索和本地知识搜索

企业间的外部知识搜索战略存在显著区别，一部分企业热衷于在本地市场进行搜索，而一部分企业倾向于在国外市场进行搜索。Kafouros 等人（2008）认为，这种搜索位置上的差异会显著影响企业从外部搜索到知识的类型、价值和多样化程度，进而会影响企业绩效。尽管本地知识搜索相对简单、成本较低，但本研究认为国际知识搜索更能够推动企业创新。首先，由于知识的生产和扩散都具有本地嵌入的特征，因此企业从本地市场上搜索的知识往往都是企业较为熟悉的，而企业从国际市场上获取的知识新颖性更强，因而更能够引起企业管理者的重视，并降低应用于企业创新实践的成本。其次，通过进入国际市场，企业能够在更广范围内搜索企业创新所需的知识资源，这些资源在国内往往是难以获得的（Kotabe，1990）。Kafouros 和 Forsans（2012）认为，企业很难从本地市场获取创新所需的某项关键技术，而国际知识搜索为企业获取创新所需的互补知识和技术提供了可能。通过在国外市场搜索，企业能够接触更加丰富的知识源，获取企业创新所急需的、领先的互补技术和知识，因而推动企业创新快速发展（Luo & Tung，2007）。最后，由于企业从国际市场上搜索到的往往是新颖的、多样化的知识和信息，因而能够推动现有知识的创新性应用，同时还能够不断更新企业知识基础，降低企业创新风险。Mihalache 等人（2012）认为，从国外搜索创新知识能够显著增加企业知识积累的深度和广度，增加企业的知识组合类型，同时不断更新企业的思维模式，避免陷入创新能力陷阱。总之，相比本地知识搜索而言，国际知识搜索能够为企业带来创新所急需的互补技术和知识，丰富企业的知识库，增加知识组合类型，同时这些知识由于新颖性更能够吸引企业创新工作者的注意力，因此更能够推动企业创新。鉴于此，本章提出如下假设：

H_3：相比本地知识搜索，国际知识搜索更能促进企业创新绩效的提升。

4. 外部知识搜索强度的调节效应

本研究认为，企业外部知识搜索选择必须与搜索强度相匹配。正如 Kahneman（1973）所说，"我们工作的努力程度取决于所实施活动的特征"。这意味着实施某项活动的绩效取决于在某项活动上投入相应的注意力。因此，如果企业在最有价值的位置进行高强度的搜索，此时企业能够利用有限的时间和精力最大限度地提升创新绩效。反之，由于资源限制的原因，如果企业在熟悉的知识领域进行高强度的知识搜索，此时企业必然会浪费在其他位置的搜索机会，同时产生过多的冗余信息，增加企业的信息处理负担，进而抑制企业创新（Li，Wu & Zhang，2012；Clausen，Korneliussen & Madsen，2013）。在外部知识搜索过程中，本地搜索为企业带来的是熟悉的、密切相关的知识；国际搜索为企业带来的是多样化的、新奇的知识（Kim et al.，2013）。因此，当企业在本地进行高强度的知识搜索时，由于资源和精力限制，企业必然会降低在国际市场上搜索的强度，此时企业获取的新奇的知识非常有限；当企业在国际市场上进行高强度的知识搜索时，企业能够获取大量多样化和新奇的知识，同时能够充分对新信息和知识进行识别和整合，找到不同的知识与信息模块之间的联系，对这些知识和信息的有用性有了更深的理解，将其整合进现有知识库中，推动企业创新。也就是说，努力和持续的搜索能够补偿企业的信息处理能力限制，使得企业能够更加充分地识别和利用从国际市场上搜索到的新颖知识。鉴于此，本章提出如下假设：

H_{4a}：企业搜索努力程度负向调节本地知识搜索与创新绩效之间的关系。

H_{4b}：企业搜索努力程度正向调节国际知识搜索与创新绩效之间的关系。

H_{5a}：企业搜索持续性负向调节本地知识搜索与创新绩效之间的关系。

H_{5b}：企业搜索持续性正向调节国际知识搜索与创新绩效之间的关系。

四 研究方法

1. 问卷设计

（1）问卷设计过程

合理的研究构思和问卷设计是保证研究信度和效度的重要前提。问卷设计的最高层次是问卷量表的构思与目的，不同的研究目的和理论依据决定了问卷项目的总体安排、内容和量表的构成（王重鸣，1990）。为了使问卷可靠，在进行问卷设计时，问卷的内容和子量表构成要根据问卷设计的目的确定；问卷中应尽量注意避免复杂语句或带有引导性的问题，语句层次上要使题项用语准确、具体，尽可能避免多重含义或隐含某种假设；问卷用词要避免过于抽象以防止反应定势；要控制反应偏向（王重鸣，1990）；要依据调查对象的特点设置问题；不能设置得不到诚实回答的问题；对于有可能得不到诚实回答而又必须了解的数据可通过其他方法处理，如变换问题的提法，从而获得相关数据（马庆国，2002）。

以上学者们提到问卷设计时需要注意的问题，本研究在问卷设计过程中都进行了考虑和处理。本研究所使用的调查问卷是在参考大量文献研究成果、征询专家意见、企业访谈结果、问卷预测试等基础上逐步形成的。问卷设计的具体过程如下。

首先，通过检索查阅有关外部知识搜索（本地知识搜索和国际知识搜索）、组织双元、知识整合（正式整合机制和非正式整合机制）、创新绩效评价等方面的文献，充分吸收与本研究相关的知识，借鉴权威研究的理论构思以及被广泛引用的实证研究文献中的已有量表对测度题项进行设计，形成初步的调查问卷。为了便于与已有研究结论做对比分析，保持研究的一贯性和连续性以及测度变量的内容效度，本研究设计的问卷题项尽量使用以往研究所开发并经过检验的成熟量表，结合本研究的实际情况和本国文化及语言特点进行修改而成。

其次，通过向有关专家、学者征求意见，进一步完善问卷量表。笔者向创新管理、战略管理领域的青年学者和资深教授就测量题项的合理性和用词准确性等方面进行了征询，在综合了多位专家和学者建议的基础上，笔者对问卷题项措辞与题项归类做了多次修改和补充，并对部分题项进行了增删，从而完善了调研问卷的初始测量题项。

再次，选择部分有代表性的企业进行现场访谈。利用课题调研机会，笔者对浙江、上海、武汉等地的 10 多家企业进行了深入的考察调研和访谈，访谈对象包括企业高层领导、研究院领导、国际化部门负责人等。访谈目的主要包括：一是验证初步研究思路，就初始假设征询被访谈者的意见，以检验研究思路是否与现实相符合；二是与受访者讨论各个研究问题所反映的概念范畴，征询他们的意见，以检验问卷中各变量的测度是否与实际相符合，以充实完善调查问卷；三是判断不同人员对同一题项的理解是否具有一致性。这样使得笔者很容易识别哪些题项的描述不充分，并及时修正难以理解的题项，有助于形成初始调查问卷。

最后，笔者对修改后的调查问卷进行了预测试，最终确定问卷定稿。在进行正式大规模发放问卷之前，本研究进行了前测的分析工作，对问卷进行小样本试发，预测试的范围主要选择浙江（杭州、金华、宁波、慈溪等地）、湖北（武汉）、上海等地的 50 多家企业进行的。根据被测试者的反馈和建议对相关变量测度的有效性进行分析，删除不符合要求的题项，对一些测度题项的表述方式和语言进行了修改，在此基础上形成调查问卷的最终稿。

（2）问卷设计的可靠性保障

Fowler（1988）认为有四个主要的原因可能会导致被调查者对问题做出与实际不一致的回答，即①被调查者不知道问题答案的信息；②被调查者不能回忆问题答案的信息；③被调查者虽然知道问题答案的信息，但被调查者不想回答这些问题；④被调查者不能准确理解问题的含义。本研究主要采取以下措施来降低这些原因对问卷质量可能造成的负面影响：①针对被调研者不了解相关信息而带来的负面影响，本研究选择了在该企业工作三年以上、对企业整体运作情况较为熟悉的中高层管理人员、国际化业务负责人、技术研究院负责人等来填写问卷，并且请答卷者遇到不确定的问题时可向企业有关人员咨询后作答；②为了减少因被调研者无法回忆所需相关信息而带来的负面影响，问卷所涉及的题项均是企业近三年内的情况，以尽量避免由于答卷者记忆问题所引起的偏差；③为了减少被调研者虽知道某些问题答案却不愿回答的问题，问卷题项尽量不涉及企业及个人隐私，同时在问卷卷首就向答卷者说明本问卷纯属学术研究，所获信息不会用于任何商业目的，并承诺对答卷者提供的信息予以保密，以避免答卷者虽知道答案却不愿回答而带来的负面影响；④为了减少因答卷者不能理解所提问题而带来的负面影响，本问卷设计有广泛的阅读基础，确保每个研究的变量具有较明确的操作性定义和测量指标，同时广泛听取企业界的意见，对问卷进行预测试，对问卷的表述与措辞进行反复修改完善，尽量排除题项难以理解或表意含糊不清的情况。

为避免问卷设计中可能隐含的某种对回答者有诱导性的假设和问卷回答过程中可能出现的一致性动机问题，本研究在问卷中没有说明研究的内容和逻辑，以防止回答者得到可能的因果关系的暗示，进而在回答过程中受到这一暗示的影响，从而降低问卷结果的可靠性。对于一些可能涉及企业商业机密信息或敏感性问题，企业可能不愿意提供具体数字的题项，问卷中将这类问题的答案设计成区域范围供被调查者选择，以提高回答者的响应率。

（3）问卷的基本内容

本研究的问卷设计主要围绕企业外部知识搜索（本地知识搜索、国际知识搜索）与创新绩效关系及作用机制展开，要求问卷能为各部分研究内容提供所需的有效数据，运用相关分析、方差分析、因子分析、层次回归分析、结构方程模型对这些数据进行统计分析。根据所涉及的概念模型和研究假设，确定问卷量表中需要测量的变量，研究所涉及的调查问卷包括了以下五个方面的内容。

①问卷填写者与企业的基本信息；

②表征企业特性和外部环境特征的一些指标：创新复杂性、组织冗余、产业竞争压力、环境丰富性；

③企业本地知识搜索、国际知识搜索、搜索努力程度、搜索持续性

的实际情况；

④企业创新绩效和国际化的实际情况；

⑤企业知识整合机制，包括企业的正式整合机制和非正式整合机制。

2. 数据收集

（1）小样本测试

本研究的小样本测试主要集中于浙江（杭州、金华、宁波、慈溪等地）、湖北（武汉）、上海等地的多家企业进行。小样本数据收集主要通过两种方式。首先是通过课题调研，作者对浙江、上海、武汉等地的多家企业进行了深入的考察调研和访谈，并请相关负责人对笔者设计的问卷进行了填写，最后获取 10 份有效问卷。其次，分别在杭州科技局和武汉东湖高新技术开发区相关部门和人员的协助下，采用简单随机抽样方式选取 40 家制造企业进行调查（不包括服务业、流通企业以及只进行产品简单加工的企业），答卷者通常是企业的高层管理人员、技术主管或是国际化部门的负责人员。此次调查共发放前测问卷 60 份，回收 60 份，其中有 5 份问卷中有多处缺答，还有 9 份问卷填答没有区分度，因此予以删除，最后获得有效问卷 46 份。因此，通过项目调研和随机抽样的形式共获取问卷 56 份。一般认为，进行探索性因子分析所需的最低样本量为变量数的 5 倍到 10 倍。本研究需要处理的变量数为 9 个，小样本测试收集的 56 份有效问卷可较好满足要求。

（2）大样本问卷发放

本研究以制造企业为研究对象，以问卷调查的方式收集数据。我国是一个制造业大国，但不是一个制造强国。中国制造企业亟须提升创新能力，但却普遍面临内部资源限制，因此迫切需要思考如何借助国内和国外两种资源以提升企业创新能力。在具体量表的设计上，充分借鉴国外成熟的量表，同时通过专家访谈的形式对问卷的表达形式进行反复斟酌，使之更加符合中国语境和国情。

本研究大样本数据主要来自三种渠道，问卷填写人员主要是企业的CEO、总经理、高层管理核心人员。①向在浙江大学、清华大学进修MBA、EMBA 学位的企业高层管理人员发放了 175 份问卷，当场发放当场回收。调研人员在问卷发放过程中及时对学员存在的疑问进行详细的解答，因而确保了问卷回收的质量。最后共回收问卷129份，剔除其中存在缺失值的35份问卷，有效问卷94份，有效率为53.7%。②委托杭州市的一家咨询公司代为发放。该咨询公司拥有庞大的业务网络，承担了多年的商业咨询与调研业务，具有良好的口碑。该咨询公司一共发放问卷200份，最后回收问卷119份，剔除其中存在缺失值的32份问卷，剩余有效问卷87份，有效率为43.5%。③借助个人和项目团队的人际关系网络进行问卷发放。为了提高问卷的回收率，首先通过电话的形式与相关企业高管取得联系，讲明调研的目的和基本要求，恳求获得对方许可，然后在三天内通过E-mail和邮寄两种途径向相关企业高管发放调研问卷，在一周后再次通过电话联系确认问卷收到情况，同时再次恳请获得他们的支持和帮助。最后，通过个人关系共发放问卷150份，回收61份，剔除其中存在缺失值的23份问卷，有效问卷38份，有效率为25.3%。因此，利用三种方式共发放问卷525份，回收有效问卷219份，有效问卷回收率为41.7%。样本企业的具体情况描述见表4-1。

表4-1　样本特征分布情况

单位：人，%

特征	分类	样本量	占比	特征	分类	样本量	占比
填写人性别	男	138	63.01	企业年龄	5年及以下	15	6.85
	女	81	36.99		6~10年	67	30.59
填写人年龄	30岁以下	35	15.98		11~20年	77	35.16
	30~40岁	109	49.77		20年以上	60	27.40
	40岁以上	75	34.25	行业分布	电子信息	65	29.68
填写人受教育程度	专科及以下	27	12.33		专用设备制造	45	20.55
	本科程度	139	63.47		交通运输设备制造	27	12.33
	研究生程度	53	24.20		一般机械制造	25	11.42
企业规模	500人以下	54	24.66		金属制品	20	9.13
	500~2500人	67	30.59		其他	37	16.89
	2500人以上	98	44.75				

注：样本量：219；累计百分比：100%。

为了检验本研究是否存在应答偏差（Response Bias），通过方差分析比较了早期回收问卷和晚期回收问卷是否存在显著差异。依据 Armstrong 和 Overton（1977）的方法，本研究假设晚期回收问卷与没有回收的问卷等同，对比分析了早期回收问卷（前 25%）与晚期回收问卷（后 25%）在控制变量上是否存在显著差异。结果发现，早期回收问卷与晚期回收问卷在企业规模、企业年龄、产业类型等控制变量上均不存在显著差异，证明本研究中不存在显著的无应答偏差问题。

本研究问卷数据均来自同一问卷填写者，因此有必要对可能存在的共同方法偏差进行检验。本研究依照 Podsakoff 等人（2003）推荐的方法，运用 Harman 单因子检验来测度问卷数据是否存在共同方法偏差，对问卷所有题项进行因子分析，发现在未旋转的情况下第一个因子只解释了 24.365% 的方法，没有出现单个因子能够解释绝大多数的方差的情况。所以，本研究不存在严重的共同方法偏差问题。

3. 变量测度

（1）创新绩效。本研究借鉴 Chen，Chen，Vanhaverbeke（2011）和 Zhang，Li（2010）的研究，选用 6 个题项来测度创新绩效：新产品数量、新产品开发速度、新产品新颖程度、新产品销售额占销售总额比重、新产品开发成功率、申请专利数量。

（2）外部知识搜索选择。本研究参考 Laursen 和 Salter（2006）、Wu 和 Wu（2014）的研究，分别选用 5 个题项来测度企业的本地知识搜索、国际知识搜索，具体测度题项如表 4 - 3 所示。

（3）外部知识搜索强度。本研究主要参考 Li et al.（2013）的研究，同时结合案例访谈材料，分别选用 3 个题项来测度企业的搜索努力程度、搜索持续性，具体测度题项如表 4 - 4 所示。

（4）控制变量。基于已有研究，本章将以下 4 个变量作为控制变量。企业规模，以企业人数的自然对数进行测度。企业年龄，以企业成立之初至调查之日的经营年限进行测度。研发投入强度，选用企业研发投入占总销售收入的比重来衡量。国际化经验，以企业第一次开始国际化至今为止的国际化年限来衡量。

五　研究结果

1. 信度分析

（1）创新绩效

首先，对被解释变量——创新绩效进行信度分析，分析结果如表4-2所示。创新绩效变量的 CITC 值均大于 0.9，Cronbach α 值为 0.985，大于 0.9，同时分别删除"新产品的数量"、"新产品开发的速度"、"新产品的新颖程度"、"新产品销售额占销售总额比重"、"新产品开发成功率"、"申请专利数量"各个题项后的 α 值为 0.982、0.982、0.983、0.982、0.981、0.982，均小于 0.985。数据分析显示各指标均满足前文所述的信度指标要求，通过了信度检验，说明创新绩效变量测度的一致性良好。

表 4-2　创新绩效量表的信度检验

变量	题项	CITC	删除该题项后的 α 值	Cronbach α 值
创新绩效	1. 新产品的数量	0.945	0.982	0.985
	2. 新产品开发的速度	0.951	0.982	
	3. 新产品的新颖程度	0.940	0.983	
	4. 新产品销售额占销售总额比重	0.947	0.982	
	5. 新产品开发成功率	0.959	0.981	
	6. 申请专利数量	0.947	0.982	

（2）外部知识搜索选择

其次，对解释变量——外部知识搜索选择（国际知识搜索、本地知识搜索）进行信度分析，分析结果如表4-3所示。国际知识搜索变量的 CITC 值均大于 0.8，Cronbach α 值为 0.964，大于 0.9，同时分别删除"与国外顾客建立了良好的合作关系"、"密切监控国外竞争对手的日常运营与技术发展"、"与国外供应商建立了良好的合作关系"、"与国外大学和科研机构建立了紧密的合作关系"、"与国外中介机构建立了密切的合作关系"各个题项后的 α 值为 0.960、0.959、0.957、0.955、0.946，均小于 0.964。数据分析显示各指标均满足前文所述的信度指标要求，通过了信度检验，说明国际知识搜索变量测度的一致性良好。

　　本地知识搜索变量的 CITC 值均大于 0.75，Cronbach α 值为 0.921，大于 0.9，同时分别删除 "与本地顾客建立了良好的合作关系"、"密切监控本地竞争对手的日常运营与技术发展"、"与本地供应商建立了良好的合作关系"、"与本地大学和科研机构建立了紧密的合作关系"、"与本地中介机构建立了密切的合作关系" 各个题项后的 α 值为 0.900、0.904、0.900、0.906、0.903，均小于 0.921。数据分析显示各指标均满足前文所述的信度指标要求，通过了信度检验，说明本地知识搜索变量测度的一致性良好。

表 4 - 3　外部知识搜索选择量表的信度检验

变量	题项	CITC	删除该题项后的 α 值	Cronbach α 值
国际知识搜索	1. 与国外顾客建立了良好的合作关系	0.873	0.960	0.964
	2. 密切监控国外竞争对手的日常运营与技术发展	0.873	0.959	
	3. 与国外供应商建立了良好的合作关系	0.890	0.957	
	4. 与国外大学和科研机构建立了紧密的合作关系	0.898	0.955	
	5. 与国外中介机构建立了密切的合作关系	0.957	0.946	
本地知识搜索	1. 与本地顾客建立了良好的合作关系	0.806	0.900	0.921
	2. 密切监控本地竞争对手的日常运营与技术发展	0.788	0.904	
	3. 与本地供应商建立了良好的合作关系	0.808	0.900	
	4. 与本地大学和科研机构建立了紧密的合作关系	0.779	0.906	
	5. 与本地中介机构建立了密切的合作关系	0.796	0.903	

　　（3）外部知识搜索强度

　　接着，对调节变量——外部知识搜索强度（搜索努力程度、搜索持续性）进行信度分析，分析结果如表 4 - 4 所示。搜索努力程度变量的 CITC 值均大于 0.75，Cronbach α 值为 0.903，大于 0.9，同时分别删除 "在搜索有价值的信息和知识上投入了大量的资源"、"将外部知识搜索看成是企业的头等大事"、"利用各种方式努力从外部搜索知识" 各个题项后的 α 值为 0.865、0.849、0.870，均小于 0.903。数据分析显示各指标均满足前文所述的信度指标要求，通过了信度检验，说明搜索努力程度变量测度的一致性良好。

搜索持续性变量的 CITC 值均大于 0.8，Cronbach α 值为 0.914，大于 0.9，同时分别删除"在搜索知识的过程中直到找到满意答案为止"、"在搜索知识的过程中直到发现了与问题相关的所有信息为止"、"投入了足够的时间来识别所有可获取的信息"各个题项后的 α 值为 0.866、0.875、0.888，均小于 0.914。数据分析显示各指标均满足前文所述的信度指标要求，通过了信度检验，说明搜索持续性变量测度的一致性良好。

表 4 - 4　外部知识搜索强度量表的信度检验

变量	题项	CITC	删除该题项后的 α 值	Cronbach α 值
搜索努力程度	1. 在搜索有价值的信息和知识上投入了大量资源	0.803	0.865	0.903
	2. 将外部知识搜索看成是企业的头等大事	0.822	0.849	
	3. 利用各种方式努力从外部搜索知识	0.797	0.870	
搜索持续性	1. 在搜索知识的过程中直到找到满意答案为止	0.840	0.866	0.914
	2. 在搜索知识的过程中直到发现了与问题相关的所有信息为止	0.829	0.875	
	3. 投入了足够的时间来识别所有可获取的信息	0.813	0.888	

2. 效度分析

（1）探索性因子分析

本研究对研究中涉及的主要变量的测度题项分别做因子分析。经检验，所有测度题项的 KMO 样本测度和 Bartlett 球体检验结果为：KMO 值为 0.896，且 Bartlett 统计值显著异于 0，非常适合做因子分析。鉴于此，本研究对所构建的 22 个问卷测度题项进行探索性因子分析，分析结果如表 4 - 5 所示。通过探索性因子分析可以发现，一共抽取了 5 个因子，这 5 个因子解释了 86.008% 的变差。通过因子分析，可以观察到这 5 个因子的含义非常明确。

因子 1 包含的变量为"与国外顾客建立了良好的合作关系"、"密切监控国外竞争对手的日常运营与技术发展"、"与国外供应商建立了良好的合作关系"、"与国外大学和科研机构建立了紧密的合作关系"、"与国外中介机构建立了密切的合作关系" 5 个题项，非常明显这 5 个题项衡量的是企业的国际知识搜索能力，可以称为"国际知识搜索"因子。

因子2包含的变量为"与本地顾客建立了良好的合作关系"、"密切监控本地竞争对手的日常运营与技术发展"、"与本地供应商建立了良好的合作关系"、"与本地大学和科研机构建立了紧密的合作关系"、"与本地中介机构建立了密切的合作关系"5个题项，非常明显这5个题项衡量的是企业的本地知识搜索能力，可以称为"本地知识搜索"因子。

因子3包含的变量为"新产品的数量"、"新产品开发的速度"、"新产品的新颖程度"、"新产品销售额占销售总额比重"、"新产品开发成功率"、"申请专利数量"6个题项，非常明显这6个题项衡量的是企业的创新绩效，可以称为"创新绩效"因子。

因子4包含的变量为"在搜索有价值的信息和知识上投入了大量的资源"、"将外部知识搜索看成是企业的头等大事"、"利用各种方式努力从外部搜索知识"3个题项，非常明显这3个题项衡量的是企业的外部知识搜索努力程度，可以称为"搜索努力程度"因子。

因子5包含的变量为"在搜索知识的过程中直到找到满意答案为止"、"在搜索知识的过程中直到发现了与问题相关的所有信息为止"、"投入了足够的时间来识别所有可获取的信息"3个题项，非常明显这3个题项衡量的是企业的外部知识搜索持续性，可以称之为"搜索持续性"因子。

表4-5　外部知识搜索选择、搜索强度与创新绩效的探索性因子分析

变量	测度题项	因子				
		1	2	3	4	5
国际知识搜索	1. 与国外顾客建立了良好的合作关系	0.897	0.006	0.212	-0.084	0.001
	2. 密切监控国外竞争对手的日常运营与技术发展	0.883	0.093	0.233	0.068	-0.073
	3. 与国外供应商建立了良好的合作关系	0.908	0.023	0.196	0.008	-0.065
	4. 与国外大学和科研机构建立了紧密的合作关系	0.915	0.073	0.181	-0.032	-0.029
	5. 与国外中介机构建立了密切的合作关系	0.939	0.108	0.236	-0.016	-0.018

变量	测度题项	因子				
		1	2	3	4	5
本地知识搜索	1. 与本地顾客建立了良好的合作关系	0.069	0.854	0.178	-0.001	0.103
	2. 密切监控本地竞争对手的日常运营与技术发展	0.076	0.858	0.124	0.046	0.028
	3. 与本地供应商建立了良好的合作关系	0.055	0.853	0.182	0.060	0.096
	4. 与本地大学和科研机构建立了紧密的合作关系	0.033	0.846	0.121	0.133	0.033
	5. 与本地中介机构建立了密切的合作关系	0.045	0.840	0.215	0.023	0.069
创新绩效	1. 新产品的数量	0.248	0.159	0.912	0.088	0.026
	2. 新产品开发的速度	0.178	0.150	0.930	0.047	0.018
	3. 新产品的新颖程度	0.244	0.202	0.907	0.065	0.045
	4. 新产品销售额占销售总额比重	0.197	0.181	0.927	0.057	0.023
	5. 新产品开发成功率	0.215	0.176	0.920	0.062	0.027
	6. 申请专利数量	0.168	0.174	0.936	0.121	0.012
搜索努力程度	1. 在搜索有价值的信息和知识上投入了大量的资源	-0.039	0.157	0.120	0.868	0.201
	2. 将外部知识搜索看成是企业的头等大事	-0.030	0.038	0.063	0.921	0.106
	3. 利用各种方式努力从外部搜索知识	0.019	0.033	0.111	0.885	0.181
搜索持续性	1. 在搜索知识的过程中直到找到满意答案为止	-0.027	0.033	-0.010	0.156	0.920
	2. 在搜索知识的过程中直到发现了与问题相关的所有信息为止	-0.071	0.080	0.051	0.193	0.895
	3. 投入了足够的时间来识别所有可获取的信息	-0.052	0.168	0.049	0.129	0.893

（2）验证性因子分析

①创新绩效。在探索性因子分析后，接着对创新绩效进行验证性因子分析，测量模型及拟合结果分别如图 4 - 2 和表 4 - 6 所示。拟合结果表明，χ^2 值为 22.437（自由度 df = 8），χ^2/df 值为 2.805，小于 5；NFI 为 0.991，TLI 为 0.984，CFI 为 0.994，IFI 为 0.994，均大于 0.9；RMSEA 为 0.091，小于 0.1；各标准化因子荷载值均在 $p < 0.001$ 的水平上通过了显著性检验。因此，创新绩效测度模型拟合效果良好。图 4 - 2 所示的因子结构通过了验证，说明本研究对创新绩效的测度是有效的。

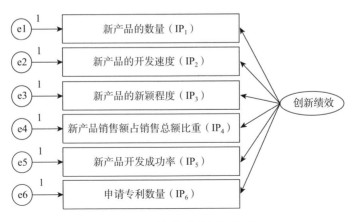

图 4 - 2　创新绩效的测量模型

表 4 - 6　创新绩效测度模型拟合结果

变量←——因子	标准化路径系数	路径系数	标准误	临界比（C. R.）	显著性 p
IP$_3$ ←——创新绩效	0.948	1.000			
IP$_2$ ←——创新绩效	0.960	1.031	0.031	32.821	***
IP$_1$ ←——创新绩效	0.953	1.006	0.032	31.666	***
IP$_4$ ←——创新绩效	0.961	1.025	0.031	32.883	***
IP$_5$ ←——创新绩效	0.973	1.012	0.029	35.436	***
IP$_6$ ←——创新绩效	0.953	1.027	0.032	31.615	***
χ^2　df　χ^2/df	NFI	TLI	CFI	IFI	RMSEA
22.437　8　2.805	0.991	0.984	0.994	0.994	0.091

注：显著性水平中，*** 表示 $p < 0.001$。

②外部知识搜索选择。接着对国际知识搜索和本地知识搜索这两个变量进行验证性因子分析，测量模型及拟合结果分别如图 4 - 3 和表 4 - 7 所示。对外部知识搜索选择测量模型的拟合结果表明，χ^2 值为 102.476（自由度 df = 34），χ^2/df 值为 3.014，小于 5；NFI 为 0.954，TLI 为 0.950，CFI 为 0.969，IFI 为 0.969，均大于 0.9；RMSEA 为 0.096，小于 0.1；各标准化因子荷载值均在 $p < 0.001$ 的水平上具有统计显著性。可见，该模型拟合效果较好，图 4 - 3 所示的因子结构通过了验证，说明本研究对国际知识搜索和本地知识搜索这两个变量的划分与测度是有效的。

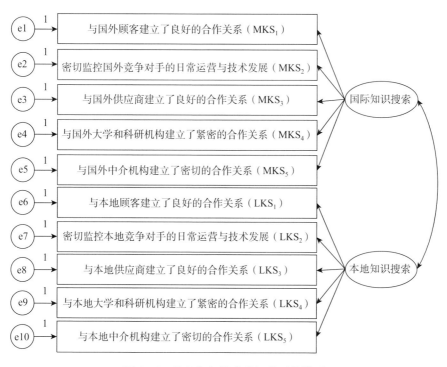

图 4 - 3　外部知识搜索选择的测量模型

表 4 - 7　外部知识搜索选择测度模型拟合结果

变量←——因子	标准化路径系数	路径系数	标准误	临界比（C. R.）	显著性 p
MKS$_5$ ←——国际知识搜索	0.985	1.000			
MKS$_4$ ←——国际知识搜索	0.905	0.935	0.033	28.594	***
MKS$_3$ ←——国际知识搜索	0.914	0.953	0.032	29.981	***
MKS$_2$ ←——国际知识搜索	0.892	0.945	0.035	26.852	***
MKS$_1$ ←——国际知识搜索	0.898	0.980	0.035	27.607	***
LKS$_5$ ←——本地知识搜索	0.837	1.000			
LKS$_4$ ←——本地知识搜索	0.819	0.850	0.059	14.493	***
LKS$_3$ ←——本地知识搜索	0.850	0.926	0.060	15.323	***
LKS$_2$ ←——本地知识搜索	0.830	0.887	0.060	14.780	***
LKS$_1$ ←——本地知识搜索	0.848	0.933	0.061	15.278	***

χ^2	df	$\chi^2/$df	NFI	TLI	CFI	IFI	RMSEA
102.476	34	3.014	0.954	0.950	0.969	0.969	0.096

注：显著性水平中，*** 表示 $p < 0.001$。

③外部知识搜索强度。接着对搜索努力程度和搜索持续性这两个变量进行验证性因子分析，测量模型及拟合结果分别如图4-4和表4-8所示。对外部知识搜索强度测量模型的拟合结果表明，χ^2值为15.915（自由度 df = 8），χ^2/df值为1.989，小于5；NFI为0.983，TLI为0.977，CFI为0.991，IFI为0.991，均大于0.9；RMSEA为0.067，小于0.1；各标准化因子荷载值均在$p < 0.001$的水平上具有统计显著性。可见，该模型拟合效果较好，图4-4所示的因子结构通过了验证，说明本研究对搜索努力程度和搜索持续性这两个变量的划分与测度是有效的。

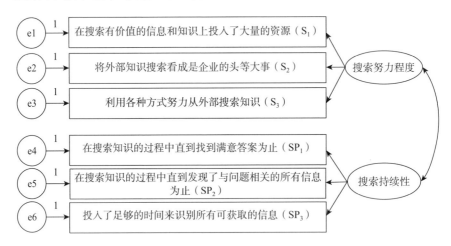

图 4-4 外部知识搜索强度的测量模型

表 4-8 外部知识搜索强度测度模型拟合结果

变量←——因子	标准化路径系数	路径系数	标准误	临界比（C. R.）	显著性 p
S_3←——搜索努力程度	0.857	1.000			
S_2←——搜索努力程度	0.885	1.024	0.063	16.141	***
S_1←——搜索努力程度	0.869	0.999	0.063	15.840	***
SP_3←——搜索持续性	0.861	1.000			
SP_2←——搜索持续性	0.889	1.033	0.061	17.018	***
SP_1←——搜索持续性	0.900	1.088	0.063	17.258	***
χ^2　df　χ^2/df	NFI	TLI	CFI	IFI	RMSEA
15.915　8　1.989	0.983	0.977	0.991	0.991	0.067

注：显著性水平中，*** 表示 $p < 0.001$。

④五因子模型分析。最后，通过对五因子模型的验证性因子分析来再次检验本研究涉及构念的聚合效度，测量模型及拟合结果分别如图 4－5 和表 4－9 所示。通过对五因子模型的验证性因子分析发现，$\chi^2 = 319.8$；$\chi^2/\mathrm{df} = 1.607$，NFI $= 0.945$，NNFI $= 0.972$，CFI $= 0.978$，IFI $= 0.978$，RMSEA $= 0.053$，同时所有标准化因子荷载值均在 $p < 0.001$

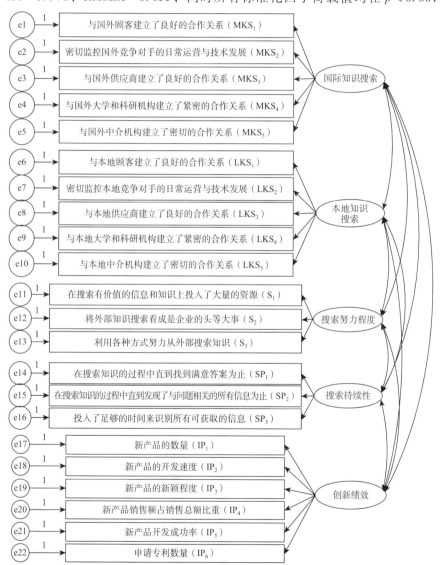

图 4－5　外部知识搜索选择、搜索强度与创新绩效总体测量模型

的水平上通过了显著性检验，证明模型拟合效果良好，构念具有良好的聚合效度。

此外，表4-9列出了本地知识搜索、国际知识搜索、搜索努力程度、搜索持续性和创新绩效的AVE值（average variance extracted）。结果显示，所有构念的AVE值均远大于构念间相关系数的平方值，证实本地知识搜索、国际知识搜索、搜索努力程度、搜索持续性和创新绩效均具有良好的区分效度。

表4-9　外部知识搜索选择、搜索强度与创新绩效验证性因子分析

构念	测度题项	标准化因子荷载值	AVE值
本地知识搜索	1. 与本地顾客建立了良好的合作关系	0.848	0.700
	2. 密切监控本地竞争对手的日常运营与技术发展	0.827	
	3. 与本地供应商建立了良好的合作关系	0.851	
	4. 与本地大学和科研机构建立了紧密的合作关系	0.819	
	5. 与本地中介机构建立了密切的合作关系	0.839	
国际知识搜索	1. 与国外顾客建立了良好的合作关系	0.898	0.845
	2. 密切监控国外竞争对手的日常运营与技术发展	0.893	
	3. 与国外供应商建立了良好的合作关系	0.914	
	4. 与国外大学和科研机构建立了紧密的合作关系	0.905	
	5. 与国外中介机构建立了密切的合作关系	0.984	
搜索努力程度	1. 在搜索有价值的信息和知识上投入了大量的资源	0.873	0.757
	2. 将外部知识搜索看成是企业的头等大事	0.881	
	3. 利用各种方式努力从外部搜索知识	0.856	
搜索持续性	1. 在搜索知识的过程中直到找到满意答案为止	0.897	0.781
	2. 在搜索知识的过程中直到发现了与问题相关的所有信息为止	0.890	
	3. 投入了足够的时间来识别所有可获取的信息	0.864	
创新绩效	1. 新产品的数量	0.954	0.916
	2. 新产品销售额占销售总额比重	0.961	
	3. 新产品的开发速度	0.949	
	4. 新产品开发成功率	0.955	
	5. 申请专利数量	0.968	
	6. 新产品的新颖程度	0.956	

注：所有标准化因子荷载值均在$p < 0.001$水平上显著。

3. 相关分析

所研究的变量之间存在一定程度的相关关系是回归分析的前提，因此本研究在进行回归分析之前，首先对各研究变量进行了相关分析。表4-10为本研究各变量的均值、标准差和相关系数矩阵。从表4-10中可见，国际知识搜索（相关系数为0.436，$p<0.01$）、本地知识搜索（相关系数为0.377，$p<0.01$）与创新绩效均显著正相关，这初步为本研究的假设预期提供了证据；但是相关关系只能指明变量间是否存在关系，无法说明变量间的因果关系和影响作用的大小。因此，本研究在后面的分析过程中逐步采用层次回归分析对这些变量之间的关系进行更精确的验证。

表 4 - 10   描述性统计分析与相关系数矩阵

	Mean	S. D.	1	2	3	4	5	6	7	8	9
1. 企业规模	7.559	1.400	1								
2. 企业年龄	15.54	9.158	0.405**	1							
3. 研发投入	0.048	0.025	0.003	0.030	1						
4. 国有控股	0.361	0.481	-0.018	-0.046	-0.026	1					
5. 国际知识搜索	3.993	1.369	0.151*	0.026	0.250**	-0.064	1				
6. 本地知识搜索	4.598	1.057	0.147*	-0.060	0.236**	0.045	0.163*	1			
7. 搜索持续性	4.221	1.230	-0.099	0.016	0.016	-0.011	-0.079	0.185**	1		
8. 搜索努力程度	4.772	1.228	0.039	0.158*	0.123	-0.132	-0.007	0.170*	0.353**	1	
9. 创新绩效	3.980	1.659	0.211**	0.015	0.365**	-0.027	0.436**	0.377**	0.075	0.192**	1

注：** 表示 $p<0.01$；* 表示 $p<0.05$。

4. 层次回归分析

（1）回归分析三大问题检验

有学者认为在采用多元回归方法研究问题时，为了保证正确地使用模型并得出科学的结论，需要研究回归模型是否存在多重共线性、序列相关和异方差三大问题（马庆国，2002）。

①多重共线性检验。多重共线性是指回归模型中多个解释变量（包括控制变量）之间的相关程度太高，导致这些变量之间有共同的变化趋势，在统计学上常用方差膨胀因子（Variance Inflation Factor，VIF）来衡量（马庆国，2002；吴明隆，2003）。一般来说，当 $0 < VIF < 10$，不存在多重共线性；当 $10 \leq VIF < 100$，存在较强的多重共线性；当 $VIF \geq 100$，存在严重多重共线性。对后面将要介绍的回归模型的 VIF 计算结果表明，在所有模型中 VIF 值均大于 0 且小于 10。因此，这些解释变量之间不存在较强的多重共线性问题。

②序列相关检验。序列相关是指回归模型中的不同残差项之间具有相关关系（马庆国，2002），在统计学上通常使用 Durbin – Waston 值（DW 值）来检验模型的序列相关问题。经验判断方法表明，当 DW 值在 1.5 和 2.5 之间（或接近于 2）时，回归模型不存在序列相关。在本研究中，由于样本数据是截面数据，因此理论上不存在序列相关问题，对后面将要介绍的回归模型的 DW 计算结果表明，在所有模型中 DW 值均接近于 2。因此，在本研究中不存在不同编号的样本值之间的序列相关问题。

③异方差检验。异方差是指随着解释变量的变化，被解释变量的方差存在明显的变化趋势（不具有常数方差的特征）（马庆国，2002）。在统计学上通常利用散点图来判断回归模型是否具有异方差线性。本研究对后面将要介绍的各回归模型以标准化预测为横轴，标准化残差为纵轴进行残差项的散点图分析，结果显示，散点图呈无序状态。因此，本研究中的所有回归模型均不存在异方差问题。

（2）主效应检验

本研究首先检验国际知识搜索、本地知识搜索对创新绩效的影响和其影响程度的大小。模型 1 是加入所有控制变量的回归模型，模型 2 是在模型 1 基础上加入调节变量后的回归模型。模型 3 是在模型 2 基础上加入国际知识搜索后的回归模型。模型 4 是在模型 2 基础上加入本地知识搜索后的回归模型。模型 5 是在模型 2 基础上同时加入国际知识搜索、本地知识搜索后的回归模型。由模型 3 可得，国际知识搜索对创新绩效具有显著的正向影响（$\beta = 0.347$，$p < 0.001$），假设 H_2 得到支持；由模型 4 可

得，本地知识搜索对创新绩效具有显著的正向影响（β = 0.247，p < 0.001），假设 H_1 得到支持。由模型 5 可得，相比本地知识搜索，国际知识搜索对创新绩效的影响更为显著（0.326 > 0.213），假设 H_3 得到支持。

表 4 – 11　外部知识搜索影响创新绩效的主效应模型

	模型 1	模型 2	模型 3	模型 4	模型 5
电子信息产业	0.036	– 0.085	– 0.122	– 0.077	– 0.113
专用设备制造产业	0.083	– 0.001	– 0.055	– 0.026	– 0.073
交通运输设备制造产业	– 0.055	– 0.145	– 0.149	– 0.158 *	– 0.160 *
一般机械制造产业	0.083	0.029	– 0.004	– 0.003	– 0.030
金属制品产业	0.068	0.032	0.014	0.000	– 0.013
企业规模	0.253 ***	0.270 ***	0.216 ***	0.209 **	0.166 **
企业年龄	– 0.106	– 0.119	– 0.095	– 0.089	– 0.070
R&D 投入强度	0.382 ***	0.359 ***	0.268 ***	0.304 ***	0.226 ***
国有控股	– 0.015	0.022	0.046	0.001	0.027
搜索努力程度		0.188 **	0.200 **	0.157 *	0.173 *
搜索持续性		0.050	0.081	0.012	0.047
国际知识搜索			0.347 ***		0.326 ***
本地知识搜索				0.247 ***	0.213 ***
R^2	0.202	0.236	0.343	0.286	0.379
F	5.892 ***	5.820 ***	8.958 ***	6.871 ***	9.643 ***
Max VIF	2.250	2.712	2.725	2.713	2.727

注：表中系数为标准化回归系数，*** 表示 $p < 0.001$，** 表示 $p < 0.01$，* 表示 $p < 0.05$。

（3）搜索努力程度的调节效应检验

接下来检验搜索努力程度的调节效应。模型 1 是加入所有控制变量的回归模型，模型 2 是在模型 1 基础上加入调节变量后的回归模型。模型 3 是在模型 2 基础上加入国际知识搜索、本地知识搜索后的回归模型。模型 4 是在模型 3 基础上加入搜索努力程度与国际知识搜索、本地知识搜索交互项后的回归模型。由模型 4 可得，搜索努力程度正向调节国际知识搜索与创新绩效的关系（β = 0.215，p < 0.001），假设 H_{4b} 得到支持；搜索努力程度负向调节本地知识搜索与创新绩效的关系（β = – 0.265，p <

0.001），假设 H_{4a} 得到支持。

表 4 – 12　外部知识搜索与创新绩效的层次回归模型：
搜索努力程度的调节效应

	模型 1	模型 2	模型 3	模型 4
电子信息产业	0.036	– 0.085	– 0.113	– 0.110
专用设备制造产业	0.083	– 0.001	– 0.073	– 0.077
交通运输设备制造产业	– 0.055	– 0.145	– 0.160*	– 0.161*
一般机械制造产业	0.083	0.029	– 0.030	– 0.049
金属制品产业	0.068	0.032	– 0.013	0.008
企业规模	0.253***	0.270***	0.166**	0.144**
企业年龄	– 0.106	– 0.119	– 0.070	– 0.050
R&D 投入强度	0.382***	0.359***	0.226***	0.202***
国有控股	– 0.015	0.022	0.027	0.079
搜索努力程度		0.188**	0.173**	0.108
搜索持续性		0.050	0.047	0.015
国际知识搜索			0.326***	0.331***
本地知识搜索			0.213***	0.181**
国际知识搜索 × 搜索努力程度				0.215***
本地知识搜索 × 搜索努力程度				– 0.265***
R^2	0.202	0.236	0.379	0.459
F	5.892***	5.820***	9.643***	11.474***
Max VIF	2.250	2.712	2.727	2.731

注：表中系数为标准化回归系数，*** 表示 $p < 0.001$，** 表示 $p < 0.01$，* 表示 $p < 0.05$。

（4）搜索持续性的调节效应检验

接下来检验搜索持续性的调节效应。模型 1 是加入所有控制变量的回归模型，模型 2 是在模型 1 基础上加入调节变量后的回归模型。模型 3 是在模型 2 基础上加入国际知识搜索、本地知识搜索后的回归模型。模型 4 是在模型 3 基础上加入搜索持续性与国际知识搜索、本地知识搜索交互项后的回归模型。由模型 4 可得，搜索持续性正向调节国际知识搜索与创新绩效的关系（β = 0.296，$p < 0.001$），假设 H_{5b} 得到支持；搜索持续性负向调节本地知识搜索与创新绩效的关系（β = – 0.198，$p < $

0.001），假设 H_{5a} 得到支持。

表 4 - 13　外部知识搜索与创新绩效的层次回归模型：
搜索持续性的调节效应

	模型 1	模型 2	模型 3	模型 4
电子信息产业	0.036	− 0.085	− 0.113	− 0.124
专用设备制造产业	0.083	− 0.001	− 0.073	− 0.095
交通运输设备制造产业	− 0.055	− 0.145	− 0.160 *	− 0.179 **
一般机械制造产业	0.083	0.029	− 0.030	− 0.041
金属制品产业	0.068	0.032	− 0.013	− 0.004
企业规模	0.253 ***	0.270 ***	0.166 **	0.124 *
企业年龄	− 0.106	− 0.119	− 0.070	− 0.074
R&D 投入强度	0.382 ***	0.359 ***	0.226 ***	0.148 **
国有控股	− 0.015	0.022	0.027	0.074
搜索努力程度		0.188 **	0.173 **	0.152 *
搜索持续性		0.050	0.047	0.039
国际知识搜索			0.326 ***	0.350 ***
本地知识搜索			0.213 ***	0.188 ***
国际知识搜索 × 搜索持续性				0.296 ***
本地知识搜索 × 搜索持续性				− 0.198 ***
R^2	0.202	0.236	0.379	0.490
F	5.892 ***	5.820 ***	9.643 ***	13.005 ***
Max VIF	2.250	2.712	2.727	2.754

注：表中系数为标准化回归系数，*** 表示 $p < 0.001$，** 表示 $p < 0.01$，* 表示 $p < 0.05$。

六　结论与讨论

1. 研究结论

创新管理领域的研究突出了企业外部知识搜索对于创新的战略意义，然而已有研究主要集中于本地知识搜索，对于国际知识搜索缺乏关注，同时已有研究并没有回答企业在本地与国际市场上应该如何进行知识搜索，以及搜索方式是否应该存在差异。本研究基于注意力理论视角，将外部知识搜索过程分解为搜索选择和搜索强度两个部分，深入探索了外部知识搜索选择、搜索强度对创新绩效的影响，并得出了以下几点研究结论。

（1）本地知识搜索、国际知识搜索都对企业创新绩效具有正向影响。本地知识搜索降低企业的知识搜索成本，国际知识搜索为企业带来更多的学习机会，进而提升企业创新效率。因此研究结论进一步支持了 Laursen 和 Salter（2006）的观点，证实了开放的重要性。

（2）相比本地知识搜索，国际知识搜索对创新绩效具有更强的影响效应。国际市场上获取的知识由于其新颖性、独特性更能够吸引企业的注意力，更新企业知识基础，推动企业对现有知识实现新的组合。因此研究结论深化了开放式创新领域的研究，比较出了不同知识源的创新推动力。

（3）企业外部知识搜索选择必须与搜索强度相匹配。由于时间和资源限制，相比本地知识搜索，企业在国际市场上更需要采取高强度（更努力和持续）的搜索方式，从而充分实现对于从国际市场上获取的新信息和知识的识别和整合，避免过度关注本地知识搜索所导致的冗余信息过载，从而最大限度地提升企业创新绩效。

2. 理论与实践意义

本研究的理论贡献主要体现为两个方面。一方面，将企业外部知识搜索选择范围进一步细分为本地知识搜索和国际知识搜索，并对比分析了两种知识搜索战略对企业创新绩效的影响程度。本研究指出尽管本地知识搜索和国际知识搜索都能推动企业创新，但国际知识搜索对企业创新具有更显著的影响，因而弥补了以往开放式创新领域仅仅关注本地知识搜索的缺陷，从更深层次对"企业去哪搜索更能够推动创新"这一问题给出了更满意的答案。另一方面，基于注意力理论将外部知识搜索过程解构为搜索选择和搜索强度两个部分，在传统搜索理论框架内加入了搜索强度这一元素，弥补了以往外部知识搜索理论只强调"去哪搜索"（搜索选择）的缺陷。此外，本研究还发现努力的、持续的搜索并不总是正确的，企业外部知识搜索选择需要与搜索强度相匹配。当企业在国际市场上搜索时需要加大搜索强度（努力程度和持续性）；当企业在本地市场上搜索时需要降低搜索强度。因此，本研究不仅回答了"去哪儿搜索"，还回答了"如何搜索"的问题，极大地深化了外部知识搜索理论。

本研究对企业管理者具有实践指导意义。企业管理者不仅应意识到本地知识搜索能够推动企业创新，还应意识到国际市场对创新具有更大的推动作用，积极通过参与国际运营来获取新颖的知识和信息，进而快速实现创新追赶。此外，企业管理者在外部知识搜索时间和精力的分配上也应根据搜索位置选择差异化对待，对于国际知识搜索应给予更大的关注力度，调动更多的人力物力在国际市场上搜索所需的知识和信息。

3. 研究的局限性与未来研究展望

本研究还存在一定的局限性，这也给未来研究提供了空间。本研究关注外部知识搜索选择、搜索强度对创新绩效的影响效应，未来研究可以考虑进一步探索企业外部知识搜索选择和搜索强度的前因，如企业内部资源存量和外部资源可获取性。此外，由于资源限制，企业往往很难在本地和国际知识搜索两种战略上同时保持高水平，因此不可避免地会面临两种搜索战略的权衡取舍。未来研究可以考虑基于组织双元理论视角探索本地知识搜索和国际知识搜索的平衡和联合对创新的影响。

第五章 企业外部知识搜索双元与创新绩效：以创新复杂性和产业竞争压力为调节

开放式创新已成为企业的主导创新模式，然而已有研究对于企业"是否应该以及是否能够同时实施本地和国际知识搜索战略，在什么条件下实施更为有利"的问题并没有给出满意的答案。本研究创造性地整合组织双元与外部知识搜索理论，界定了外部知识搜索双元的两个维度（平衡维度和联合维度）的含义，并实证检验了外部知识搜索双元的平衡维度和联合维度对创新绩效的影响，以及创新复杂性和产业竞争压力对上述影响的调节效应。基于中国219家制造企业的问卷调查结果表明：外部知识搜索双元的平衡维度和联合维度对创新绩效均具有显著正向影响；创新复杂性、产业竞争压力均正向调节外部知识搜索双元的两个维度与创新绩效的关系。研究结论对组织双元、外部知识搜索以及创新管理理论和实践具有重要启示。

一 引言

在知识经济时代，开放式创新成为决定企业创新成败的关键（Chesbrough, 2003）。企业仅仅依赖内部资源开展创新活动已日趋困难，即使是世界上最大的跨国公司，在技术发展和创新中也做不到完全自给自足，需要吸收别国和其他企业的技术和知识。如宝洁公司以 C&D 模式取代了传统的 R&D 模式，充分整合国内和国外两种资源，推动企业创新。开放式创新对我国企业尤其重要。在整体创新投入明显偏低的情况下，我国企业单纯依赖自身能力很难实现对发达国家的创新追赶。尤其是在知识型员工流动性日益增强、知识创造与扩散速度越来越快的情况下，企业封闭式创新往往难以为继，从企业外部获取知识的需求日益增加（陈劲、吴航、金珺，2012）。因此，实施开放式创新战略必将成为我国企业应对新一轮经济竞争的可持续发展战略。

理论研究已经证实了外部知识搜索对企业创新的战略意义（Rosenkopf & Nerkar，2001；Laursen & Salter，2006；Kafouros & Forsans，2012；Garriga，Von Krogh & Spaeth，2013），认为从外部搜索新知识能够帮助企业消除知识盲点，应对市场和技术上不可预期的变革（Chesbrough，2003）。目前对于外部知识搜索领域的研究主要体现在两个方面：本地知识搜索和国际知识搜索。本地知识搜索领域的学者认为基于近距离的地理优势，企业能够提高创新效率（Mesquita & Lazzarini，2008；Funk，2014）；国际知识搜索领域的学者认为通过进入国际市场，企业能够获取差异化的知识和信息，推动企业实现新的知识组合（Zahra，Ireland & Hitt，2000；Wu & Wu，2014）。尽管两个领域的研究都指出了企业外部知识搜索能够提升创新绩效，但却忽视了对以下问题的解答：企业如何在这两种搜索战略之间进行抉择。换言之，尽管在本地和国际市场上进行知识搜索都能推动企业创新，但企业是否应该以及是否能够同时实施两种搜索战略，在什么条件下实施更为有利，是需要认真探索的。

本研究试图详细回答上述问题，加深我们对外部知识搜索的理解，同时为企业外部知识搜索实践提供指导。整合组织双元与外部知识搜索理论，探索外部知识搜索双元的平衡和联合对创新绩效的影响，并检验创新复杂性和产业竞争压力的调节效应。本研究具有极强的理论和现实意义。整合组织双元理论与外部知识搜索理论，突出了本地知识搜索和国际知识搜索的矛盾与互补之处，进一步深化了外部知识搜索理论，同时拓展了组织双元理论的应用范畴。研究结论能够指导企业如何协调本地和国际两种知识搜索战略，以及如何最大限度地利用两种搜索战略提升创新绩效，因而具有极大的实践启示。

二　理论背景

1. 组织双元研究：从探索与利用的权衡到矛盾性思考的转换

尽管 Duncan（1976）最早提出了组织双元的概念，但直到 March（1991）提出探索和利用的双元学习构念，组织双元问题才引起学术界的广泛关注。早期的研究认为，组织必须在探索和利用活动之间进行权衡取舍（March，1991；McGill，Slocum & Lei，1992），原因在于两者会争夺企业有限的资源，需要完全不同的组织结构、战略和组织情景，并且同时开展探索和利用活动对组织管理者的协调和整合能力提出了非常高的要求（Levinthal & March，1993；Raisch & Birkinshaw，2008；刘洋、魏江、应瑛，2011）。

然而，近期的研究指出，组织有必要并且完全可能同时实施探索和利用活动（He & Wong，2004；Gupta，Smith & Shalley，2006）。仅仅关注利用活动可能在短期内会提升绩效，但却会让企业陷入"核心刚性"或"能力陷阱"，逐渐散失去对外部环境变化的响应能力（Levinthal & March，1993）。相反，过多的关注探索活动虽然能够增强企业更新知识基础的能力，但却会让企业陷入无尽的探索、失败、再探索、再失败的恶性循环，使得企业难以收回投资（Raisch & Birkinshaw，2008）。因此，企业的长期生存和发展取决于同时实施探索和利用活动的能力。随后，学者们从实证角度研究了组织双元与绩效的关系形态（He & Wong，2004；Gibson & Birkinshaw，2004），以及如何实现组织双元（Jansen，Vera，Crossan，2009；Gibson & Birkinshaw，2004；Lubatkin et al.，2006）。

2. 外部知识搜索：本地知识搜索与国际知识搜索

在创新管理领域，开放式创新的理念已经深入人心。在创新速度和复杂性日益加剧的情况下，如何从外部搜索知识已成为决定企业创新成败的关键（Rosenkopf & Nerkar，2001；Chesbrough，2003）。这些学者普遍认为，从外部搜索新知识能够丰富企业知识库，帮助企业消除知识盲点，应对市场和技术上不可预期的变革（Chesbrough，2003）。依据这种理论逻辑，大量学者在不同情景下检验了外部知识搜索广度和深度对企业创新绩效的影响，并认为在一定范围内，增大企业搜索范围能够推动企业创新发展（Laursen & Salter，2006；Leiponen & Helfat，2010；Chen，Chen & Vanhaverbeke，2011；Garriga，Von Krogh & Spaeth，2013）。然而，这些研究主要关注企业如何从本地市场搜索知识来推动创新，对于企业如何从国外搜索知识缺乏关注。

国际商务领域的研究认为，国际化是企业的一种重要的多样化战略，通过进入国际市场，企业不仅能够实现规模经济和范围经济，更为重要的是还能够从多样化的国际环境中学习先进的知识、技术和经营管理理念（Hitt，Hoskisson & Kim，1997；Zahra，Ireland & Hitt，2000）。特别是对于中国等新兴经济体国家的企业，可以将国际市场作为企业发展的战略跳板，通过进入国际市场获取创新所需的互补知识和技术，提升企业创新绩效（Luo & Tung，2007；吴航、陈劲、梁靓，2014）。然而，国际商务领域的研究并没有将企业本地知识搜索行为纳入考量范畴，对于本地知识搜索如何与国际知识搜索共同影响企业创新缺乏关注。

3. 现有文献研究存在的不足

通过文献回顾可以发现，目前组织双元和外部知识搜索领域的研究都还存在一些不足之处。

一方面，组织双元的理论研究具有明显的不对称性，双元性研究范畴需要进一步拓展。目前组织双元的研究主要集中于以下几个领域：组织学习（March，1991；Levinthal & March，1993；Gupta，Smith & Shalley，2006）、技术创新（Atuahene-Gima，2005；Lin et al.，2013）、组织适应（Brown & Eisenhardt，1997）、组织设计（Duncan，1976；Tushman & O'Reilly，1996），在外部知识搜索领域的研究几乎没有涉及。近年来，有学者尝试将组织双元性理论应用到了战略导向（张婧、段艳玲，2010）、国际化（Hsu，Lien & Chen，2013）、战略联盟（Lavie & Rosenkopf，2006）等领域。这些研究证实了双元性研究能够在其他领域内拓展的可能性。因此，后续研究可以进一步将双元性研究拓展至外部知识搜索领域，这有助于拓宽双元性的研究范畴。

另一方面，缺乏对本地知识搜索和国际知识搜索两个领域的整合性研究，未来研究应进一步考虑本地知识搜索和国际知识搜索两种战略的均衡性问题。尽管已有研究普遍意识到了外部知识搜索对于企业创新的重要性，然而已有文献仅仅停留在关注本地知识搜索和国际知识搜索各自对创新绩效的影响（Zahra，Ireland & Hitt，2000；Laursen & Salter，2006；Kafouros & Forsans，2012；Garriga，Von Krogh & Spaeth，2013），并没有指出企业在创新过程中应该如何兼顾、权衡本地搜索和国际搜索这两种知识搜索战略，即并无研究探讨企业同时兼顾二者的均衡性战略问题。

因此，在此背景下，推动组织双元与外部知识搜索的相互融合无疑能够显著推动这两大领域的理论发展。

三　概念模型

1. 外部知识搜索的双元属性和概念界定

目前对于组织双元的概念并没有形成一个清晰一致的定义，但从已有关于组织双元的特征分析中可以看出，组织双元理论适用的研究问题具有以下两个方面的特征：①存在两种可供选择的、相互矛盾的战略行为；②两种战略行为对组织均是有利的，难以取舍。一般来说，满足以上两个方面特征的研究问题均能应用组织双元理论进行分析。

对于企业的外部搜索战略而言，企业往往面临本地搜索和国际搜索两种战略选择，并且这两种搜索战略均能推动企业创新。通过本地知识搜索，企业能够快速、低成本地从本地供应商、顾客、竞争者、创新中介机构那里获取创新所需的知识和信息（Laursen & Salter，2006）；通过国际知识搜索，企业能够获取多样化的知识和信息，帮助企业实现新的知识组合（Zahra，Ireland & Hitt，2000；Wu，2014）。然而，由于资源和能力限制，企业往往难以同时实施高强度的本地和国际知识搜索战略（Li，Wu & Zhang，2012；Clausen，Korneliussen & Madsen，2013）。因此，企业需要在两种搜索战略之间进行权衡和协调，以实现搜索利益的最大化。企业外部知识搜索战略具有双元属性，而外部知识搜索双元可以定义为：企业通过协调和权衡本地知识搜索和国际知识搜索以实现两种搜索战略均衡发展的能力。

2. 外部知识搜索双元与创新绩效关系模型

借鉴 Cao，Gedajlovic 和 Zhang（2009）对于组织双元的维度划分，本研究将外部知识搜索双元进一步解构为两个维度：平衡维度和整合维度。外部知识搜索双元的平衡维度是指企业充分运用协调机制，在本地和国际两种搜索战略的执行程度上保持相对一致的平衡（relative balance）；外部知识搜索双元的联合是指在本地和国际两种搜索战略的执行程度上的组合大小（combined magnitude），强调两种搜索战略的整合效应。本研究提出的研究框架如图 5－1 所示。研究问题主要包括：外部知识搜索双元的平衡、外部知识搜索双元的联合对创新绩效的影响；创新复杂性、产业竞争压力对外部知识搜索双元与创新绩效关系的调节效应。

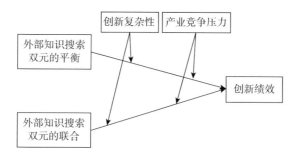

图 5－1 外部知识搜索双元影响创新绩效的概念模型

四 假设提出

1. 外部知识搜索的平衡与创新绩效

外部知识搜索双元的平衡使得企业不过度关注本地搜索或国际搜索，进而降低企业创新风险，提升创新绩效。一方面，本地知识搜索能够带来基于近距离的创新效率，加速企业创新速度（Funk，2014）。Patel 等人（2014）认为企业天生倾向于在本地进行知识搜索，由于本地企业之间拥有相似的文化背景和更近的地理距离，因此相比国际搜索企业在本地进行知识搜索更容易、成本更低，能够快速整合外部知识推动创新。然而，本地搜索带来的多是熟悉的知识，过度关注本地搜索导致企业创新过程中缺乏新的元素和思维，企业现有的运营惯例不断得到强化，久而久之使得企业陷入"核心刚性"或"能力陷阱"（Levinthal & March，1993），阻碍企业的进一步学习和知识更新。这种企业最终将会丧失消化和利用（从本地以外市场搜索到的）新创意的能力，同时也会慢慢忽视了对新技术开发的重视程度。一旦外部顾客需求或技术环境发生重大变革，企业很难快速做出响应，结果将导致企业现有竞争能力迅速过时，企业创新发展面临严重障碍。

另一方面，国际知识搜索能够为企业带来更多的技术机会和本地搜索不能获取的新知识和技术，但过度关注国际知识搜索会使得企业需要承担过高的风险和成本，抑制企业创新（Kafouros & Forsans，2012；Wu & Wu，2014）。通过在国际市场上搜索，企业能够接触到更加丰富多样的顾客需求和竞争环境，国外市场上新颖的知识和信息也会激发企业的创新性思维，推动企业的创新发展。然而，过度的国际搜索会使得企业散失去重点，企业还需要承担大量的国际化成本。虽然国际市场提供的多样化知识为企业搜寻差异化和互补知识提供了机会，但并不是所有国际市场上搜索的知识都能够被整合进企业知识库中。其中很多知识与企业现有知识和能力完全无关。由于地理和文化差异，国内企业有效评估这些知识并快速将其整合进企业知识库中的能力往往非常有限。因此，国际搜索所带来的正向收益很可能会被企业处理海量信息所带来的成本和限制所抵消（Hitt，Hoskisson & Kim，1997）。当企业试图管理和整合大量差异化的、烦琐的信息片段时，企业不得不将有限的管理注意力分散在多个知识源上，这种风险会导致信息过载和混淆。此外，中国企业普遍缺乏国际化经验，在国际化过程中不可避免地会遭遇各种国际化障碍，如外来者障碍（liabilities of foreignness）、小企业障碍（liabilities of small-ness）等，这些障碍无疑会增加企业的创新成本（Hitt，Hoskisson & Kim，1997）。基于上述分析逻辑，本研究认为两种知识搜索战略之间的相对一致（即实现本地知识搜索和国际知识搜索之间的平衡）能够降低企业创新过程中的能力陷阱或知识搜索和加工成本，进而提升企业创新绩效。鉴于此，本章提出如下假设：

H$_1$：企业外部知识搜索的平衡对创新绩效具有正向影响。

2. 外部知识搜索的联合与创新绩效

外部知识搜索双元的联合使得企业能够实现本地和国际知识搜索战略的互补，进而提升创新绩效。一方面，国际知识搜索能够避免本地知识搜索导致的能力陷阱。虽然关注本地搜索的企业能够在某个特定领域改进能力并获取竞争优势，但这种知识搜索毕竟局限于本地资源（Funk，2014）。过多地强调本地搜索可能导致一种企业眼界上的短视，只是关注维持现有的能力，而导致企业陷入核心刚性（Levinthal & March，1993）。国际知识搜索为企业带来了更多的全新知识，催生了企业的创新动力，推动了企业对现有知识和新知识的整合力度，因而避免了本地搜索所导致的短视。具体来说，通过在国际市场上搜索，企业日益意识到市场竞争的残酷，以及不断推出新产品对于企业发展的战略意义；同时国际市场也为企业提供了多样化的知识源和学习途径（吴航、陈劲、梁靓，2014）。此时企业必然会思考国际市场上搜索到的知识是否能够与本地知识进行整合，同时激发企业对现有知识实现新的整合方式。Katila 和 Ahuja（2002）认为，从既定的知识元素中企业只能生成有限的新创意，然而从多个市场获取多种知识元素增加了生成优质新产品创意的概率。

另一方面，本地搜索降低了国际搜索的不确定性。对于仅仅依靠国际市场进行知识搜索的企业而言，利用国际知识源开展创新存在极大的不确定性。Wu 和 Wu（2014）认为由于制度和文化环境的差异，企业并不清楚哪种外部知识源（国外供应商、顾客、分销商等）对于企业创新是最为有利的。正如 Chesbrough（2008）所说，从国际市场上搜索知识和创意拥有很大的风险，因为企业对这些合作伙伴并没有非常深入的了解。因此，企业从国际市场上搜索的知识可能并不能满足或及时满足企业的创新需求（Lin et al.，2011）。这些问题对于单单依靠国际搜索的企业提出了严峻的挑战。然而，本地知识搜索能够在很大程度上降低企业国际知识搜索的这些不确定性。本地知识搜索可以使得企业快速将在国际市场上搜索获得的知识内部化。本地知识搜索使得企业对本地市场环境有了详细的了解，能够帮助企业精炼国际搜索获得的知识，并将其调整以解决本地市场需求，进而推出适应本地顾客需求的创新产品。如果缺乏对本地市场的了解，那么企业在引用国际知识以解决本地顾客需求的过程中可能会遇到瓶颈，企业无法生产出满足本地市场的定制化产品和服务（Wu & Wu，2014）。此外，依据消化吸收能力的理论逻辑，企业在本地获取的知识在一定程度上能够帮助企业在国际市场上搜索新的知识和信息，进而推动企业创新（Zahra & George，2002）。基于上述分析逻辑，本研究认为两种知识搜索战略之间的组合（即实现本地知识搜索和国际知识搜索之间的联合）能够推动本地和国际知识之间的相互融合，避免创新能力陷阱，提高国际知识利用效率，进而提升企业创新绩效。鉴于此，本章提出如下假设：

H_2：企业外部知识搜索的联合对创新绩效具有正向影响。

3. 创新复杂性和产业竞争压力调节效应

（1）创新复杂性

本研究认为企业外部知识搜索双元对创新绩效的影响取决于企业创新复杂性。创新复杂性包含两个方面：结构复杂性和开发复杂性（Patel et al.，2014）。结构复杂性表示产品原件、原件交界面、子系统的数量，强调创新产品结构的复杂性（Clark & Wheelwright，1993）。开发复杂性表示产品创新过程中的决策难度、知识反馈过程的密集程度等，强调产品开发过程的复杂性（Kim & Wilemon，2003）。创新复杂性反应了企业创新所需知识基础、技能和工程投入的多样性（Patel et at.，2014）。当企业创新复杂性较高时，企业需要整合不同的知识和技术（Hobday，1998）。由于本地企业之间拥有相似的文化环境和更近的地理距离，因此企业在本地进行知识搜索能够更快速整合外部知识，帮助企业以更低成本开展创新（Funk，2014）；通过在国外市场搜索，企业能够接触更加丰富的知识源，获取企业创新所急需的、领先的互补技术和知识（Kafouros & Forsans，2012）。因此，当企业创新复杂性较高时，此时企业需要同时借鉴国内和国外网络同时进行知识搜索，以满足企业的创新复杂性需求。鉴于此，本章提出如下假设：

H_{3a}：创新复杂性正向调节外部知识搜索的平衡与创新绩效之间的关系。

H_{3b}：创新复杂性正向调节外部知识搜索的联合与创新绩效之间的

关系。

（2）产业竞争压力

本研究认为，企业外部知识搜索双元对创新绩效的影响还取决于企业所处产业的竞争压力。竞争压力的大小来源于产业内部竞争对手数量的多寡。产业竞争压力大意味着产业内部存在大量有实力的竞争对手，产业内新产品引入速度较快，此时企业为了保持在产业内部的竞争地位亟须通过不断引入新产品来占领市场，同时快速收回创新投资（Jaworski & Kohli，1993；Luo，2003）。这些都迫使企业加快在本地和国际市场上同时进行知识搜索，通过本地知识搜索快速、低成本地获取创新知识，改进产品创新工艺，通过国际知识搜索获取创新所需的互补知识和高端技术，推动企业知识实现新的组合（Kafouros & Forsans，2012；Funk，2014）。因此，当产业竞争压力较大时，企业亟须整合本地和国际市场上搜索到的知识，快速引入满足本地和国际顾客需求的新产品。鉴于此，本章提出如下假设：

H_{4a}：产业竞争压力正向调节外部知识搜索的平衡与创新绩效之间的关系。

H_{4b}：产业竞争压力正向调节外部知识搜索的联合与创新绩效之间的关系。

五　研究方法

1. 数据收集

本研究以制造企业为研究对象，以问卷调查的方式收集数据。在问卷题项的设计上，充分借鉴国外成熟量表，并采用翻译和回译的形式不断提高问卷的内容效度。问卷由在浙江大学和清华大学进修 MBA、EMBA 学位的企业高层管理人员，以及作者借助个人和项目团队的人际关系网络所覆盖的企业高层人员填写。问卷充分采用邮寄、电子邮件、网络在线问卷、访谈等多种形式进行发放。最后共发放问卷 525 份，回收问卷 309 份，剔除其中存在缺失值的 90 份问卷，获取有效问卷 219 份，有效问卷回收率为 41.71%。样本企业主要集中于以下产业：电子信息（29.68%）、专用设备制造（20.55%）、交通运输设备制造（12.33%）、一般机械制造（11.42%）、金属制品（9.13%）、其他（16.89%）。本研究运用 Harman 单因子检验来测度问卷数据是否存在共同方法偏差。对问卷所有题项进行因子分析，发现在未旋转的情况下没有出现单个因子能够解释绝大多数的方差的情况，说明本研究不存在严重的共同方法偏差。

2. 变量测度

问卷的题项主要从以往的文献中获取。本地知识搜索、国际知识搜索、创新绩效的测量方式与第四章相同。

（1）外部知识搜索双元

本研究参考 Laursen 和 Salter（2006）、Wu 和 Wu（2014）的研究，分别选用 5 个题项来测度企业的本地知识搜索、国际知识搜索。外部知识搜索双元的平衡表示本地知识搜索和国际知识搜索的相对平衡，外部知识搜索双元的联合表示本地知识搜索和国际知识搜索的整合。遵循Cao，Gedajlovic 和 Zhang（2009）及张婧、段艳玲（2010）对于组织双元的平衡和联合的计算方式，我们先求出本地知识搜索和国际知识搜索差的绝对值，再用 5 减去二者的绝对离差来测量外部知识搜索双元的平衡，该值越高则外部知识搜索双元的平衡水平越高。我们用本地知识搜索和国际知识搜索的乘积来测量外部知识搜索双元的联合。

（2）创新绩效

本研究与 Chen，Chen 和 Vanhaverbeke（2011），Zhang 和 Li（2010）的研究一致，选用 6 个题项来测度创新绩效：新产品数量、新产品开发速度、新产品新颖程度、新产品销售额占销售总额比重、新产品开发成功率、申请专利数量。这 6 个题项涵盖了过程绩效和财务绩效，强调了创新的质量和速度。

（3）调节变量

创新复杂性的测度主要参考 Clark，Wheelwright（1993）和 Yu，Gilbert，Oviatt（2011）及 Patel 等人（2014）的研究，选用 4 个题项来测度创新复杂性。依据 Jaworski，Kohli（1993）和 Clercq，Thongpapanl，Dimov（2014）的研究，选用 5 个题项来测度企业所面临的产业竞争压力。

（4）控制变量

基于已有研究，本章将以下 4 个变量作为控制变量。企业规模，以企业人数的自然对数进行测度。企业年龄，以企业成立之初至调查之日的经营年限进行测度。研发投入强度，选用企业研发投入占总销售收入的比重来衡量。国际化经验，以企业第一次开始国际化至今为止的国际化年限来衡量。

六　研究结果

1. 信度分析

（1）创新绩效

首先，对被解释变量——创新绩效进行信度分析。创新绩效变量的 CITC 值均大于 0.9，Cronbach α 值为 0.985，大于 0.9，同时分别删除"新产品的数量"、"新产品开发的速度"、"新产品的新颖程度"、"新产品销售额占销售总额比重"、"新产品开发成功率"、"申请专利数量"各个题项后的 α 值为 0.982、0.982、0.983、0.982、0.981、0.982，均小于 0.985。数据分析显示各指标均满足前文所述的信度指标要求，通过了信度检验，说明创新绩效变量测度的一致性良好。

（2）外部知识搜索选择

其次，对解释变量——外部知识搜索选择（国际知识搜索、本地知识搜索）进行信度分析，分析结果如表 5 - 1、表 5 - 2 所示。国际知识搜索变量的 CITC 值均大于 0.8，Cronbach α 值为 0.964，大于 0.9，同时分别删除"与国外顾客建立了良好的合作关系"、"密切监控国外竞争对手的日常运营与技术发展"、"与国外供应商建立了良好的合作关系"、"与国外大学和科研机构建立了紧密的合作关系"、"与国外中介机构建立了密切的合作关系"各个题项后的 α 值为 0.960、0.959、0.957、0.955、0.946，均小于 0.964。数据分析显示各指标均满足前文所述的信度指标要求，通过了信度检验，说明国际知识搜索变量测度的一致性良好。

表 5 - 1　国际知识搜索量表的信度检验

变量	题项	CITC	删除该题项后的 α 值	Cronbach α 值
国际知识搜索	1. 与国外顾客建立了良好的合作关系	0.873	0.960	0.964
	2. 密切监控国外竞争对手的日常运营与技术发展	0.873	0.959	
	3. 与国外供应商建立了良好的合作关系	0.890	0.957	
	4. 与国外大学和科研机构建立了紧密的合作关系	0.898	0.955	
	5. 与国外中介机构建立了密切的合作关系	0.957	0.946	

本地知识搜索变量的 CITC 值均大于 0.75，Cronbach α 值为 0.921，大于 0.9，同时分别删除"与本地顾客建立了良好的合作关系"、"密切监控本地竞争对手的日常运营与技术发展"、"与本地供应商建立了良好的合作关系"、"与本地大学和科研机构建立了紧密的合作关系"、"与本地中介机构建立了密切的合作关系"各个题项后的 α 值为 0.900、0.904、0.900、0.906、0.903，均小于 0.921。数据分析显示各指标均满足前文所述的信度指标要求，通过了信度检验，说明本地知识搜索变量测度的一致性良好。

表 5 - 2　本地知识搜索量表的信度检验

变量	题项	CITC	删除该题项后的 α 值	Cronbach α 值
本地知识搜索	1. 与本地顾客建立了良好的合作关系	0.806	0.900	0.921
	2. 密切监控本地竞争对手的日常运营与技术发展	0.788	0.904	
	3. 与本地供应商建立了良好的合作关系	0.808	0.900	
	4. 与本地大学和科研机构建立了紧密的合作关系	0.779	0.906	
	5. 与本地中介机构建立了密切的合作关系	0.796	0.903	

（3）创新复杂性

接着，对调节变量——创新复杂性进行信度分析，分析结果如表 5 - 3 所示。创新复杂性变量的 CITC 值均大于 0.6，Cronbach α 值为 0.853，大于 0.8，同时分别删除"企业创新往往需要涉及多个学科领域"、"企业创新往往需要协调多个职能部门"、"企业创新过程中涉及大量的合作与协调工作"、"企业创新过程中需要整合多种技术"各个题项后的 α 值为 0.836、

0.789、0.802、0.820，均小于0.853。数据分析显示各指标均满足前文所述的信度指标要求，通过了信度检验，说明创新复杂性变量测度的一致性良好。

表 5 – 3　创新复杂性量表的信度检验

变量	题项	CITC	删除该题项后的 α 值	Cronbach α 值
创新复杂性	1. 企业创新往往需要涉及多个学科领域	0.636	0.836	0.853
	2. 企业创新往往需要协调多个职能部门	0.747	0.789	
	3. 企业创新过程中涉及大量的合作与协调工作	0.717	0.802	
	4. 企业创新过程中需要整合多种技术	0.677	0.820	

（4）产业竞争压力

对调节变量——产业竞争压力进行信度分析，分析结果如表 5 – 4 所示。产业竞争压力变量的 CITC 值均大于 0.75，Cronbach α 值为 0.935，大于 0.9，同时分别删除"本产业的竞争非常残酷"、"产业内部竞争者经常引入新产品"、"产业内部存在大量的促销大战"、"所在产业内部竞争者具有很强的实力"、"价格竞争是本产业的特征之一"各个题项后的 α 值为 0.920、0.921、0.915、0.927、0.919，均小于 0.935。数据分析显示各指标均满足前文所述的信度指标要求，通过了信度检验，说明产业竞争压力变量测度的一致性良好。

表 5 – 4　产业竞争压力量表的信度检验

变量	题项	CITC	删除该题项后的 α 值	Cronbach α 值
产业竞争压力	1. 本产业的竞争非常残酷	0.828	0.920	0.935
	2. 产业内部竞争者经常引入新产品	0.823	0.921	
	3. 产业内部存在大量的促销大战	0.857	0.915	
	4. 所在产业内部竞争者具有很强的实力	0.793	0.927	
	5. 价格竞争是本产业的特征之一	0.834	0.919	

2. 效度分析

（1）探索性因子分析

本研究对研究中涉及的主要变量的测度题项分别做因子分析。经检验，所有测度题项的 KMO 样本测度和 Bartlett 球体检验结果为：KMO 值为 0.900，且 Bartlett 统计值显著异于 0，非常适合做因子分析。鉴于此，本研究对所构建的 25 个问卷测度题项进行探索性因子分析，分析结果如表 5-5 所示。通过探索性因子分析可以发现，一共抽取了 5 个因子，这 5 个因子解释了 82.481% 的变差。通过因子分析，可以观察到这 5 个因子的含义非常明确。

因子 1 包含的变量为"与国外顾客建立了良好的合作关系"、"密切监控国外竞争对手的日常运营与技术发展"、"与国外供应商建立了良好的合作关系"、"与国外大学和科研机构建立了紧密的合作关系"、"与国外中介机构建立了密切的合作关系" 5 个题项。非常明显，这 5 个题项衡量的是企业的国际知识搜索能力，可以称为"国际知识搜索"因子。

因子 2 包含的变量为"与本地顾客建立了良好的合作关系"、"密切监控本地竞争对手的日常运营与技术发展"、"与本地供应商建立了良好的合作关系"、"与本地大学和科研机构建立了紧密的合作关系"、"与本地中介机构建立了密切的合作关系" 5 个题项。非常明显，这 5 个题项衡量的是企业的本地知识搜索能力，可以称为"本地知识搜索"因子。

因子 3 包含的变量为"企业创新往往需要涉及多个学科领域"、"企业创新往往需要协调多个职能部门"、"企业创新过程中涉及大量的合作与协调工作"、"企业创新过程中需要整合多种技术" 4 个题项。非常明显，这 4 个题项衡量的是企业的创新复杂性，可以称为"创新复杂性"因子。

因子 4 包含的变量为"本产业的竞争非常残酷"、"产业内部竞争者经常引入新产品"、"产业内部存在大量的促销大战"、"所在产业内部竞争者具有很强的实力"、"价格竞争是本产业的特征之一" 5 个题项。非常明显，这 5 个题项衡量的是企业的外部竞争压力，可以称为"产业竞争压力"因子。

因子 5 包含的变量为"新产品的数量"、"新产品开发的速度"、"新产品的新颖程度"、"新产品销售额占销售总额比重"、"新产品开发成功率"、"申请专利数量" 6 个题项。非常明显，这 6 个题项衡量的是企业的创新绩效，可以称为"创新绩效"因子。

表5－5　外部知识搜索、创新复杂性、产业竞争压力与
创新绩效的探索性因子分析

变量	测度题项	因子				
		1	2	3	4	5
国际知识搜索	1. 与国外顾客建立了良好的合作关系	0.898	0.004	－ 0.034	0.051	0.210
	2. 密切监控国外竞争对手的日常运营与技术发展	0.883	0.091	0.030	－ 0.028	0.237
	3. 与国外供应商建立了良好的合作关系	0.908	0.021	0.030	0.039	0.199
	4. 与国外大学和科研机构建立了紧密的合作关系	0.915	0.070	0.008	0.016	0.180
	5. 与国外中介机构建立了密切的合作关系	0.939	0.106	0.049	0.009	0.235
本地知识搜索	1. 与本地顾客建立了良好的合作关系	0.066	0.858	－ 0.042	0.018	0.179
	2. 密切监控本地竞争对手的日常运营与技术发展	0.079	0.858	0.028	－ 0.078	0.121
	3. 与本地供应商建立了良好的合作关系	0.050	0.859	0.005	0.021	0.188
	4. 与本地大学和科研机构建立了紧密的合作关系	0.028	0.853	0.041	0.002	0.130
	5. 与本地中介机构建立了密切的合作关系	0.040	0.842	0.023	0.047	0.218
创新复杂性	1. 企业创新往往需要涉及多个学科领域	－ 0.040	－ 0.066	0.791	0.137	0.025
	2. 企业创新往往需要协调多个职能部门	－ 0.005	0.042	0.822	0.277	0.039
	3. 企业创新过程中涉及大量的合作与协调工作	0.031	0.004	0.849	0.140	－ 0.040
	4. 企业创新过程中需要整合多种技术	0.090	0.092	0.756	0.290	0.081
产业竞争压力	1. 本产业的竞争非常残酷	0.067	0.036	0.194	0.869	－ 0.021
	2. 产业内部竞争者经常引入新产品	－ 0.042	－ 0.012	0.176	0.871	－ 0.042
	3. 产业内部存在大量的促销大战	0.070	－ 0.005	0.178	0.892	－ 0.018
	4. 所在产业内部竞争者具有很强的实力	－ 0.025	0.014	0.175	0.848	－ 0.041
	5. 价格竞争是本产业的特征之一	0.013	－ 0.031	0.142	0.887	－ 0.026
创新绩效	1. 新产品的数量	0.244	0.163	0.011	0.000	0.918
	2. 新产品开发的速度	0.177	0.150	0.016	－ 0.052	0.930
	3. 新产品的新颖程度	0.241	0.206	0.013	－ 0.042	0.909
	4. 新产品销售额占销售总额比重	0.196	0.182	0.017	－ 0.054	0.927
	5. 新产品开发成功率	0.212	0.178	0.019	－ 0.009	0.922
	6. 申请专利数量	0.163	0.177	0.050	－ 0.022	0.942

109

（2）验证性因子分析

创新绩效。在探索性因子分析后，接着对创新绩效进行验证性因子分析。拟合结果表明，χ^2 值为 22.437（自由度 df = 8），χ^2/df 值为 2.805，小于 5；NFI 为 0.991，TLI 为 0.984，CFI 为 0.994，IFI 为 0.994，均大于 0.9；RMSEA 为 0.091，小于 0.1；各标准化因子荷载值均在 $p < 0.001$ 的水平上通过了显著性检验。因此，创新绩效测度模型拟合效果良好，说明本研究对创新绩效的测度是有效的。

外部知识搜索选择。接着对国际知识搜索和本地知识搜索这两个变量进行验证性因子分析。对外部知识搜索选择测量模型的拟合结果表明，χ^2 值为 102.476（自由度 df = 34），χ^2/df 值为 3.014，小于 5；NFI 为 0.954，TLI 为 0.950，CFI 为 0.969，IFI 为 0.969，均大于 0.9；RMSEA 为 0.096，小于 0.1；各标准化因子荷载值均在 $p < 0.001$ 的水平上具有统计显著性。可见，该模型拟合效果较好，外部知识搜索选择的因子结构通过了验证，说明本研究对国际知识搜索和本地知识搜索这两个变量的划分与测度是有效的。

创新复杂性。接着对创新复杂性进行验证性因子分析，测量模型及拟合结果分别如图 5 - 2 和表 5 - 6 所示。对创新复杂性测量模型的拟合结果表明，χ^2 值为 2.813（自由度 df = 1），χ^2/df 值为 2.813，小于 5；NFI 为 0.993，TLI 为 0.953，CFI 为 0.995，IFI 为 0.995，均大于 0.9；RMSEA 为 0.091，小于 0.1；各标准化因子荷载值均在 $p < 0.001$ 的水平上具有统计显著性。可见，该模型拟合效果较好，图 5 - 2 所示的因子结构通过了验证，说明本研究对创新复杂性的划分与测度是有效的。

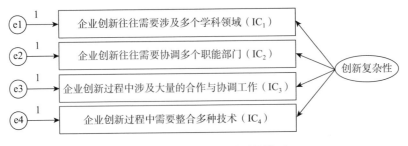

图 5 - 2　创新复杂性的测量模型

表 5 - 6　创新复杂性测度模型拟合结果

变量←——因子	标准化路径系数	路径系数	标准误	临界比	显著性 p
IC$_3$ ←——创新复杂	0.888	1.000			
IC$_2$ ←——创新复杂	0.798	0.938	0.083	11.241	***
IC$_1$ ←——创新复杂	0.661	0.744	0.078	9.511	***
IC$_4$ ←——创新复杂	0.815	0.848	0.077	10.949	***

χ^2	df	χ^2/df	NFI	TLI	CFI	IFI	RMSEA
2.813	1	2.813	0.993	0.953	0.995	0.995	0.091

注：显著性水平中，*** 表示 $p < 0.001$。

产业竞争压力。接着对产业竞争压力进行验证性因子分析，测量模型及拟合结果分别如图 5-3 和表 5-7 所示。对产业竞争压力测量模型的拟合结果表明，χ^2 值为 10.561（自由度 df = 4），χ^2/df 值为 2.641，小于 5；NFI 为 0.988，TLI 为 0.972，CFI 为 0.993，IFI 为 0.993，均大于 0.9；RMSEA 为 0.087，小于 0.1；各标准化因子荷载值均在 $p < 0.001$ 的水平上具有统计显著性。可见，该模型拟合效果较好，图 5-3 所示的产业竞争压力因子结构通过了验证，说明本研究对产业竞争压力的划分与测度是有效的。

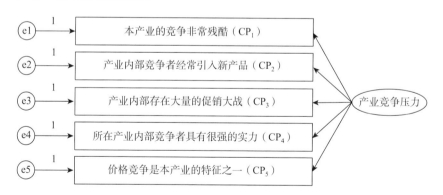

图 5 - 3　产业竞争压力的测量模型

表 5 - 7　产业竞争压力测度模型拟合结果

变量←——因子	标准化路径系数	路径系数	标准误	临界比	显著性 p
CP$_3$ ←——产业竞争	0.889	1.000			
CP$_2$ ←——产业竞争	0.863	0.999	0.057	17.600	***

变量←——因子	标准化路径系数	路径系数	标准误	临界比	显著性 p
CP$_1$←——产业竞争	0.859	1.017	0.058	17.471	***
CP$_4$←——产业竞争	0.815	0.978	0.058	16.888	***
CP$_5$←——产业竞争	0.877	0.994	0.055	18.196	***

χ^2	df	χ^2/df	NFI	TLI	CFI	IFI	RMSEA
10.561	4	2.641	0.988	0.972	0.993	0.993	0.087

注：显著性水平中，*** 表示 $p < 0.001$。

五因子模型分析。本章最后通过运用五因子验证性因子分析来再次检验构念的聚合效度和区分效度。通过对五因子模型的验证性因子分析发现（$\chi^2 = 388.748$；$\chi^2/\mathrm{df} = 1.467$，NFI $= 0.938$，NNFI $= 0.974$，CFI $= 0.979$，IFI $= 0.979$，RMSEA $= 0.046$），模型拟合良好。如表5-8所示，所有标准化因子荷载值均大于0.65，且具有很强的统计显著性（$p < 0.001$），同时本研究每个潜变量的平均提炼变差（AVE，average variance extracted）最小值为0.594，大于0.50，从而满足了对AVE的要求（Fornell & Larcker，1981），因此各构念具有良好的聚合效度。

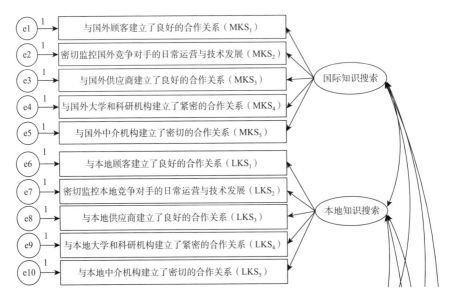

图 5-4 总体测量模型

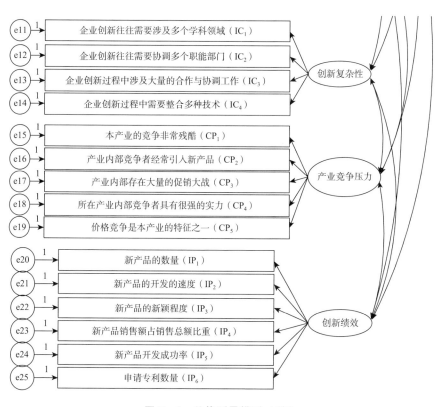

图 5 - 4 总体测量模型（续）

表 5 - 8 验证性因子分析

构念	测度题项	标准化因子荷载值	AVE
本地知识搜索	1. 与本地顾客建立了良好的合作关系	0.848	0.700
	2. 密切监控本地竞争对手的日常运营与技术发展	0.828	
	3. 与本地供应商建立了良好的合作关系	0.850	
	4. 与本地大学和科研机构建立了紧密的合作关系	0.818	
	5. 与本地中介机构建立了密切的合作关系	0.840	
国际知识搜索	1. 与国外顾客建立了良好的合作关系	0.898	0.846
	2. 密切监控国外竞争对手的日常运营与技术发展	0.893	
	3. 与国外供应商建立了良好的合作关系	0.914	
	4. 与国外大学和科研机构建立了紧密的合作关系	0.905	
	5. 与国外中介机构建立了密切的合作关系	0.985	

构念	测度题项	标准化因子荷载值	AVE
创新复杂性	1. 企业创新往往需要涉及多个学科领域	0.665	0.594
	2. 企业创新往往需要协调多个职能部门	0.869	
	3. 创新过程中涉及大量的合作与协调工作	0.799	
	4. 企业创新过程中需要整合多种技术	0.736	
产业竞争压力	1. 本产业的竞争非常残酷	0.858	0.744
	2. 产业内部竞争者经常引入新产品	0.858	
	3. 产业内部存在大量的促销大战	0.896	
	4. 所在产业内部竞争者具有很强的实力	0.826	
	5. 价格竞争是本产业的特征之一	0.874	
创新绩效	1. 新产品的数量	0.954	0.916
	2. 新产品销售额占销售总额比重	0.961	
	3. 新产品开发的速度	0.949	
	4. 新产品开发成功率	0.955	
	5. 申请专利数量	0.968	
	6. 新产品的新颖程度	0.956	

注：所有标准化因子荷载值均在 $p < 0.001$ 水平上显著。

此外，表 5-9 列出了本地知识搜索、国际知识搜索、创新复杂性、产业竞争压力、创新绩效的 AVE 值的平方根和各构念间的相关系数。一般认为，模型中每个潜变量的 AVE 值的平方根应该大于该构念与其他构念的相关系数（Fornell & Larcker，1981）。通过对各个构念的描述性统计分析和相关分析，发现所有构念的 AVE 值的平方根均远大于构念间相关系数，证实本地知识搜索、国际知识搜索、创新复杂性、产业竞争压力、创新绩效之间具有良好的区分效度。

表 5-9 各变量的描述性统计分析、相关分析与 AVE 值的平方根

	Mean	S. D.	1	2	3	4	5
1. 国际知识搜索	3.993	1.369	0.920				
2. 本地知识搜索	4.598	1.057	0.163 [*]	0.837			
3. 产业竞争压力	4.610	1.216	0.032	0.001	0.863		

	Mean	S. D.	1	2	3	4	5
4. 创新复杂性	4.772	0.866	0.050	0.039	0.433**	0.771	
5. 创新绩效	3.980	1.659	0.436**	0.377**	0.075	0.192**	0.957

注：** 表示 $p < 0.01$，* 表示 $p < 0.05$。对角线上为各个变量对应的 AVE 值的平方根。

3. 相关分析

表 5 – 10 为本研究各变量的均值、标准差和相关系数矩阵。从表 5 – 10 中可见，国际知识搜索（相关系数为 0.436，$p < 0.01$）、本地知识搜索（相关系数为 0.377，$p < 0.01$）与创新绩效均显著正相关。

表 5 – 10 描述性统计分析与相关系数矩阵

	Mean	S. D.	1	2	3	4	5	6	7	8	9
1. 企业规模	7.559	1.400	1								
2. 企业年龄	15.54	9.158	0.405**	1							
3. 研发投入	0.048	0.025	0.003	0.030	1						
4. 国有控股	0.361	0.481	− 0.018	− 0.046	− 0.026	1					
5. 国际知识搜索	3.993	1.369	0.151*	0.026	0.250**	− 0.064	1				
6. 本地知识搜索	4.598	1.057	0.147*	− 0.060	0.236**	0.045	0.163*	1			
7. 产业竞争压力	4.610	1.216	− 0.081	0.010	0.100	− 0.002	0.032	0.001	1		
8. 创新复杂性	4.772	0.866	− 0.168*	0.144*	0.164*	− 0.074	0.050	0.039	0.433**	1	
9. 创新绩效	3.980	1.659	0.211**	0.015	0.365**	− 0.027	0.436**	0.377**	0.075	0.192**	1

注：** 表示 $p < 0.01$，* 表示 $p < 0.05$。

4. 层次回归分析

（1）主效应检验

本研究首先检验外部知识搜索双元平衡维度、外部知识搜索双元联合维度对创新绩效的影响和其影响程度的大小。模型 1 是加入所有控制变量、调节变量后的回归模型。模型 2 是在模型 1 基础上加入外部知识搜索双元平衡维度后的回归模型。模型 3 是在模型 1 基础上加入外部知识搜索双元联合维度后的回归模型。模型 4 是在模型 1 基础上同时加入外部知识搜索双元平衡维度、外部知识搜索双元联合维度后的回归模型。由模型 2 可得，外部知识搜索双元平衡维度对创新绩效具有显著的正向影响（$\beta = 0.394$，$p < 0.001$），假设 H_1 得到支持；由模型 3 可得，外部知识搜索双元联合维度对创新绩效具有显著的正向影响（$\beta = 0.464$，$p < 0.001$），假设 H_2 得到支持。由模型 4 可得，外部知识搜索双元平衡维度（$\beta = 0.233$，$p < 0.001$）、外部知识搜索双元联合维度（$\beta = 0.342$，$p < 0.001$）对创新绩效具有显著正向影响，假设 H_1、H_2 再次得到支持。

表 5 – 11　外部知识搜索双元影响创新绩效的主效应模型

	模型 1	模型 2	模型 3	模型 4
电子信息产业	0.084	0.071	0.041	0.045
专用设备制造产业	0.110	0.067	0.016	0.015
交通运输设备制造产业	− 0.042	− 0.040	− 0.069	− 0.060
一般机械制造产业	0.088	0.046	0.012	0.007
金属制品产业	0.089	0.077	0.029	0.038
企业规模	0.263 ***	0.206 **	0.138 *	0.137 *
企业年龄	− 0.137 ᵠ	− 0.102	− 0.083	− 0.077
R&D 投入强度	0.382 ***	0.263 ***	0.216 ***	0.189 **
国有控股	− 0.013	0.026	0.001	0.020
创新复杂性	0.102	0.100	0.073	0.080
产业竞争压力	− 0.134 ᵠ	− 0.101	− 0.119 ᵠ	− 0.103
双元平衡维度		0.394 ***		0.233 ***
双元联合维度			0.464 ***	0.342 ***
R^2	0.217	0.352	0.385	0.420
F	5.220 ***	9.309 ***	10.745 ***	11.433 ***
Max VIF	2.538	2.539	2.549	2.549

注：表中系数为标准化回归系数，*** 表示 $p < 0.001$，** 表示 $p < 0.01$，* 表示 $p < 0.05$，ᵠ 表示 $p < 0.1$。

（2）创新复杂性的调节效应检验

接下来检验创新复杂性的调节效应。模型 1 是加入所有控制变量、调节变量后的回归模型。模型 2 是在模型 1 基础上加入外部知识搜索双元平衡维度后的回归模型。模型 3 是在模型 1 基础上加入外部知识搜索双元联合维度后的回归模型。模型 4 是在模型 1 基础上同时加入外部知识搜索双元平衡维度、外部知识搜索双元联合维度后的回归模型。模型 5 是在模型 4 基础上同时加入创新复杂性与外部知识搜索双元平衡维度、外部知识搜索双元联合维度交互项后的回归模型。由模型 5 可得，创新复杂性正向调节外部知识搜索双元平衡维度与创新绩效的关系（$\beta = 0.224$，$p < 0.001$），假设 H_{3a} 得到支持；创新复杂性正向调节外部知识搜索双元联合维度与创新绩效的关系（$\beta = 0.219$，$p < 0.001$），假设 H_{3b} 得到支持。

表 5 - 12 外部知识搜索双元影响创新绩效的层次
回归模型：创新复杂性的调节效应

	模型 1	模型 2	模型 3	模型 4	模型 5
电子信息产业	0.084	0.071	0.041	0.045	0.007
专用设备制造产业	0.110	0.067	0.016	0.015	- 0.053
交通运输设备制造产业	- 0.042	- 0.040	- 0.069	- 0.060	- 0.064
一般机械制造产业	0.088	0.046	0.012	0.007	- 0.062
金属制品产业	0.089	0.077	0.029	0.038	- 0.015
企业规模	0.263 ***	0.206 **	0.138 *	0.137 *	0.080
企业年龄	- 0.137 °	- 0.102	- 0.083	- 0.077	0.003
R&D 投入强度	0.382 ***	0.263 ***	0.216 ***	0.189 **	0.171 **
国有控股	- 0.013	0.026	0.001	0.020	0.093
创新复杂性	0.102	0.100	0.073	0.080	0.080
产业竞争压力	- 0.134 °	- 0.101	- 0.119 °	- 0.103	- 0.071
双元平衡维度		0.394 ***		0.233 ***	0.207 ***
双元联合维度			0.464 ***	0.342 ***	0.272 ***
平衡维度 × 创新复杂性					0.224 ***
联合维度 × 创新复杂性					0.219 ***
R^2	0.217	0.352	0.385	0.420	0.547
F	5.220 ***	9.309 ***	10.745 ***	11.433 ***	16.346 ***
Max VIF	2.538	2.539	2.549	2.549	2.576

注：表中系数为标准化回归系数，*** 表示 $p < 0.001$，** 表示 $p < 0.01$，* 表示 $p < 0.05$，° 表示 $p < 0.05$。

（3）产业竞争压力的调节效应检验

接下来检验产业竞争压力的调节效应。模型 1 是加入所有控制变量、调节变量后的回归模型。模型 2 是在模型 1 基础上加入外部知识搜索双元平衡维度后的回归模型。模型 3 是在模型 1 基础上加入外部知识搜索双元联合维度后的回归模型。模型 4 是在模型 1 基础上同时加入外部知识搜索双元平衡维度、外部知识搜索双元联合维度后的回归模型。模型 5 是在模型 4 基础上同时加入产业竞争压力与外部知识搜索双元平衡维度、外部知识搜索双元联合维度交互项后的回归模型。由模型 5 可得，产业竞争压力正向调节外部知识搜索双元平衡维度与创新绩效的关系（$\beta = 0.200$，$p < 0.001$），假设 H_{4a} 得到支持；产业竞争压力正向调节外部知识搜索双元联合维度与创新绩效的关系（$\beta = 0.236$，$p < 0.001$），假设 H_{4b} 得到支持。

表 5 – 13　外部知识搜索双元影响创新绩效的层次
回归模型：产业竞争压力的调节效应

	模型 1	模型 2	模型 3	模型 4	模型 5
电子信息产业	0.084	0.071	0.041	0.045	0.049
专用设备制造产业	0.110	0.067	0.016	0.015	0.057
交通运输设备制造产业	− 0.042	− 0.040	− 0.069	− 0.060	− 0.027
一般机械制造产业	0.088	0.046	0.012	0.007	0.058
金属制品产业	0.089	0.077	0.029	0.038	0.063
企业规模	0.263 ***	0.206 **	0.138 *	0.137 *	0.150 **
企业年龄	− 0.137 ♀	− 0.102	− 0.083	− 0.077	− 0.095
R&D 投入强度	0.382 ***	0.263 ***	0.216 ***	0.189 **	0.155 **
国有控股	− 0.013	0.026	0.001	0.020	0.049
创新复杂性	0.102	0.100	0.073	0.080	0.138 *
产业竞争压力	− 0.134 ♀	− 0.101	− 0.119 ♀	− 0.103	− 0.154 **
双元平衡维度		0.394 ***		0.233 ***	0.206 ***
双元联合维度			0.464 ***	0.342 ***	0.237 ***
平衡维度×产业竞争压力					0.200 ***
联合维度×产业竞争压力					0.236 ***
R^2	0.217	0.352	0.385	0.420	0.546

续表

	模型 1	模型 2	模型 3	模型 4	模型 5
F	5.220***	9.309***	10.745***	11.433***	16.296***
Max VIF	2.538	2.539	2.549	2.549	2.552

注：表中系数为标准化回归系数，*** 表示 $p<0.001$，** 表示 $p<0.01$，* 表示 $p<0.05$，^{9} 表示 $p<0.05$。

（4）全效应检验

模型 1 是加入所有控制变量、调节变量后的回归模型。模型 2 是在模型 1 基础上加入外部知识搜索双元平衡维度、外部知识搜索双元联合维度后的回归模型。模型 3 是在模型 2 基础上同时加入创新复杂性与外部知识搜索双元平衡维度、外部知识搜索双元联合维度交互项后的回归模型。模型 4 是在模型 3 基础上同时加入产业竞争压力与外部知识搜索双元平衡维度、外部知识搜索双元联合维度交互项后的回归模型。模型 5 是加入所有控制变量、自变量、自变量与调节变量交互项后的回归模型。

由模型 5 可得，外部知识搜索双元平衡维度对创新绩效具有显著的正向影响（$\beta = 0.202$，$p<0.001$），假设 H_1 再次得到支持；外部知识搜索双元联合维度对创新绩效具有显著的正向影响（$\beta = 0.223$，$p<0.001$），假设 H_2 再次得到支持。

由模型 5 可得，创新复杂性正向调节外部知识搜索双元平衡维度与创新绩效的关系（$\beta = 0.143$，$p<0.05$），假设 H_{3a} 再次得到支持；创新复杂性正向调节外部知识搜索双元联合维度与创新绩效的关系（$\beta = 0.148$，$p<0.05$），假设 H_{3b} 再次得到支持。产业竞争压力正向调节外部知识搜索双元平衡维度与创新绩效的关系（$\beta = 0.119$，$p<0.1$），假设 H_{4a} 再次得到支持；产业竞争压力正向调节外部知识搜索双元联合维度与创新绩效的关系（$\beta = 0.165$，$p<0.05$），假设 H_{4b} 再次得到支持。

表 5-14　外部知识搜索双元影响创新绩效的全效应回归模型

	模型 1	模型 2	模型 3	模型 4	模型 5
电子信息产业	0.084	0.045	0.007	0.049	0.022
专用设备制造产业	0.110	0.015	-0.053	0.057	-0.003

119

	模型 1	模型 2	模型 3	模型 4	模型 5
交通运输设备制造产业	-0.042	-0.060	-0.064	-0.027	-0.040
一般机械制造产业	0.088	0.007	-0.062	0.058	-0.005
金属制品产业	0.089	0.038	-0.015	0.063	0.019
企业规模	0.263***	0.137*	0.080	0.150**	0.108*
企业年龄	-0.137°	-0.077	0.003	-0.095	-0.035
R&D 投入强度	0.382***	0.189**	0.171**	0.155**	0.152**
国有控股	-0.013	0.020	0.093	0.049	0.087
创新复杂性	0.102	0.080	0.080	0.138*	0.118*
产业竞争压力	-0.134°	-0.103	-0.071	-0.154**	-0.113*
双元平衡维度		0.233***	0.207***	0.206***	0.202***
双元联合维度		0.342***	0.272***	0.237***	0.223***
平衡维度×创新复杂性			0.224***		0.143*
联合维度×创新复杂性			0.219***		0.148*
平衡维度×产业竞争压力				0.200***	0.119°
联合维度×产业竞争压力				0.236***	0.165*
R^2	0.217	0.420	0.547	0.546	0.586
F	5.220***	11.433***	16.346***	16.296***	16.723***
Max VIF	2.538	2.549	2.576	2.552	2.582

注：表中系数为标准化回归系数，*** 表示 $p<0.001$，** 表示 $p<0.01$，* 表示 $p<0.05$，° 表示 $p<0.05$。

为了更直观地揭示创新复杂性对外部知识搜索双元与创新绩效关系的调节作用，笔者在图 5-5 和图 5-6 中画出了相关的调节效应图，以展示外部知识搜索双元的平衡维度与创新复杂性，以及外部知识搜索双元的联合维度与创新复杂性之间交互作用的斜率图。如图 5-5 所示，创新复杂性对外部知识搜索双元的平衡维度与创新绩效之间的关系起到正向调节作用。具体而言，对创新复杂性低的企业而言，外部知识搜索双元的平衡维度对创新绩效的正向作用关系较弱，甚至可能是负向作用关系，即本地知识搜索和国际知识搜索的平衡越高，企业创新绩效反而越差。但对创新复杂性高的企业而言，外部知识搜索双元的平衡维度与创新绩效之间呈现出强的正向关系。如图 5 - 6 所示，创新复杂性对外部知识搜索双元的联合维度与创新绩效起到正向调节作用。具体而言，对创新复杂性低的企业而言，外部知识搜索双元的联合维度对创新绩效的正向作用关系较弱，但对创新复杂性高的企业而言，外部知识搜索双元的联合维度与创新绩效之间呈现出强的正向关系。

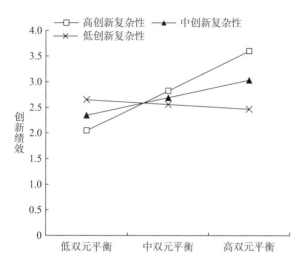

图 5 - 5 创新复杂性对双元平衡与创新绩效的调节效应

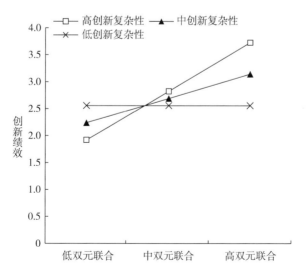

图 5 - 6 创新复杂性对双元联合与创新绩效的调节效应

为了更直观地揭示产业竞争压力对外部知识搜索双元与创新绩效关系的调节作用，笔者在图 5 – 7 和图 5 – 8 中画出了相关的调节效应图，以展示外部知识搜索双元的平衡维度与产业竞争压力，以及外部知识搜索双元的联合维度与产业竞争压力之间交互作用的斜率图。如图 5 – 7 所示，产业竞争压力对外部知识搜索双元的平衡维度与创新绩效之间的关系起到正向调节作用。具体而言，对产业竞争压力小的企业而言，外部知识搜索双元的平衡维度对创新绩效的正向作用关系较弱，甚至可能是负向作用关系，即本地知识搜索和国际知识搜索的平衡越高，企业创新绩效反而越差。但对产业竞争压力大的企业而言，外部知识搜索双元的平衡维度与创新绩效之间呈现出强的正向关系。如图 5 – 8 所示，产业竞争压力对外部知识搜索双元的联合维度与创新绩效起到正向调节作用。具体而言，对产业竞争压力小的企业而言，外部知识搜索双元的联合维度对创新绩效的正向作用关系较弱，甚至可能是负向作用关系，即本地知识搜索和国际知识搜索的联合越高，企业创新绩效反而越差。但对产业竞争压力大的企业而言，外部知识搜索双元的联合维度与创新绩效之间呈现出强的正向关系。

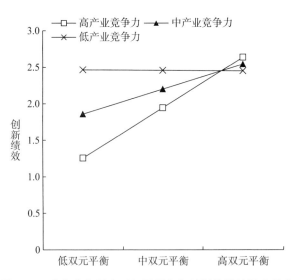

图 5 – 7　产业竞争压力对双元平衡与创新绩效的调节效应

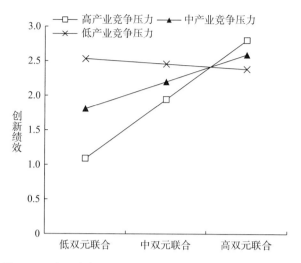

图 5-8　产业竞争压力对双元联合与创新绩效的调节效应

5. 稳定性检验

正如前文所述，研究在研究设计过程中考虑到了应答偏差、共同方法偏差、测量误差，因此本研究的结果是稳定可靠的。由于本研究使用的是横截面数据，因此反向因果也是本研究需要考虑的问题。为了评估外部知识搜索双元与创新绩效的因果关系，本研究遵循 Landis 和 Dunlap（2000）推荐的方法，将创新绩效作为自变量，外部知识搜索双元的平衡和联合维度作为因变量，检验创新绩效与创新复杂性、产业竞争压力的交互项对因变量的影响。结果显示，所有的反向交互项都不显著，这意味着反向因果在本研究中可忽略不计（Landis & Dunlap，2000）。

由于外部知识搜索双元的平衡维度和联合维度的计算方式较为复杂，为了证实研究结果的稳定性，本研究对样本数据进行了分组检验，以进一步印证回归分析的结论。首先，以外部知识搜索双元平衡维度的中位数为分界点，将样本划分成平衡高低两组，方差分析结果显示外部知识搜索双元平衡水平高的样本组的创新绩效显著高于外部知识搜索双元平衡水平低的组（F = 47.054，$p < 0.001$），假设 H_1 进一步得到支持。其次，以外部知识搜索双元联合维度的中位数为分界点，将样本划分成联合高低两组，方差分析结果显示外部知识搜索双元联合水平高的样本组的创新绩效显著高于外部知识搜索双元联合水平低的组（F = 34.159，$p <$

0.001），假设 H_2 进一步得到支持。

　　将创新复杂性分为高复杂性和低复杂性两组，结合外部知识搜索双元平衡维度的高低两组将总体样本划分为四组，继而进行配对比较分析。结果显示，高平衡维度—高创新复杂性样本组的创新绩效显著高于高平衡维度—低创新复杂性组（差异值 = 2.266，F = 72.545，$p < 0.001$），低平衡维度—高创新复杂性样本组的创新绩效显著高于低平衡维度—低创新复杂性组（差异值 = 0.501，F = 2.977，$p < 0.1$），但是其差异性较前一对明显减小。这说明当企业创新复杂性较高时，较高的外部知识搜索平衡维度对企业创新绩效的影响更为明显，假设 H_{3a} 进一步得到支持。

　　将创新复杂性分为高复杂性和低复杂性两组，结合外部知识搜索双元联合维度的高低两组将总体样本划分为四组，继而进行配对比较分析。结果显示，高联合维度—高创新复杂性样本组的创新绩效显著高于高联合维度—低创新复杂性组（差异值 = 2.333，F = 81.723，$p < 0.001$），低联合维度—高创新复杂性样本组的创新绩效与低联合维度—低创新复杂性组不存在显著差异（差异值 = 0.094，F = 0.103，$p = 0.749$）。这说明当创新复杂性较高时，较高的外部知识搜索联合维度对企业创新绩效的影响更为明显，假设 H_{3b} 进一步得到支持。

　　接下来，将产业竞争压力分为高复杂性和低复杂性两组，结合外部知识搜索双元平衡维度的高低两组将总体样本划分为四组，继而进行配对比较分析。结果显示，高平衡维度—高产业竞争压力样本组的创新绩效显著高于高平衡维度—低产业竞争压力组（差异值 = 2.186，F = 71.670，$p < 0.001$），低平衡维度—高产业竞争压力样本组的创新绩效显著高于低平衡维度—低产业竞争压力组（差异值 = 0.63，F = 4.393，$p < 0.05$），但是其差异性较前一对明显减小。这说明当产业竞争压力较大时，较高的外部知识搜索平衡维度对企业创新绩效的影响更为明显，假设 H_{4a} 进一步得到支持。

　　最后，将产业竞争压力分为高复杂性和低复杂性两组，结合外部知识搜索双元联合维度的高低两组将总体样本划分为四组，继而进行配对比较分析。结果显示，高联合维度—高产业竞争压力样本组的创新绩效显著高于高联合维度—低产业竞争压力组（差异值 = 2.406，F = 101.248，

$p < 0.001$），低联合维度—高产业竞争压力样本组的创新绩效与低联合维度—低产业竞争压力组不存在显著差异（差异值 = 0.060，F = 0.033，$p = 0.856$）。这说明当产业竞争压力较大时，较高的外部知识搜索联合维度对企业创新绩效的影响更为明显，假设 H_{4b} 进一步得到支持。

七　结论与讨论

1. 研究结论和理论贡献

本地知识搜索由于其成本和实施难度较低，因而备受本土企业青睐，而国际知识搜索能够帮助企业获取差异化、互补的创新资源，因而对于提升创新能力至关重要。然而，目前理论上对于"企业是否应该以及是否能够同时实施两种搜索战略，以及在什么条件下实施更为有利"这一问题并没有给出满意的答案。本研究填补了这一研究缺口，整合组织双元和外部知识搜索理论，界定了外部知识搜索双元的平衡和联合维度的含义，紧接着以中国 219 家制造企业为研究对象，探索了企业外部知识搜索双元的平衡维度和联合维度对企业创新绩效的影响，以及创新复杂性和产业竞争压力对这一影响的调节效应。研究发现：①外部知识搜索双元的平衡维度对创新绩效具有显著正向影响。这说明过度关注在本地或国际市场上进行知识搜索都会带来风险，而保持两种搜索战略的相对平衡能够有效降低这些风险，提升企业创新绩效。②外部知识搜索双元的联合维度对创新绩效具有显著正向影响。这说明本地知识搜索和国际知识搜索能够起到互补的效果，企业维持高水平的两种搜索战略能够形成一种良性循环，推动企业创新绩效提升。③创新复杂性、产业竞争压力均正向调节外部知识搜索双元的两个维度与创新绩效的关系。这意味着企业实施外部知识搜索双元战略的创新效果还取决于企业的创新复杂性和所处产业的竞争压力。

本研究的理论贡献主要体现在三个方面。首先，将组织双元理论的研究情境具体化到外部知识搜索领域，延伸和拓展了组织双元理论和外部知识搜索理论。本研究指出本地知识搜索和国际知识搜索的平衡和联

125

合均能够显著促进企业创新绩效的提升，因而拓宽了组织双元的研究范畴，同时填补了开放式创新和国际商务两个领域关于搜索市场选择的研究空白，认为企业实施外部知识搜索战略时不必在本地和国际市场上进行取舍，而是可以同时实施两种搜索战略。其次，将组织双元的绩效变量拓展到了创新领域。当前有关组织双元与企业绩效的研究大多选取企业财务绩效作为因变量，缺乏组织双元影响企业绩效的机理研究，本研究为解决这一问题提供了一种思路，即组织双元可能是通过影响企业创新绩效进而推动企业财务绩效的提升。最后，揭示了不同情况下外部知识搜索双元对创新绩效的影响机理。本研究指出外部知识搜索双元对创新绩效的影响不仅取决于企业内部因素（创新复杂性），还取决于企业外部因素（产业竞争压力）。这一研究发现丰富了对外部知识搜索双元如何作用于创新绩效边界条件的理论解释，即有助于未来研究进一步探索外部知识搜索双元在什么情况下，以何种程度和何种方式作用于创新绩效的内在机理。

2. 研究启示和实践意义

本研究对企业管理者如何权衡和取舍两种外部知识搜索战略提供了指导方向。

首先，企业管理者应意识到权衡配置资源、平衡实施两种类型的外部知识搜索战略的战略意义，以求得创新收益的最大化和风险的最小化。随着本地知识搜索战略的实施，企业对本地市场需求有了深入的了解，因而能够快速整合国际市场上搜索到的知识来满足本地顾客的需求，然而过度地关注在本地进行知识搜索会使得企业陷入"核心刚性"或"能力陷阱"，阻碍企业创新能力的进一步提升。随着国际知识搜索战略的实施，企业能够接触到更加新颖和差异化的信息，避免企业发展上的短视，同时优化企业知识组合，进而推动创新。然而，过度关注国际知识搜索会使得企业需要承担过高的风险和成本，抑制企业创新。因此，要想提升企业创新绩效，获取持续的竞争优势，均衡实施两种外部知识搜索战略显得尤为重要。

其次，企业在具体实施两种外部知识搜索战略的过程中要注意创新复杂性和产业竞争压力对外部知识搜索双元和创新绩效关系的调节作用。

较高的创新复杂性意味着企业产品在结构上拥有数量较多的部件，在开发环节和制造工艺上较为烦琐，此时开展创新对企业的知识基础和技能提出了较高的要求；较大的产业竞争压力源自于产业内部数量众多的竞争对手和快速的产品更新速度，此时企业生存的关键在于持续、快速地推出创新性产品，这也对企业的知识存量和获取能力提出了挑战。也就是说，当企业产品创新复杂性较高时，或者是面临较大的产业竞争压力时，为了提升企业创新绩效，企业实施外部知识搜索的平衡和联合的战略必要性更为突出。

3. 研究局限性及未来研究展望

本研究还存在一定的局限性，这也为未来的研究指明了方向。

首先，从理论构架上看，本研究仅仅是初步尝试将组织双元和外部知识搜索理论进行整合，并探索外部知识搜索双元影响创新绩效的因素和情景，未来研究可以从以下几个方面进一步拓展：探索组织双元影响创新绩效的中间机制以及其他调节变量（如企业内部冗余资源、产品多样化战略等）；探索组织双元对企业其他绩效指标的影响；深入剖析影响外部知识搜索双元的前因变量，如组织结构、组织情景、高管团队领导力等。

其次，从研究方法上看，本研究也存在一些问题。本研究使用的是横截面的调研数据，不能保证自变量与因变量间的因果关系，同时外部知识搜索对创新绩效的影响可能是一个漫长的过程，尤其是从国际市场上搜索和整合知识会花费较长的时间，因此未来研究可以采用纵向研究的思路来分析外部知识搜索双元战略对企业短期绩效和长期绩效的影响差异，从而获取关于变量间更可信的因果关系结论。另外，本研究的样本企业来自于制造业，导致最终研究结论的概化性还需在未来研究中进一步证实，因为制造业和服务业在创新复杂性和产业竞争压力等方面可能存在差异，因此这也是未来研究值得进一步深入的方向。

第六章　企业外部知识搜索双元对创新
绩效的影响机制研究：
以知识整合为中介

实施外部知识搜索已成为新兴经济国家企业实现创新追赶的一种重要战略。然而，现有理论并不能很好地回答企业外部知识搜索影响创新绩效的中介机制。本章基于知识整合理论视角，选取中国制造企业作为研究对象，探索了外部知识搜索双元的平衡维度和联合维度对创新绩效的影响机制。研究发现，正式整合机制和非正式整合机制在外部知识搜索双元的平衡维度与创新绩效之间、外部知识搜索双元的联合维度与创新绩效之间均起到部分中介作用。研究结论对于企业外部知识搜索具有理论贡献和实践意义。

一　引言

在知识经济时代，开放式创新成为了决定企业创新成败的关键（Chesbrough，2003；陈劲、吴航、金珺，2012）。企业仅仅依赖内部资源独立开展创新活动已日趋困难，外部知识搜索已经成为全球企业特别是转型经济背景下后发企业实现追赶的关键所在。例如，华为在技术创新的过程中与 IBM、Intel 等公司成立联合研发实验室，在俄罗斯、印度、美国等国设立研发中心，整合国内与全球资源为己所用；吉利汽车充分整合国内和国外两种资源，推动企业持续技术创新。因此，如何从外部搜索知识提升企业创新绩效已成为企业的战略重点。

目前，对于外部知识搜索领域的理论研究主要体现在两个方面：本地知识搜索和国际知识搜索，遵循的理论逻辑主要是传统的资源观和组织学习理论，认为企业通过外部知识搜索获取了创新所需的互补资源，通过组织学习获取了创新所需的技术和知识，最终提升了企业的创新绩效。如本地知识搜索领域的学者认为，基于近距离的地理优势，企业可以更快速、更低成本地整合外部资源开展创新（Mesquita & Lazzarini，2008；Funk，2014）；国际知识搜索领域的学者认为，通过进入国际市场，企业能够获取差异化的知识和信息，推动企业实现新的知识组合（Zahra，Ireland & Hitt，2000；Wu & Wu，2014）。尽管两个领域的研究都指出了企业外部知识搜索能够提升创新绩效，然而并没有对企业外部知识搜索如何影响创新绩效这一问题给出满意的答案，对于企业外部知识搜索影响创新绩效机理的研究还不够充分。

传统的资源观和组织学习理论对于解释外部知识搜索影响创新绩效的机理存在缺陷。首先，资源观和组织学习理论只是阐释了外部知识搜索能够为企业带来创新所需的互补资源、技术和知识，并没有阐释资源和知识转化为创新绩效的中间机理。其次，传统的资源观和组织学习理论不能很好地回答在动态竞争的环境下，通过外部知识搜索获取的资源和知识如何能够持续提高企业创新绩效。从长远来看，企业获取的这些资源和知识由于其"相对黏性"和"刚性"使得企业难以适应环境的动态变化（Atuahene-Gima，2005），因而在动态环境下很难为企业带来持续的竞争优势（Amit & Schoemaker，1993；Makadok，2001）。特别是在全球化背景下，企业外部商业环境异常复杂、技术变革快速，此时企业仅仅拥有资源是不够的，必须能够对获取的资源进行消化、协调和整合（Grant，1996b）。

事实上，新兴经济体中的后发企业更重要的是进行创新追赶而非简单地进行追随或者学习（刘洋、魏江、江诗松，2013）。尽管获取资源很重要，但对于创新追赶来说，如何在获取的基础上，消化、协调和整合这些资源（Teece，Pisano & Shuen，1997）并提升创新绩效对于现阶段的后发企业而言更加重要。知识整合理论为解释这一机制提供了重要的思路和观点，这是因为新兴经济体企业在外部知识搜索过程中一方面要面对本国制度转型的影响，另一方面还需处理不同知识源差异较大的动态复杂环境（Luo & Rui, 2009），整合内外部资源以识别和利用机会对于创新追赶非常重要。

基于此，本章将从知识整合理论视角出发，揭示新兴经济国家企业外部知识搜索影响创新绩效的中间机制，试图通过强调企业正式整合机制与非正式整合机制的重要作用来弥补以上缺口。具体来说，本章选取中国制造企业作为研究对象，关注外部知识搜索双元（平衡维度、联合维度）如何通过影响知识整合（正式整合机制与非正式整合机制）进而影响创新绩效。研究结论能够打开企业外部知识搜索双元影响创新绩效的中间黑箱，对于企业通过外部知识搜索实现创新追赶具有实践启示。

二 理论基础与概念模型

1. 外部知识搜索影响创新的理论缺口：资源与能力的差异

目前对于外部知识搜索促进企业创新的理论解释主要是基于资源观的理论逻辑。通过外部知识搜索，企业能够获取大量差异化和异质性的创新知识或互补知识，而知识是一种独特的资源，对于提升企业创新绩效至关重要（Chesbrough, 2003; Laursen & Salter, 2006; Kafouros & Forsans, 2012; Garriga, Von Krogh & Spaeth, 2013）。然而，能力建立理论认为仅仅拥有资源是不够的，资源由于其核心刚性和惰性并不能带来持续的竞争优势，能力才是企业持续竞争优势的来源（Amit & Schoemaker, 1993; Makadok, 2001）。Grant（1991）认为资源是企业用于生产过程的无形或有形资产，如固定资产、信息、品牌、技术和人力资本等。Makadok（2001）将能力定义为一种嵌入在企业内部的不可转移的"特殊资源"，其作用在于提高其他资源的生产力。更为具体的，Amit 和 Schoemaker（1993）认为能力能够被抽象地理解为提高企业资源生产力的"中间商品"。因此，能力不同于资源，资源需要通过能力才能转化为企业的竞争优势，而能力能够直接产生经济租金，提高企业资源的使用效率。

2. 知识整合能力的内涵与维度划分

知识整合的概念最早是由 Henderson 和 Clark（1990）在研究产品开

发时提出的。他们认为，企业产品开发需要两方面的知识：元件知识和架构知识，架构知识的产生过程就是知识整合，是在产品开发过程中对企业现有知识的重新配置。Kogut 和 Zander（1992）认为，知识整合是企业利用现有知识产生新应用的能力。Grant（1996a）首次系统阐释了知识整合的理论框架，包括知识整合的两种机制（命令和组织惯例）、三种特征（整合效率、范围和灵活性），认为企业竞争优势并不是来自于知识，而是来自于企业整合知识的能力。然而，Grant（1996a）并没有对知识整合能力给出清晰的定义。Zahra，Ireland 和 Hitt（2000）认为，知识整合是企业管理者识别、集成、利用所获取知识的过程。De Luca，Atuahene-Gima（2007）进一步将知识整合定义为企业识别、分析、解释、组合已有知识的结构和过程，如利用文件、信息分享会议、项目分析、项目评审、外部专家咨询等。

依据以上学者的观点，本研究从企业微观过程视角将知识整合能力界定为：为提升企业创新绩效，对企业现有知识以及在本地和国际市场搜索到的知识进行分析、融合与重构的动态循环过程。知识整合可以划分为两种机制：正式整合机制和非正式整合机制。正式整合机制是指通过事先建立的过程、管理界面来协调和解决差异化的活动；而非正式整合机制是一种社会特征，主要是指在内部营造一种鼓励知识分享的氛围（Kahn，1996；Kahn & Iii，1997；Zahra & Nielsen，2002）。

3. 外部知识搜索双元、知识整合能力与创新绩效关系模型

本研究认为，外部知识搜索能为企业创新提供必要的创新知识，而更为重要的是在企业内部建立起促进知识整合的机制，包括正式整合机制和非正式整合机制，进而推动企业创新绩效提升。基于已有研究缺口，本研究提出的研究框架如图6-1所示。研究问题主要包括：知识整合能

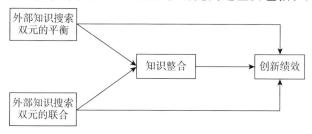

图6-1 外部知识搜索双元、知识整合与创新绩效概念模型

力在外部知识搜索双元的平衡与创新绩效间的中介作用；知识整合能力在外部知识搜索双元的联合与创新绩效间的中介作用。

三 假设提出

1. 外部知识搜索双元与知识整合

虽然企业在本地和国际市场搜索能够获取大量的知识和信息，但这些知识和信息并不会自动转化为创新绩效，而必须在内部经过一个识别、解释和配置的过程（Kogut & Zander，1992；Zahra，Ireland & Hitt，2000；De Luca & Atuahene-Gima，2007）。Hamel 和 Prahalad（1994）将这个过程定义为整合，即企业识别和利用所搜索到知识的过程。通过知识整合，企业才能够将外部获取的知识内部化，进而指导企业未来的战略决策（Zahra，Ireland & Hitt，2000）。

依据知识整合理论视角，企业知识不能直接转换为竞争优势，而必须经过知识整合的过程（Grant，1991；Grant，1996a；De Luca & Atuahene-Gima，2007）。因此，企业要想充分利用从本地和国际市场上搜索到的知识，就必须建立知识整合机制。当企业在组织内部建立专门的本地知识搜索和国际知识搜索业务单元时，企业需要充分在两个业务单元之间进行协调，促进两个业务单元之间的沟通和知识分享，这样企业才能充分实现企业知识搜索的战略意义（O'Reilly & Tushman，2008；Jansen，Vera & Crossan，2009）。当企业以情景双元的方式实施外部知识搜索双元战略时，企业让员工自己来分配本地知识搜索和国际知识搜索的时间，此时企业外部知识搜索活动具有零散性（fragmented）的特征，搜索的知识分布于企业各个员工中（Gibson & Birkinshaw，2004）。因此，知识整合的战略意义显得尤为突出。特别是员工往往无法意识到这些搜索到的知识对企业创新的重要性（Zahra，Ireland & Hitt，2000）。此时，企业需要建立专门的整合机制来充分调动员工的积极性，动员员工在内部充分交流，分享所搜集到的知识（Zahra & Nielsen，2002）。此外，企业在本地和国际市场上获取的知识很多都是隐性的，知识的隐性特征使企业很难快速识别其用途并将其用于企业创新过程中，因而必须经过知识整合过程才能转化为企业的竞争优势（Tsai & Hsu，2014）。鉴于此，本章提出如下假设：

H_{1a}：外部知识搜索双元的平衡对正式知识整合机制具有正向影响。

H_{1b}：外部知识搜索双元的平衡对非正式知识整合机制具有正向影响。

H_{1c}：外部知识搜索双元的联合对正式知识整合机制具有正向影响。

H_{1d}：外部知识搜索双元的联合对非正式知识整合机制具有正向影响。

2. 知识整合与创新绩效

通过建立知识整合惯例，如跨职能学习、共同问题解决以及在内部营造鼓励知识分享和交流的氛围，企业能够快速识别从本地市场和国际市场上搜索到的知识的重要性和用途，并将其快速整合进企业现有知识库中，推动企业创新（Zahra & Nielsen，2002；De Luca & Atuahene-Gima，2007；魏江、徐蕾，2014）。事实上，在不断的知识整合过程中，企业对自身的知识基础和分布位置有了更加深入的了解，这对于企业实现多种知识的整合并推动创新是极其有利的（李贞、杨洪涛，2012；Tsai & Hsu，2014）。基于这种理论逻辑，本研究认为企业外部知识搜索双元是通过影响知识整合能力，进而影响创新绩效。鉴于此，本章提出如下假设：

H_{2a}：正式知识整合机制对创新绩效具有正向影响。

H_{2b}：非正式知识整合机制对创新绩效具有正向影响。

3. 知识整合在外部知识搜索双元与创新绩效中的中介效应

事实上，企业从本地和国际市场上搜索的知识要想转化为企业的创新绩效，必须经历一个整合的过程。尽管从短期来讲，企业可以迅速将从外部市场获取的知识用于企业创新过程中，但这种知识应用往往是浅层次、低效率的。企业要想实现对从外部获取的知识的大范围和深层次应用，就必须对获取的知识进行充分的识别和整合，以充分挖掘这些知识的创新属性，最终实现与内部知识库的最优匹配。此外，从长远来看，企业获取的这些资源和知识由于其"相对黏性"和"刚性"使得企业难以适应环境的动态变化，因而在动态环境下很难为企业带来持续的竞争优势。特别是在全球化背景下，企业外部商业环境异常复杂、技术变革快速，此时企业仅仅拥有资源是不够的，必须能够对获取的资源进行消化、协调和整合。鉴于此，本研究提出如下假设：

H_{3a}：正式知识整合机制在外部知识搜索双元的平衡与创新绩效间起到中介作用。

H_{3b}：正式知识整合机制在外部知识搜索双元的联合与创新绩效间起到中介作用。

H_{3c}：非正式知识整合机制在外部知识搜索双元平衡与创新绩效间起到中介作用。

H_{3d}：非正式知识整合机制在外部知识搜索双元联合与创新绩效间起到中介作用。

四 研究方法

1. 数据收集

本研究以制造企业为研究对象，以问卷调查的方式收集数据。在问卷题项的设计上，充分借鉴国外成熟量表，并采用翻译和回译的形式不断提高问卷的内容效度。问卷由在浙江大学和清华大学进修 MBA、EMBA 学位的企业高层管理人员，以及作者借助个人和项目团队的人际关系网络所覆盖的企业高层人员填写。问卷充分采用邮寄、电子邮件、网络在线问卷、访谈等多种形式进行发放。最后共发放问卷 525 份，回收问卷 309 份，剔除其中存在缺失值的 90 份问卷，获取有效问卷 219 份，有效问卷回收率为 41.71%。样本企业主要集中于以下产业：电子信息（29.68%）、专用设备制造（20.55%）、交通运输设备制造（12.33%）、一般机械制造（11.42%）、金属制品（9.13%）、其他（16.89%）。本研究运用 Harman 单因子检验来测度问卷数据是否存在共同方法偏差。对问卷所有题项进行因子分析，发现在未旋转的情况下没有出现单个因子能够解释绝大多数的方差的情况，说明本研究不存在严重的共同方法偏差。

2. 变量测度

（1）外部知识搜索双元

外部知识搜索双元的平衡表示本地知识搜索和国际知识搜索的相对平衡，外部知识搜索双元的联合表示本地知识搜索和国际知识搜索的整合。遵循 Cao、Gedajlovic、Zhang（2009）和张婧、段艳玲（2010）对于组织双元的平衡和联合的计算方式，我们先求出本地知识搜索和国际知识搜索差的绝对值，再用 5 减去二者的绝对离差来测量外部知识搜索双元的平衡，该值越高则外部知识搜索双元的平衡水平越高。我们用本地知识搜索和国际知识搜索的乘积来测量外部知识搜索双元的联合。本研究参考 Laursen，Salter（2006）和 Wu，Wu（2014）的研究，分别选用 5 个题项来测度企业的本地知识搜索、国际知识搜索。

（2）创新绩效

本研究与 Chen、Chen、Vanhaverbeke（2011），Zhang、Li（2010）的研究相一致，选用 6 个题项来测度创新绩效：新产品数量、新产品开发速度、新产品新颖程度、新产品销售额占销售总额比重、新产品开发成功率、申请专利数量。这 6 个题项涵盖了过程绩效和财务绩效，强调了创新的质量和速度。

（3）中介变量

对于知识整合机制的测度量表，本研究遵循 Zahra、Ireland、Hitt（2000）和 De Luca、Atuahene-Gima（2007）以及 Tsai、Hsu（2014）的研究，采用 5 个题项来测度正式知识整合机制，表示企业综合应用报告、备忘录、信息分享会议等正规方式对本地和国际市场上搜索到知识的整合程度；采用 4 个题项来测度非正式知识整合机制，表示企业在内部建立非正式的关系、营造鼓励沟通的氛围来促进知识整合。

（4）控制变量

基于已有研究，本章将以下 4 个变量作为控制变量。企业规模，以企业人数的自然对数进行测度。企业年龄，以企业成立之初至调查之日的经营年限进行测度。研发投入强度，选用企业研发投入占总销售收入的比重来衡量。国际化经验，以企业第一次开始国际化至今为止的国际化年限来衡量。

五 研究结果

1. 信度分析

（1）创新绩效

首先，对被解释变量——创新绩效进行信度分析。创新绩效变量的CITC值均大于0.9，Cronbach α值为0.985，大于0.9，同时分别删除"新产品的数量"、"新产品开发的速度"、"新产品的新颖程度"、"新产品销售额占销售总额比重"、"新产品开发成功率"、"申请专利数量"各个题项后的α值为0.982、0.982、0.983、0.982、0.981、0.982，均小于0.985。数据分析显示各指标均满足前文所述的信度指标要求，通过了信度检验，说明创新绩效变量测度的一致性良好。

（2）外部知识搜索

其次，对解释变量——外部知识搜索选择（国际知识搜索、本地知识搜索）进行信度分析。国际知识搜索变量的CITC值均大于0.8，Cronbach α值为0.964，大于0.9，同时分别删除"与国外顾客建立了良好的合作关系"、"密切监控国外竞争对手的日常运营与技术发展"、"与国外供应商建立了良好的合作关系"、"与国外大学和科研机构建立了紧密的合作关系"、"与国外中介机构建立了密切的合作关系"各个题项后的α值均小于0.964。本地知识搜索变量的CITC值均大于0.75，Cronbach α值为0.921，大于0.9，同时分别删除"与本地顾客建立了良好的合作关系"、"密切监控本地竞争对手的日常运营与技术发展"、"与本地供应商建立了良好的合作关系"、"与本地大学和科研机构建立了紧密的合作关系"、"与本地中介机构建立了密切的合作关系"各个题项后的α值均小于0.921。数据分析显示各指标均满足前文所述的信度指标要求，通过了信度检验，说明国际知识搜索、本地知识搜索变量测度的一致性良好。

（3）知识整合机制

最后，对中介变量——知识整合机制（正式知识整合机制、非正式知识整合机制）进行信度分析，分析结果如表 6-1 所示。正式知识整合机制变量的 CITC 值均大于 0.85，Cronbach α 值为 0.962，大于 0.9，同时分别删除"经常利用正式的报告和备忘录总结学习的经验"、"经常性地召开信息分享会议"、"跨职能团队之间经常面对面地进行交流"、"经常对成功或失败的产品开发项目进行正式的分析"、"经常聘请外部专家和咨询人员来指导学习"各个题项后的 α 值为 0.955、0.952、0.950、0.957、0.953，均小于 0.962。数据分析显示各指标均满足前文所述的信度指标要求，通过了信度检验，说明正式知识整合机制变量测度的一致性良好。

非正式知识整合机制变量的 CITC 值均大于 0.8，Cronbach α 值为 0.929，大于 0.9，同时分别删除"企业内部鼓励信息的自由交流"、"鼓励绕过正式的沟通渠道进行交流"、"强调通过建立非正式的关系来解决问题"、"企业内部经常举行社交活动来增进沟通"各个题项后的 α 值为 0.899、0.914、0.914、0.903，均小于 0.929。数据分析显示各指标均满足前文所述的信度指标要求，通过了信度检验，说明非正式知识整合机制变量测度的一致性良好。

表 6-1　知识整合机制量表的信度检验

变量	题项	CITC	删除该题项后的 α 值	Cronbach α 值
正式知识整合机制	1. 经常利用正式的报告和备忘录总结学习的经验	0.882	0.955	0.962
	2. 经常性地召开信息分享会议	0.904	0.952	
	3. 跨职能团队之间经常面对面地进行交流	0.912	0.950	
	4. 经常对成功或失败的产品开发项目进行正式的分析	0.873	0.957	
	5. 经常聘请外部专家和咨询人员来指导学习	0.896	0.953	
非正式知识整合机制	1. 企业内部鼓励信息的自由交流	0.863	0.899	0.929
	2. 鼓励绕过正式的沟通渠道进行交流	0.814	0.914	
	3. 强调通过建立非正式的关系来解决问题	0.816	0.914	
	4. 企业内部经常举行社交活动来增进沟通	0.852	0.903	

2. 效度分析

（1）探索性因子分析

本章对研究中涉及的主要变量的测度题项分别做因子分析。经检验，所有测度题项的 KMO 样本测度和 Bartlett 球体检验结果为：KMO 值为0.902，且 Bartlett 统计值显著异于 0，非常适合做因子分析。鉴于此，本研究对所构建的 25 个问卷测度题项进行探索性因子分析，分析结果如表6-2所示。通过探索性因子分析可以发现，一共抽取了 5 个因子，这 5个因子解释了 86.140% 的变差。通过因子分析，可以观察到这 5 个因子的含义非常明确。

因子 1 包含的变量为"与国外顾客建立了良好的合作关系"、"密切监控国外竞争对手的日常运营与技术发展"、"与国外供应商建立了良好的合作关系"、"与国外大学和科研机构建立了紧密的合作关系"、"与国外中介机构建立了密切的合作关系"5 个题项。非常明显，这 5 个题项衡量的是企业的国际知识搜索能力，可以称为"国际知识搜索"因子。

因子 2 包含的变量为"与本地顾客建立了良好的合作关系"、"密切监控本地竞争对手的日常运营与技术发展"、"与本地供应商建立了良好的合作关系"、"与本地大学和科研机构建立了紧密的合作关系"、"与本地中介机构建立了密切的合作关系"5 个题项。非常明显，这 5个题项衡量的是企业的本地知识搜索能力，可以称为"本地知识搜索"因子。

因子 3 包含的变量为"经常利用正式的报告和备忘录总结学习的经验"、"经常性地召开信息分享会议"、"跨职能团队之间经常面对面地进行交流"、"经常对成功或失败的产品开发项目进行正式的分析"、"经常聘请外部专家和咨询人员来指导学习"5 个题项。非常明显，这 5 个题项衡量的是企业的正式知识整合机制，可以称为"正式知识整合机制"因子。

因子 4 包含的变量为"企业内部鼓励信息的自由交流"、"鼓励绕过正式的沟通渠道进行交流"、"强调通过建立非正式的关系来解决问题"、"企业内部经常举行社交活动来增进沟通"4 个题项。非常明显，这 4 个题项衡量的是企业的非正式知识整合机制，可以称为"非正式知识整合机制"因子。

因子 5 包含的变量为"新产品的数量"、"新产品开发的速度"、"新产品的新颖程度"、"新产品销售额占销售总额比重"、"新产品开发成功率"、"申请专利数量" 6 个题项。非常明显，这 6 个题项衡量的是企业的创新绩效，可以称为"创新绩效"因子。

表 6 - 2　外部知识搜索、知识整合与创新绩效的探索性因子分析

变量	测度题项	因子				
		1	2	3	4	5
国际知识搜索	1. 与国外顾客建立了良好的合作关系	0.174	0.871	0.107	-0.007	0.223
	2. 密切监控国外竞争对手的日常运营与技术发展	0.195	0.856	0.159	0.077	0.212
	3. 与国外供应商建立了良好的合作关系	0.176	0.890	0.073	0.018	0.204
	4. 与国外大学和科研机构建立了紧密的合作关系	0.147	0.895	0.115	0.061	0.194
	5. 与国外中介机构建立了密切的合作关系	0.189	0.907	0.182	0.087	0.227
本地知识搜索	1. 与本地顾客建立了良好的合作关系	0.134	0.049	0.257	0.832	0.039
	2. 密切监控本地竞争对手的日常运营与技术发展	0.093	0.076	0.241	0.831	-0.022
	3. 与本地供应商建立了良好的合作关系	0.170	0.046	0.140	0.851	0.041
	4. 与本地大学和科研机构建立了紧密的合作关系	0.127	0.026	0.055	0.858	0.054
	5. 与本地中介机构建立了密切的合作关系	0.181	0.012	0.107	0.840	0.170
正式知识整合机制	1. 经常利用正式的报告和备忘录总结学习的经验	0.278	0.159	0.823	0.215	0.161
	2. 经常性地召开信息分享会议	0.304	0.139	0.826	0.255	0.173
	3. 跨职能团队之间经常面对面地进行交流	0.225	0.110	0.890	0.177	0.118
	4. 经常对成功或失败的产品开发项目进行正式分析	0.253	0.168	0.849	0.108	0.155
	5. 经常聘请外部专家和咨询人员来指导学习	0.149	0.106	0.884	0.201	0.178
非正式知识整合机制	1. 企业内部鼓励信息的自由交流	0.260	0.279	0.222	0.052	0.812
	2. 鼓励绕过正式的沟通渠道进行交流	0.302	0.283	0.142	0.064	0.778
	3. 强调通过建立非正式的关系来解决问题	0.188	0.275	0.185	0.076	0.810
	4. 企业内部经常举行社交活动来增进沟通	0.210	0.290	0.179	0.104	0.824

变量	测度题项	因子				
		1	2	3	4	5
创新 绩效	1. 新产品的数量	0.885	0.226	0.196	0.154	0.182
	2. 新产品开发的速度	0.895	0.154	0.209	0.138	0.185
	3. 新产品的新颖程度	0.861	0.209	0.245	0.188	0.221
	4. 新产品销售额占销售总额比重	0.889	0.172	0.210	0.170	0.195
	5. 新产品开发成功率	0.887	0.195	0.227	0.164	0.160
	6. 申请专利数量	0.896	0.136	0.248	0.161	0.197

（2）验证性因子分析

创新绩效。在探索性因子分析后，接着对创新绩效进行验证性因子分析。拟合结果表明，χ^2 值为 22.437（自由度 df = 8），χ^2/df 值为 2.805，小于 5；NFI 为 0.991，TLI 为 0.984，CFI 为 0.994，IFI 为 0.994，均大于 0.9；RMSEA 为 0.091，小于 0.1；各标准化因子荷载值均在 $p < 0.001$ 的水平上通过了显著性检验。因此，创新绩效测度模型拟合效果良好，说明本研究对创新绩效的测度是有效的。

外部知识搜索选择。接着对国际知识搜索和本地知识搜索这两个变量进行验证性因子分析。对外部知识搜索选择测量模型的拟合结果表明，χ^2 值为 102.476（自由度 df = 34），χ^2/df 值为 3.014，小于 5；NFI 为 0.954，TLI 为 0.950，CFI 为 0.969，IFI 为 0.969，均大于 0.9；RMSEA 为 0.096，小于 0.1；各标准化因子荷载值均在 $p < 0.001$ 的水平上具有统计显著性。可见，该模型拟合效果较好，外部知识搜索选择的因子结构通过了验证，说明本研究对国际知识搜索和本地知识搜索这两个变量的划分与测度是有效的。

知识整合机制。接着对正式知识整合机制和非正式知识整合机制这两个变量进行验证性因子分析，测量模型及拟合结果分别如图 6 - 2 和表 6 - 3 所示。对知识整合机制测量模型的拟合结果表明，χ^2 值为 47.453（自由度 df = 26），χ^2/df 值为 1.825，小于 5；NFI 为 0.977，TLI 为 0.982，CFI 为 0.989，IFI 为 0.990，均大于 0.9；RMSEA 为 0.061，小于 0.1；各标准化因子荷载值均在 $p < 0.001$ 的水平上具有统计显著性。可

见，该模型拟合效果较好，图 6 - 2 所示的因子结构通过了验证，说明本研究对正式知识整合机制和非正式知识整合机制这两个变量的划分与测度是有效的。

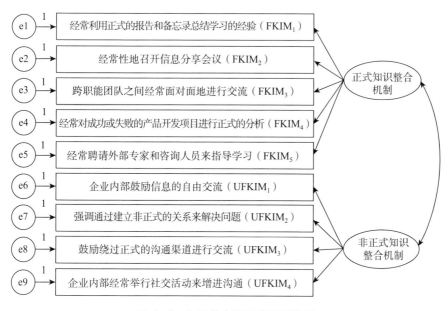

图 6 - 2 知识整合机制的测量模型

表 6 - 3 知识整合机制测度模型拟合结果

变量——因子	标准化路径系数	路径系数	标准误	临界比	显著性 p
$FKIM_5$ ←——非正式知识整合机制	0.923	1.000			
$FKIM_4$ ←——非正式知识整合机制	0.890	0.927	0.043	21.749	***
$FKIM_3$ ←——非正式知识整合机制	0.932	1.033	0.041	25.001	***
$FKIM_2$ ←——非正式知识整合机制	0.929	1.009	0.041	24.728	***
$FKIM_1$ ←——非正式知识整合机制	0.900	0.998	0.044	22.437	***
$UFKIM_4$ ←——正式知识整合机制	0.892	1.000			
$UFKIM_3$ ←——正式知识整合机制	0.851	0.851	0.049	17.414	***
$UFKIM_2$ ←——正式知识整合机制	0.855	0.877	0.050	17.582	***
$UFKIM_1$ ←——正式知识整合机制	0.910	0.887	0.044	19.979	***
χ^2 df χ^2/df	NFI	TLI	CFI	IFI	RMSEA
47.453 26 1.825	0.977	0.982	0.989	0.990	0.061

注：显著性水平中，*** 表示 $p < 0.001$。

五因子模型分析。最后，通过对五因子模型的验证性因子分析来再次检验构念的聚合效度和区分效度。通过对五因子模型的验证性因子分析发现，$\chi^2 = 762.264$；$\chi^2/df = 2.876$，$NNFI = 0.915$，$CFI = 0.931$，$IFI = 0.932$，$RMSEA = 0.093$，同时所有标准化因子荷载值均在 $p < 0.001$ 的水平上通过

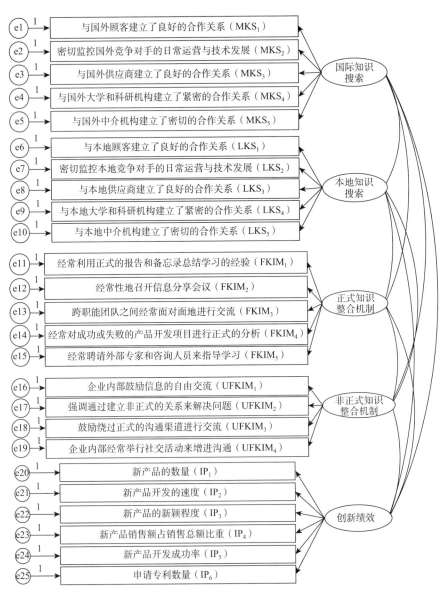

图 6-3　总体测量模型

了显著性检验（见表 6-4），证明模型拟合良好，构念具有良好的聚合效度。

表 6-4　外部知识搜索、知识整合与创新绩效验证性因子分析

构念	测度题项	标准化因子荷载值	AVE
本地知识搜索	1. 与本地顾客建立了良好的合作关系	0.853	0.700
	2. 密切监控本地竞争对手的日常运营与技术发展	0.831	
	3. 与本地供应商建立了良好的合作关系	0.848	
	4. 与本地大学和科研机构建立了紧密的合作关系	0.814	
	5. 与本地中介机构建立了密切的合作关系	0.837	
国际知识搜索	1. 与国外顾客建立了良好的合作关系	0.898	0.845
	2. 密切监控国外竞争对手的日常运营与技术发展	0.893	
	3. 与国外供应商建立了良好的合作关系	0.914	
	4. 与国外大学和科研机构建立了紧密的合作关系	0.904	
	5. 与国外中介机构建立了密切的合作关系	0.985	
正式知识整合机制	1. 经常利用正式的报告和备忘录总结学习的经验	0.902	0.837
	2. 经常性地召开信息分享会议	0.932	
	3. 跨职能团队之间经常面对面进行交流	0.930	
	4. 经常对成功或失败的产品开发项目进行正式的分析	0.889	
	5. 经常聘请外部专家和咨询人员来指导学习	0.920	
非正式知识整合机制	1. 企业内部鼓励信息的自由交流	0.909	0.769
	2. 鼓励绕过正式的沟通渠道进行交流	0.860	
	3. 强调通过建立非正式的关系来解决问题	0.848	
	4. 企业内部经常举行社交活动来增进沟通	0.890	
创新绩效	1. 新产品的数量	0.954	0.916
	2. 新产品销售额占销售总额比重	0.961	
	3. 新产品开发的速度	0.949	
	4. 新产品开发成功率	0.955	
	5. 申请专利数量	0.968	
	6. 新产品的新颖程度	0.956	

注：所有标准化因子荷载值均在 $p < 0.001$ 水平上显著。

此外，表 6-5 列出了本地知识搜索、国际知识搜索、正式知识整合

机制、非正式知识整合机制、创新绩效的 AVE 值（average variance extracted）和构念间相关系数的平方根。结果显示，所有构念的 AVE 值均远大于构念间相关系数的平方根，证实本地知识搜索、国际知识搜索、正式知识整合机制、非正式知识整合机制、创新绩效均具有良好的区分效度。

表 6 – 5　外部知识搜索、知识整合与创新绩效区分效度检验

	1	2	3	4	5
1. 国际知识搜索	0.919				
2. 本地知识搜索	0.163 *	0.837			
3. 正式知识整合机制	0.359 **	0.427 **	0.915		
4. 非正式知识整合机制	0.575 **	0.234 **	0.462 **	0.877	
5. 创新绩效	0.436 **	0.377 **	0.544 **	0.535 **	0.957

注：** 表示 $p < 0.01$，* 表示 $p < 0.05$。对角线上为各个变量对应的 AVE 值的平方根。

3. 相关分析

表 6 – 6 为本研究各变量的均值、标准差和相关系数矩阵。从表 6 – 6 中可见，国际知识搜索（相关系数为 0.436，$p < 0.01$）、本地知识搜索（相关系数为 0.377，$p < 0.01$）与创新绩效均显著正相关；正式知识整合机制（相关系数为 0.544，$p < 0.01$）和非正式知识整合机制（相关系数为 0.535，$p < 0.01$）与创新绩效均显著正相关。

表 6 – 6　描述性统计分析与相关系数矩阵

	Mean	S. D.	1	2	3	4	5	6	7	8	9
1. 企业规模	7.559	1.400	1								
2. 企业年龄	15.54	9.158	0.405 **	1							
3. 研发投入	0.048	0.025	0.003	0.030	1						
4. 国有控股	0.361	0.481	– 0.018	– 0.046	– 0.026	1					
5. 国际知识搜索	3.993	1.369	0.151 *	0.026	0.250 **	– 0.064	1				
6. 本地知识搜索	4.598	1.057	0.147 *	– 0.060	0.236 **	0.045	0.163 *	1			

续表

	Mean	S. D.	1	2	3	4	5	6	7	8	9
7. 正式知识整合机制	4.520	1.385	0.067	-0.112	0.165*	-0.031	0.359**	0.427**	1		
8. 非正式知识整合机制	4.030	1.157	0.263**	0.052	0.188**	-0.056	0.575**	0.234**	0.462**	1	
9. 创新绩效	3.980	1.659	0.211**	0.015	0.365**	-0.027	0.436**	0.377**	0.544**	0.535**	1

注：** 表示 $p < 0.01$；* 表示 $p < 0.05$。

4. 层次回归分析

本章利用层次回归分析来检验研究假设。在所有回归分析的多重共线性检验中，各变量方差膨胀因子（VIF）介于 1~3 之间，表明变量之间没有出现严重的多重共线性问题。表 6-7 为层次回归分析结果。

（1）以正式知识整合机制作为因变量进行以下层级回归分析（表 6-7）。首先在模型 1 中加入控制变量（产业类型、企业年龄、企业规模、研发投入强度、国有控股），然后在模型 2 中加入自变量外部知识搜索双元的平衡维度和联合维度。此时，与模型 1 相比，两模型的 $\triangle R^2$ 为 0.232，在 0.001 的水平上显著，说明模型 2 比模型 1 对正式知识整合机制具有更高的解释力，且外部知识搜索双元的平衡维度对因变量正式知识整合机制的回归系数 β 为 0.183，在 0.05 的水平上显著，外部知识搜索双元的联合维度对因变量正式知识整合机制的回归系数 β 为 0.422，在 0.001 的水平上显著。因此，假设 H_{1a}、H_{1c} 得到支持，即外部知识搜索双元的平衡维度和联合维度对正式知识整合机制具有显著正向影响。

（2）以非正式知识整合机制作为因变量进行以下层级回归分析（见表 6-7）。首先在模型 1 中加入控制变量（产业类型、企业年龄、企业规模、研发投入强度、国有控股），然后在模型 2 中加入自变量外部知识搜索双元的平衡维度和联合维度。此时，与模型 1 相比，两模型的 $\triangle R^2$ 为 0.255，在 0.001 的水平上显著，说明模型 2 比模型 1 对非正式知识整合机制具有更高的解释力，且外部知识搜索双元的平衡维度对因变量非正式知识整合机制的回归系数 β 为 0.227，在 0.001 的水平上显著，外部知识搜索双元的联合维度对因变量非正式知识整合机制的回归系数 β 为

0.412，在 0.001 的水平上显著。因此，假设 H_{1b}、H_{1d} 得到支持，即外部知识搜索双元的平衡维度和联合维度对非正式知识整合机制具有显著正向影响。

（3）以创新绩效为因变量进行以下层级回归（见表 6 - 7）。首先在模型 1 中加入控制变量（产业类型、企业年龄、企业规模、产业类别、国有控股），其次在模型 2 中加入自变量外部知识搜索双元的平衡维度和联合维度。最后在模型 3 中加入中介变量正式知识整合机制和非正式知识整合机制。此时，与模型 1 相比，模型 2 的 $\triangle R^2$ 为 0.209，在 0.001 的水平上显著，说明模型 2 比模型 1 对创新绩效具有更高的解释力，且外部知识搜索双元的平衡维度对因变量创新绩效的回归系数 β 为 0.237，在 0.001 的水平上显著，外部知识搜索双元的联合维度对因变量创新绩效的回归系数 β 为 0.344，在 0.001 的水平上显著。因此，外部知识搜索双元的平衡维度和联合维度对创新绩效具有显著正向影响。与模型 2 比较，模型 3 的 $\triangle R^2$ 为 0.098，在 0.001 的水平上显著。此外，当加入正式知识整合机制和非正式知识整合机制后，自变量外部知识搜索双元的平衡维度（β = 0.140，$p < 0.05$）和联合维度（β = 0.142，$p < 0.05$）对因变量创新绩效的影响降低但仍显著，因此正式知识整合机制和非正式知识整合机制对外部知识搜索双元的平衡维度和联合维度与创新绩效的关系具有部分中介作用。

表 6 - 7　外部知识搜索、知识整合与创新绩效层次回归分析结果

步骤及变量	正式知识整合机制		非正式知识整合机制		创新绩效		
	模型 1	模型 2	模型 1	模型 2	模型 1	模型 2	模型 3
电子信息	- 0.012	- 0.047	0.121	0.087	0.036	0.007	0.004
专用设备	0.122	0.021	0.136	0.034	0.083	- 0.006	- 0.019
交通运输设备制造	0.065	0.044	0.064	0.044	- 0.055	- 0.070	- 0.092
一般机械	0.107	0.019	0.150 ?	0.059	0.083	0.002	- 0.015
金属制品	0.054	- 0.002	0.087	0.032	0.068	0.021	0.015
企业规模	0.151 *	0.014	0.292 ***	0.150 *	0.253 ***	0.127 *	0.094
企业年龄	- 0.144	- 0.087	- 0.082	- 0.023	- 0.106	- 0.052	- 0.023
R&D 投入强度	0.159 *	- 0.048	0.199 **	- 0.018	0.382 ***	0.187 **	0.204 ***

续表

步骤及变量	正式知识整合机制		非正式知识整合机制		创新绩效		
	模型 1	模型 2	模型 1	模型 2	模型 1	模型 2	模型 3
国有控股	-0.023	0.008	-0.058	-0.023	-0.015	0.019	0.021
双元平衡维度		0.183^*		0.227^{***}		0.237^{***}	0.140^*
双元联合维度		0.422^{***}		0.412^{***}		0.344^{***}	0.142^*
正式整合机制							0.288^{***}
非正式整合机制							0.195^{**}
R^2	0.078	0.310	0.129	0.384	0.202	0.411	0.509
校正 R^2	0.038	0.273	0.092	0.351	0.168	0.380	0.478
F	1.957^*	8.439^{***}	3.440^{***}	11.720^{***}	5.892^{***}	13.156^{***}	16.331^{***}
ΔR^2		0.232^{***}		0.255^{***}		0.209^{***}	0.098^{***}
Max VIF	2.250	2.264	2.250	2.264	2.250	2.264	2.284

注：表中系数为标准化回归系数，*** 表示 $p<0.001$，** 表示 $p<0.01$，* 表示 $p<0.05$，$^\circ$ 表示 $p<0.1$。

5. 结构方程模型

（1）初始模型构建

通过对各个因素之间的关系分析可知，这种分析方法忽略了变量间的交互作用。当多个因素存在交互作用时，是否依然存在上述关系，则需要用结构方程模型做进一步分析。在本研究所构建的外部知识搜索双元平衡维度和联合维度影响创新绩效作用机制的概念模型的基础上，本研究用 AMOS 7.0 软件设置了初始结构方程模型，如图 6-4 所示。初始模型中共有 5 个潜变量和 17 个显变量。其中，外部知识搜索双元的平衡维度、联合维度是外生潜变量，正式知识整合机制、非正式知识整合机制和创新绩效是内生潜变量。除了潜变量和显变量外，模型中还存在着 $e_1 \sim e_{17}$ 共 17 个显变量的残差变量和 D_1、D_2、D_3 共 3 个内生潜变量的残差变量。残差变量的作用是为了保证模型的验证过程能够成立，因为从问卷得出的指标值难免会存在一定的误差，要使指标值完全地匹配于模型几乎是不可能的，为了使概念模型得到验证，必须引入残差变量。

由于外部知识搜索双元平衡维度和联合维度是单指标潜变量，不能同时估计因子和指标的关系（因子负荷）以及指标的误差方差，此时假设误差与指标之间零相关（侯杰泰、温忠麟、程子娟，2004）。接下来，本研究将对模型中设定的 8 条影响路径进行验证。

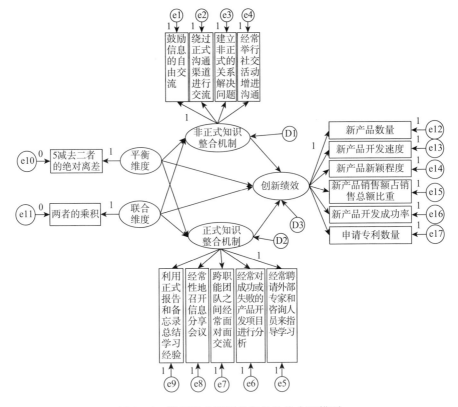

图 6 - 4　基于概念模型的初始结构方程模型

（2）模型拟合与修正

图 6 - 4 是在 AMOS 7.0 软件中绘制成的可识别的结构方程模型，导入数据进行拟合，结果如表 6 - 8 所示。拟合结果表明，初始模型拟合的 χ^2 值为 214.529（自由度 df = 112），χ^2/df 值为 1.915，小于 3；RMSEA 的值为 0.065，小于 0.1；NFI 值为 0.956，TLI 值为 0.971，CFI 值为 0.978，IFI 值为 0.979，均高于 0.9。由此可见，从绝对拟合指数 χ^2/df，近似误差均方根 RMSEA、NFI、TLI、CFI 和 IFI 看模型在可接受范围，模型拟合较好。同时，模型所有路径系数的 C. R. 均已达到大于 1.96 的要求，具有显著意义。综合以上各方面的评判指标，对模型的拟合通过检验，模型得以确认。

表 6 – 8　外部知识搜索双元影响创新绩效的结构方程模型拟合结果

变量←——因子	标准化路径系数	路径系数	标准误（S. E.）	临界比（C. R.）	显著性 p
正式整合机制←平衡维度	0.182	0.234	0.091	2.570	0.010
非正式整合机制←联合维度	0.458	0.065	0.010	6.571	***
非正式整合机制←平衡维度	0.229	0.265	0.080	3.332	***
正式整合机制←联合维度	0.424	0.067	0.011	5.904	***
创新绩效←正式整合机制	0.280	0.332	0.074	4.474	***
创新绩效←非正式整合机制	0.232	0.303	0.089	3.392	***
创新绩效←平衡维度	0.159	0.241	0.097	2.474	0.013
创新绩效←联合维度	0.203	0.038	0.014	2.758	0.006

χ^2	df	χ^2/df	NFI	TLI	CFI	IFI	RMSEA
214.529	112	1.915	0.956	0.971	0.978	0.979	0.065

注：*** 表示 $p < 0.001$。

通过数据检验所产生的最终结构模型如图 6 – 5 所示。从各路径系数中可以看出，外部知识搜索双元的平衡维度对正式知识整合机制具有显著正向影响（$\beta = 0.182$，$p < 0.01$），正式知识整合机制显著影响创新绩效（$\beta = 0.280$，$p < 0.001$），同时外部知识搜索双元的平衡维度对创新绩效具有显著正向影响（$\beta = 0.159$，$p < 0.05$），因此正式知识整合机制在外部知识搜索双元的平衡维度与创新绩效之间起到部分中介作用。

外部知识搜索双元的平衡维度对非正式知识整合机制具有显著正向影响（$\beta = 0.229$，$p < 0.001$），非正式知识整合机制显著影响创新绩效（$\beta = 0.232$，$p < 0.001$），同时外部知识搜索双元的平衡维度对创新绩效具有显著正向影响（$\beta = 0.159$，$p < 0.05$），因此非正式知识整合机制在外部知识搜索双元的平衡维度与创新绩效之间起到部分中介作用。

外部知识搜索双元的联合维度对正式知识整合机制具有显著正向影响（$\beta = 0.424$，$p < 0.001$），正式知识整合机制显著影响创新绩效（$\beta = 0.280$，$p < 0.001$），同时外部知识搜索双元的联合维度对创新绩效具有显著正向影响（$\beta = 0.203$，$p < 0.01$），因此正式知识整合机制在外部知识搜索双元的联合维度与创新绩效之间起到部分中介作用。

外部知识搜索双元的联合维度对非正式知识整合机制具有显著正向

影响（β=0.458，p<0.001），非正式知识整合机制显著影响创新绩效（β=0.232，p<0.001），同时外部知识搜索双元的联合维度对创新绩效具有显著正向影响（β=0.203，p<0.01），因此非正式知识整合机制在外部知识搜索双元的联合维度与创新绩效之间起到部分中介作用。

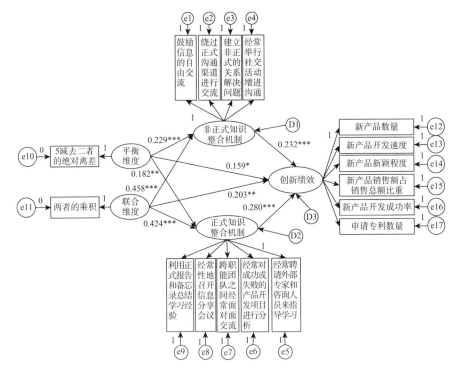

图 6-5　外部知识搜索双元对创新绩效作用机制的最终结构模型

说明：图中标注的标准化路径系数，*** 表示 p<0.001，** 表示 p<0.01，* 表示 p<0.05。

六　结论与讨论

1. 研究结论和理论贡献

如何从外部市场搜索创新所需的知识一直是企业创新管理领域的热点研究话题。已有研究指出企业通过外部知识搜索获取了创新所需的互补资源，通过组织学习获取了创新所需的技术和知识，最终提升了企业的创新绩效。如本地知识搜索领域的学者认为基于近距离的地理优势，企业可以更快速、更低成本地整合外部资源开展创新（Mesquita & Lazzarini，2008；Funk，2014）；国际知识搜索领域的学者认为通过进入国际市场，企业能够获取差异化的知识和信息，推动企业实现新的知识组合（Zahra，Ireland & Hitt，2000；Wu & Wu，2014）。然而，现有理论并不能很好地回答企业外部知识搜索影响创新绩效的机制。本研究立足于已有文献缺口，以中国制造企业作为研究对象，探索了企业外部知识搜索双元的平衡和联合维度对创新绩效的影响机制。

研究发现，外部知识搜索双元的平衡和联合维度对创新绩效均具有显著正向影响，正式知识整合机制和非正式知识整合机制在外部知识搜索双元的平衡维度和创新绩效，以及外部知识搜索双元的联合维度和创新绩效之间起到部分中介作用。研究结论再一次支持了 Laursen 和 Salter（2006）的观点，证实了开放的重要性。此外，本研究进一步深化了Laursen 和 Salter（2006），Mesquita 和 Lazzarini（2008），Funk（2014），Zahra，Ireland 和 Hitt（2000），Wu 和 Wu（2014）的研究，打开了企业外部知识搜索影响创新绩效机制的黑箱。现有研究对于外部知识搜索影响创新的理论解释主要是依据资源观的理论逻辑，认为企业通过外部知识搜索获取资源进而影响创新绩效。然而，能力建立理论认为，能力才是企业持续竞争优势的源泉（Amit & Schoemaker，1993；Makadok，2001）。特别是在动态竞争环境下，资源由于核心刚性和惰性并不能为企业带来持续竞争优势，企业需要对内外部资源进行整合（Grant，1996b）。本研究进一步证实了这种观点，发现企业通过外部知识搜索不仅获得了创新资源，更重要的是建立了知识整合机制（正式整合机制和非正式整合机制），进而提升创新绩效。研究结论支持了能力建立理论的观点，进一步深化了关于外部知识搜索影响创新绩效机理的研究。

2. 研究启示和实践意义

本研究对于企业管理实践和政府政策具有重要启示。对于新兴经济国家企业而言，管理者应意识到外部知识搜索对于企业创新的重要作用，积极从本土市场和国际市场上寻求创新机会；管理者还应意识到通过外部知识搜索不仅能获得创新资源，更重要的是建立知识整合机制（正式整合机制和非正式整合机制），通过能力的获得持续提升创新绩效。对于政府而言，应通过各种优惠性政策鼓励企业积极从本地和国际市场上搜索创新资源，建立企业外部知识搜索管理制度。

3. 研究局限性及未来研究展望

本研究还存在一定的局限性。本研究以知识整合理论作为解释机制，未来研究可以考虑从其他理论视角来阐释外部知识搜索影响创新绩效的其他中间机制。此外，本研究只选择中国制造企业作为研究对象，并且样本选择主要集中于江浙区域，导致结论概化性存在限制。未来研究可以考虑扩大样本选择范围或选取其他新兴经济国家企业作为研究对象，进一步验证并完善结论。

第七章　企业外部知识搜索双元与国际化：以组织冗余和环境丰富性为调节

用外部搜索知识推动企业国际化战略的实施已成为企业的战略共识，然而已有研究对于企业"是否应该以及是否能够同时实施本地和国际知识搜索战略，以及在什么条件下实施更为有利"的问题并没有给出满意的答案。本研究创造性地整合组织双元与外部知识搜索理论，界定了外部知识搜索双元的两个维度（平衡维度和联合维度）的含义，并实证检验了外部知识搜索双元的平衡和联合维度对国际化的影响，以及组织冗余和环境丰富性对上述影响的调节效应。基于中国219家制造企业的问卷调查结果表明：①外部知识搜索双元的平衡维度和联合维度对国际化均具有显著正向影响；②组织冗余负向调节外部知识搜索双元的平衡维度与国际化的关系，正向调节外部知识搜索双元的联合维度与国际化的关系；③环境丰富性负向调节外部知识搜索双元的平衡维度与国际化的关系，正向调节外部知识搜索双元的联合维度与国际化的关系。研究结论对组织双元、外部知识搜索以及国际化理论和实践具有重要启示。

一　引言

实施国际化发展战略已成为中国企业在全球化背景下实现创新追赶的重要战略举措。通过进入国际市场，企业一方面能够在国际舞台上寻找创新资源和学习机会，进而提升企业创新能力和竞争力；另一方面，企业还能够在国际市场上利用已有的技术和营销优势，进而扩大市场份额（Luo & Tung，2007）。根据中华人民共和国商务部发布的《中国对外投资合作发展报告》，中国企业对外直接投资连续 10 年（2002 – 2011 年）保证增长势头。2011 年，中国对外直接投资流量达到 746.5 亿美元，较上年增长 8.5%，名列世界第六位。由此可见，国际市场已成为中国企业竞相追逐的战略市场。然而，中国企业缺乏国际化所需的技术知识、营销知识和国际化运营经验，企业在国际化过程中不可避免地会遭受各种障碍，如外来者障碍（liability of foreignness）、新到者障碍（liability of newness）（Zaheer，1995），而企业外部网络作为一种重要的知识获取渠道，为中国企业克服国际化障碍提供了契机（Oviatt & McDougall，1994；Tseng et al.，2007；Yu，Gilbert & Oviatt，2011）。因此，对于"中国企业如何通过外部知识搜索实施国际化战略"的研究具有重要的现实意义（Child & Rodrigues，2005）。

目前，理论研究已经证实了外部知识搜索对企业国际化的战略意义（Mesquita & Lazzarin，2008；Musteen，Francis & Datta，2010；Yu，Gilbert & Oviatt，2011；Elango & Pattnaik，2007；Guler & Guillen，2010；Ibeh & Kasem，2011；Patel et al.，2014）。学者们对于外部知识搜索的研究主要体现在两个方面：本地知识搜索和国际知识搜索。国际知识搜索领域的学者认为，通过进入国际市场，企业能够直接接触国外的市场需求和技术发展动态，获取国际化所需的技术和营销知识，进而推动企业国际化（Yu，Gilbert & Oviatt，2011；Musteen，Francis & Datta，2010；Wu & Wu，2014）；本地知识搜索领域的学者认为，基于近距离的地理优势，企业能够以较低成本快速搜索知识，建立基于本地化的竞争优势，进而推动企业进入国际市场（Lin & Chaney，2007；Mesquita & Lazzarini，2008；Funk，2014）。尽管两个领域的研究都指出了本地和国际知识搜索能够推动企业国际化，但却忽视了对以下几个问题的解答。

一是企业如何在本地知识搜索和国际知识搜索之间进行抉择。换言之，尽管在本地和国际市场上进行知识搜索都能推动企业国际化，那么企业是否应该和是否能够同时实施两种搜索战略，以及在什么条件下实施更为有利还需要进一步探索。

二是企业如何同时实施本地知识搜索和国际知识搜索战略。换言之，假定同时实施两种搜索战略能够推动企业国际化，但企业不可避免地会遇到诸如资源分配、知识分享等方面的冲突，那么什么样的企业能够有效协调两种搜索战略呢？

本研究试图详细回答上述问题，加深我们对企业如何借助外部知识搜索推动国际化战略实施的理解，同时为企业外部知识搜索实践提供指导。整合组织双元与外部知识搜索理论，探索外部知识搜索双元的平衡和联合对国际化的影响，并检验组织冗余和环境丰富性的调节效应。本研究具有极强的理论和现实意义。整合组织双元理论与外部知识搜索理论，突出了本地知识搜索和国际知识搜索的矛盾与互补之处，进一步深化了外部知识搜索理论，同时拓展了组织双元理论的应用范畴。研究结论能够指导企业如何协调本地和国际两种知识搜索战略，以及如何最大限度地利用两种搜索战略来推动国际化战略的实施，因而具有极大的实践启示。

二　理论背景

国际商务领域的研究证实了企业国际化需要具备两种知识：技术知识和营销知识（Tseng et al. , 2007；Yu, Gilbert & Oviatt, 2011）。技术知识表示应用于高技术产品上的科学和技术优势，这种知识使得企业能够提升产品质量、提高操作效率、改善创新能力（Spencer, 2003）。国外营销知识（或者是组织和结构化的信息）包括东道主国家的金融、文化、社会和政治情况方面的信息，以及关于国家差异的一般知识，国际业务如何运作等（Li & Calan-tone, 1998；Roth et al. , 2009）。这种知识使得企业能够识别机会、降低不确定性感知、更好地理解新的市场情景。新兴经济国家企业普遍缺乏国际化经验，对国外市场缺乏了解，在技术水平上并不占优，然而近年来却实现了国际化的大发展，究其原因在于企业充分利用了外部网络搜索国际化所需的技术和营销知识（Johanson & Vahlne, 2009；Manolova, Manev & Gyoshev, 2010；吴航、陈劲、梁靓，2012）。目前，国际化领域的研究区分了两种外部知识搜索方式：本地知识搜索和国际知识搜索（Mesquita & Lazzarini，2008；Musteen，Francis & Datta，2010；Yu，Gilbert & Oviatt，2011）。然而，通过文献检索发现，目前对于优先选择哪种知识搜索方式实现国际化并没有形成一致的观点。

1. 国际知识搜索与国际化

一些学者认为，企业进入国际市场所需的技术和营销知识在本地市场是很难获取的，企业需要在国际市场上搜索。Patel 等人（2014）认为，关于国外市场的运营规则、国外顾客需求等方面的知识是目标国家当前的和特有的知识，企业只有进入目标国与其顾客、供应商、竞争者深入接触才能获取这些知识。国际知识搜索能够帮助企业获取大量的产品创新相关的技术和营销知识，进而使得企业能够生产出商业上可行的、文化上适应的、制度上合法的产品，并将其推向国际市场。这种观点得到了实证研究的支持。Filatotchev 等人（2009）以中关村调研数据为样本，发现新兴经济国家创业者的国际化背景是一种重要的资源，能够帮助企业建立海外关系，识别并满足国外顾客的需求，同时获取国外先进的技术、管理和营销技巧，进而推动企业国际化。Musteen，Francis 和 Datta（2010）以捷克 155 家中小企业为研究对象，发现中小企业 CEO 国际社会关系质量决定了企业与国际合作伙伴知识分享的稳定性和程度，以及企业能够从国际市场上获取知识的广度，进而影响企业国际化的速度和绩效。Yu 等人（2011）以美国生物技术产业 118 家新创企业为研究对象，发现国际战略联盟是一种重要的国际知识搜索渠道，与国外企业建立的技术联盟和营销联盟能够帮助企业获取国际化所需的技术和营销知识，进而推动企业国际化。

尽管国际化知识搜索能够为企业带来国际化所需的技术和营销知识，然而企业也面临相应的成本和风险（Hitt，Hoskisson & Kim，1997）。由于对国际市场缺乏了解，企业在国际市场上搜索的过程中需要克服经验缺失、对国外文化缺乏了解等所导致的障碍，因此企业需要在建立沟通和协调惯例上投入大量资源以支持知识搜索。如企业通过在海外设立研发机构、制造中心或技术检测站的形式搜索所需的知识，这对企业资源存量和治理水平提出了挑战。此外，由于文化和制度差异所导致的知识交流限制，企业在国际化过程中还会面临国外合作伙伴的逆向选择和道德风险。

2. 本地知识搜索与国际化

虽然国际营销和国际新创企业研究文献中强调了国际知识搜索对企业国际化的战略意义，然而还存在一种被低估的网络视角：本地网络伙伴（Manolova，Manev & Gyoshev，2010；Guler & Guillen，2010）。通过本地知识搜索，企业能够获取大量的资源和互补技能，实现规模经济，或生成高端的知识和能力。这种观点认为，本地知识搜索同样可以使国内企业通过低成本或差异化获得竞争优势，进而进入国际市场。Chetty 和 Campbell-Hunt（2003）的研究证实了新西兰中小企业首先在本地建立强大的网络，然后利用本地网络进入国际市场。Manolova，Manev 和 Gyoshev（2010）认为企业的国际化竞争力来自于本地市场，企业通过国内市场建立的网络关系能够获取知识和信息，建立资源和能力优势，进而进入国际市场。Lin 和 Chaney（2007）在对台湾企业研究后发现，企业通过与本地大型跨国公司合作能够获取国际化所需的技术和营销知识，随着大型跨国公司国际化的深入，企业国际化的进程和步伐都会加快。

有学者认为企业天生倾向于在本地进行知识搜索。这种倾向来自于对本地搜索根深蒂固的偏执，认为本地搜索更容易，同时较近的地理距离能够促进隐性知识的交流，提高企业的知识搜索效率。通过在本地网络进行知识搜索，企业能够建立一种所谓的"竞争货币"（competitive currencies），帮助企业更快速地进入国际市场。在对阿根廷家具企业的研究中，Mesquita 和 Lazzarini（2008）发现，基础设施和制度环境较差的情况下，中小企业在本地建立水平合作关系和纵向合作关系是一种重要的知识搜索渠道，能够帮助企业实现集体效率，进而推动企业国际化。这种集体效率表现为共同资源的获取、制造效率的提升以及产品创新能力的增强。Guler 和 Guillen（2010）以美国风险投资产业作为研究对象，发现企业本地市场建立的社会地位使企业能够赢取合作伙伴的信任，降低企业的国际化知识搜索成本。

尽管本地知识搜索能够降低知识搜索成本，同时也能够获取一定的进入国际市场的技术和营销知识，但本地知识搜索并不是获取国际化所需技术和营销知识的最佳途径，企业在本地市场搜索的往往是企业熟知的知识，本地知识搜索面临着限制（Eriksson et al.，2000）。这种知识限制不仅会使企业产品创新不能很好地适应国外市场的需求，同时也会使企业很难快速识别国外潜在顾客的需求，因而延缓企业国际化进程。

3. 研究小结

已有研究识别出了实施国际化战略的两种知识搜索方式：本地知识搜索和国际知识搜索，并认为这两种知识搜索战略都能够推动企业国际化，但已有研究并没有指出企业在外部知识搜索方式上该如何选择。国际知识搜索能够使创新产品符合国外需求，获取进入国际市场的重要技术和营销知识，但企业面临大量的协调和沟通成本。本地知识搜索依托近距离的地理优势，降低了知识搜索成本，虽能够创造本地优势，但不能提供国际化所需的知识和造就国外适应能力。因此，企业在外部知识搜索上面临两难抉择：是要将资源用于本地知识搜索获取基于近距离的效率，还是用于建立国际网络关系获取国际化知识。

三　概念模型

已有研究考察了本地知识搜索和国际知识搜索对企业国际化程度的影响，却未探讨两种知识搜索战略之间是否需要和是否能够实现均衡发展及其对国际化程度的影响。因此，本研究尝试引入组织双元理论，探索企业外部知识搜索双元对国际化程度的影响机制。

1. 外部知识搜索的双元属性和概念界定

自从 Duncan（1976）第一次提出了组织双元的概念，学者们就开始使用组织双元开始描述企业管理上一系列的悖论性问题。组织双元逐渐被理解成企业同时做两件不同事情的能力，如探索和利用、效率和灵活性、匹配与适应等（Gibson & Birkinshaw，2004）。尽管理论上对组织双元理论的应用范围并没有给出明确的阐释，但通过已有研究可以发现，组织双元理论适用的研究问题具有以下两个方面的特征：①存在两种可供选择的、相互矛盾的战略行为；②两种战略行为对组织均是有利的，难以取舍（Raisch & Birkinshaw，2008；Junni et al.，2013）。一般来说，满足以上两个方面特征的研究问题均能应用组织双元理论进行分析。

从以上分析中可以看出，企业可以同时利用本地和国际知识搜索战略推动企业国际化。然而，由于资源和能力限制，企业往往难以同时实施高强度的本地和国际知识搜索战略（Li，Wu & Zhang，2012；Clausen，Korneliussen & Madsen，2013）。因此，企业需要在两种搜索战略之间进行权衡和协调，以实现搜索利益的最大化。企业外部知识搜索战略具有双元属性，而外部知识搜索双元可以定义为：企业通过协调和权衡本地知识搜索和国际知识搜索以实现两种搜索战略均衡发展的能力。

2. 外部知识搜索双元与国际化关系模型

本研究认为我国企业在实施国际化战略的过程中应同时关注本地和国际知识搜索战略，而不仅仅关注某一个方面。通过实施外部知识搜索双元战略，企业能够平衡本地和国际知识搜索的收益与风险，同时能够实现两种搜索战略之间的整合，进而推动企业国际化。事实上，企业外部知识搜索的这种双元效应在网络研究文献中早有涉及。如 Coombs，Deeds 和 Ireland（2009）研究发现地理上均衡分布的网络能够增加企业知识搜索过程的多样化和效率，进而推动企业新产品开发。网络多样化能够帮助企业获取多样化、差异化但却具有一定相关性的技术知识源，推动企业多样化的技术开发。Tiwana（2008）发现在创新搜索项目联盟中，强关系（本地网络）与桥接关系（国际网络）之间能够形成互补。尽管桥接关系能够连接到拥有差异化背景的个体，因而能够产生创意和创新潜力，但是强关系使得知识整合成为可能。此外，比较优势领域的研究也支持了外部知识搜索双元的效益，认为企业实施外部知识搜索双元战略能够同时利用母国和东道国的优势。因此，本研究认为企业能够利用本地和国际知识搜索战略来开发新产品，并掌握国际营销知识，进而更快速地进入国际市场。

借鉴 Cao，Gedajlovic 和 Zhang（2009）对于组织双元的维度划分，本研究将外部知识搜索双元进一步解构为两个维度：平衡维度和整合维度。外部知识搜索双元的平衡维度是指企业充分运用协调机制，在本地和国际两种搜索战略的执行程度上保持相对一致的平衡（relative balance）；外部知识搜索双元的联合是指在本地和国际两种搜索战略的执行程度上的组合大小（combined magnitude），强调两种搜索战略的整合效应。

基于已有研究缺口，本章提出的研究框架如图7-1所示。研究问题主要包括：外部知识搜索双元的平衡、外部知识搜索双元的联合对国际化程度的影响；组织冗余、环境丰富性对外部知识搜索双元与国际化关系的调节效应。

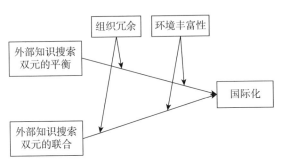

图 7-1   外部知识搜索双元影响国际化的概念模型

四   假设提出

1. 外部知识搜索的平衡与国际化

外部知识搜索双元的平衡使得企业不过度关注仅仅在本地或国际市场上搜索国际化所需的技术和营销知识，降低企业的知识搜索成本和风险，进而推动企业国际化。一方面，本地知识搜索能够帮助企业建立本地优势，推动企业国际化。Funk（2014）认为，本地知识搜索能够创造基于近距离的知识搜索效率，帮助企业加速新产品开发过程。值得指出的是，企业在本地市场上搜索的是高度本地化的技术和营销知识，这与企业进入国际市场所需的知识存在一定差异，因此过度关注本地知识搜索使得企业难以满足国外顾客的需求，同时很难提升企业对国外市场的适应能力，最终导致企业国际竞争力低下。

另一方面，在国际市场上进行知识搜索能够帮助企业获取国际知识源，使得企业创新产品符合国外顾客需求，同时企业也能够获取进入国际市场的重要制度和商业知识。然而，企业实施国际知识搜索战略面临高额的协调和沟通成本，企业在这方面需要投入大量时间和资源。Kafou-ros 和 Forsans（2012）认为，新兴经济国家企业普遍缺乏国际化经验，对国外市场的商业制度和运营文化缺乏了解，企业实施国际知识搜索战略需要克服外来者障碍和小企业障碍。基于资源限制理论的逻辑，企业将花费大量的时间和精力来应对这些障碍，这在很大程度上将会限制企业的国际知识搜索，最终降低企业的知识搜索效率（Bartlett & Ghoshal，1989；Tushman & O'Reilly，1996）。因此，过度关注国际知识搜索将使企业面临高额的国际化成本，企业国际化得不偿失。因此，当企业在本地和国际知识搜索上保持相对的平衡时，企业既能获取国际化所需的技术和营销知识，又能将国际化协调和沟通成本降到最低，这时的外部知识搜索战略组成能够帮助企业以最快速度进入国际市场。鉴于此，本研究提出如下假设：

H_1：企业外部知识搜索的平衡对国际化程度具有正向影响。

2. 外部知识搜索的联合与国际化

外部知识搜索双元的联合使得企业能够实现两种搜索战略的互补，进而推动企业国际化。一方面，国际知识搜索能够获取大量的关于国外市场的技术和营销知识，因而能够避免仅在本地市场进行知识搜索导致的知识盲点，使得企业能够顺利进入国际市场（Musteen，Francis & Datta，2010；Yu，Gilbert & Oviatt，2011）。具体而言，获取并整合关于国外市场的技术知识使得企业生产的产品能够充分满足国外市场的需求，同时在国际市场上具有较高的竞争力，因而能够推动企业国际化进程；获取关于国外市场的营销知识使得企业能够熟悉国外市场的运营制度和规则，降低企业进入国际市场的障碍。这些技术和营销知识都是在本地市场很难获取的。

另一方面，本地知识搜索提高了国际知识搜索的效率。虽然本地知识搜索主要接触的是本地的顾客、供应商、竞争者等，但企业通过本地知识搜索能够积累一定的国际化知识，这能为企业在国际市场上搜索知识提供基础。本地搜索使得企业对本地顾客需求、竞争者技术发展有了充分的了解，因而企业能够根据本地情况适当整合国外知识，生产出满足本地市场的定制化产品和服务（Lin et al.，2011）。依据消化吸收能力理论，企业在本地市场积累的这些知识对于企业在国际市场上进一步识别和整合知识具有重要作用（Cohen & Levinthal，1990；Zahra & George，2002）。鉴于此，本研究提出如下假设：

H$_2$：企业外部知识搜索的联合对国际化程度具有正向影响。

3. 组织冗余与环境丰富性的调节效应

如前所述，我们提出实施外部知识搜索双元战略的企业能够顺利实施国际化战略。然而，学界已证实企业资源水平能够影响双元战略的实施（March，1991；Cao，Gedajlovic & Zhang，2009），这意味着外部知识搜索双元对国际化的影响效应还取决于组织和环境因素，这些因素能够反映企业拥有的资源存量和企业能够获取的资源水平。这一结论对于面临资源限制和制度障碍的中国等新兴经济体国家的企业来说，尤为准确。因此，本研究提出企业外部知识搜索双元对国际化的影响还取决于两个情景因素：组织冗余和环境丰富性。

（1）组织冗余

组织冗余表示企业拥有的剩余资源，包括人力资源、财务资源等（Nohria & Gulati，1996；Nohria & Gulati，1997）。组织冗余反映了企业能够及时调动资源实施战略意图的能力。拥有过剩冗余的企业能够应对突出的内部战略变革压力和外部环境的冲击（Bourgeois，1981；George，2005）。从这个意义上讲，拥有较多冗余的企业能够赋予特定部门更多的资源来更及时、更有效地响应潜在的威胁（Thompson，1967；Voss, Sirdeshmukh & Voss，2008）。前面提到，在本地搜索和国际搜索之间保持平衡能够帮助企业避免过度关注本地搜索导致的过时陷阱，还能够避免过度关注国际搜索导致的无法收回投资的风险。然而，本研究认为，这种风险对于拥有较多组织冗余的企业而言显得不值一提，因为足够的冗余资源使得企业能够抵御实施国际化战略带来的负向影响，比如企业可以成立专门的部门来帮助核心部门应对风险（Cao，Gedajlovic & Zhang，2009；Thompson，1967）。相比之下，拥有较少组织冗余的国际化企业将会在企业国际化扩张过程中更容易遭遇损伤。因此，拥有较多组织冗余的企业能够抵御企业在本地知识搜索与国际知识搜索上的不均衡布局，而对于拥有较少组织冗余的企业，就需要保持本地搜索与国际搜索之间的平衡以避免可能导致的风险。

此外，同时追求高水平的本地知识搜索与国际知识搜索对企业的可用资源存量提出了很高的要求。本地知识搜索和国际知识搜索代表了不同的组织过程，需要差异化的资源支持（March，1991）。例如，国际市场与本地市场在价值观、文化、制度上存在显著差异，企业可能需要设立特别的单元、招募高质量的人才来专门负责国际知识搜索，并且将这些部门和人才与负责本地知识搜索的部门和人才隔离开来。企业追求本地知识搜索和国际知识搜索的整合效应的前提就在于必须拥有足够的可用资源。本研究认为，拥有较多组织冗余的企业能够同时实施高水平的国际知识搜索和本地知识搜索，进而形成互补效应以推动企业国际化。相比之下，拥有较少组织冗余的企业没有太多资源可供调动部署，这无形之中限制了企业对两种搜索战略的兼用。因此，当组织冗余较少时，同时实施高水平的本地和国际知识搜索战略并不是明智之举。鉴于此，本研究提出如下假设：

H$_{3a}$：组织冗余负向调节外部知识搜索的平衡与国际化之间的关系。

H$_{3b}$：组织冗余正向调节外部知识搜索的联合与国际化之间的关系。

（2）环境丰富性

环境丰富性表示外部环境支持本企业和竞争对手保持快速发展的程度（Dess & Beard，1984；Sutcliffe & Huber，1998）。在一个发展机会高度丰富的环境下，企业可以从外部环境获取发展所需的大量资源和机遇（Sutcliffe & Huber，1998）。因此，高度丰富的环境意味着企业能够更容易且以更低成本获取发展所需的资源，包括财务资源、人力资源，以支持企业同时实施双元战略（Dess & Beard，1984）。因此，企业所面临环境丰富的程度对于企业实施外部知识搜索双元战略具有重要影响。在外部环境比较丰富时，企业很容易获取大量资源来弥补过于专注本地或国际知识搜索所带来的风险。然而，当企业从外部环境获取资源较困难时，国际化企业不能找到足够的资源来降低过时风险或难以收回投资的风险，最终导致国际化的失败。在这种情况下，追求本地知识搜索与国际知识搜索之间的平衡显得尤为重要。因此，本研究认为，外部知识搜索双元的平衡在低丰富性的环境下较为有利。

此外，本研究还认为，在高丰富性环境下运营的企业更愿意在国际化过程中实施高水平的本地知识搜索和国际知识搜索。如前所述，追求外部知识搜索双元的整合效应需要企业拥有足够的资源来同时支撑高水平的本地知识搜索和国际知识搜索。在高丰富性的环境中，企业更能够低成本地、便利地来获取大量的资源以实施两种搜索战略。相比之下，在低丰富性的环境中，企业很难获取同时实施两种高水平搜索战略的资源。因此，在外部环境较为丰富时，实施高水平的本地和国际知识搜索对于企业国际化更为有利。鉴于此，本研究提出如下假设：

H_{4a}：环境丰富性负向调节外部知识搜索的平衡与国际化之间的关系。

H_{4b}：环境丰富性正向调节外部知识搜索的联合与国际化之间的关系。

五　研究方法

1. 数据收集

本研究以制造企业为研究对象，以问卷调查的方式收集数据。在问卷题项的设计上，充分借鉴国外成熟量表，并采用翻译和回译的形式不断提高问卷的内容效度。问卷由在浙江大学和清华大学进修 MBA、EMBA 学位的企业高层管理人员，以及作者借助个人和项目团队的人际关系网络所覆盖的企业高层人员填写。问卷充分采用邮寄、电子邮件、网络在线问卷、访谈等多种形式进行发放。最后共发放问卷 525 份，回收问卷 309 份，剔除其中存在缺失值的 90 份问卷，获取有效问卷 219 份，有效问卷回收率为 41.71%。样本企业主要集中于以下产业：电子信息（29.68%）、专用设备制造（20.55%）、交通运输设备制造（12.33%）、一般机械制造（11.42%）、金属制品（9.13%）、其他（16.89%）。本研究运用 Harman 单因子检验来测度问卷数据是否存在共同方法偏差。对问卷所有题项进行因子分析，发现在未旋转的情况下没有出现单个因子能够解释绝大多数的方差的情况，说明本研究不存在严重的共同方法偏差。

2. 变量测度

问卷的题项主要从以往的文献中获取。本地知识搜索、国际知识搜索、创新绩效的测量方式与第四章的测量方式相同。

（1）外部知识搜索双元

外部知识搜索双元的平衡表示本地知识搜索和国际知识搜索的相对平衡，外部知识搜索双元的联合表示本地知识搜索和国际知识搜索的整合。遵循 Cao, Gedajlovic & Zhang（2009）和张婧、段艳玲（2010）对于组织双元的平衡和联合的计算方式，我们先求出本地知识搜索和国际知识搜索差的绝对值，再用 5 减去二者的绝对离差来测量外部知识搜索双元的平衡，该值越高则外部知识搜索双元的平衡水平越高。我们用本地知识搜索和国际知识搜索的乘积来测量外部知识搜索双元的联合。本研究参考 Laursen、Salter（2006）和 Wu、Wu（2014）的研究，分别选用 5 个题项来测度企业的本地知识搜索、国际知识搜索。

（2）国际化

对于企业国际化程度的测度大多都是单维的，最常用指标主要是海外销售额占总销售额的比重（FSTS）、海外资产占总资产的比重（FATA）、海外子公司分布国数量或企业出口国家数量（NCOS）。依据 Hitt, Hoskisson 和 Kim（1997）对国际化的定义：国际化表示企业运营活动跨越国家边界进入不同地理市场或区域的行为，企业国际化程度由国际化广度（企业进入不同国家数量）和国际化深度（企业对每个国家的承诺程度，通常用每个市场的销售收入比率表示）两部分组成（Hitt, Hoskisson & Kim, 1997；Hitt et al., 2006）。因此，以往单维度的测量方法实际上只是测度了国际化的一个方面（Hitt, Hoskisson & Kim, 1997；Hitt et al., 2006）。Sullivan（1994）对单维度的测度方式提出了一系列的批评观点，并提出了多维度的测度方法，但 Ramaswamy, Kroeck 和 Renforth（1996）对 Sullivan（1994）提出的多维度测度方法进行检验并没有提供足够的实证支持，他们认为 Sullivan（1994）提出的多维度测度方法在信度和效度上存在问题。要想同时考虑到国际化的深度和广度，Hitt, Hoskisson 和 Kim（1997）认为熵是一种测度企业国际化程度的较好方法。这种测度方法同时考虑了企业海外运营的国家数量和每个海外市场对企业的相对重要程度（Hitt, Hoskisson & Kim, 1997）。后续研究也大量采用了这种测度方法（Qian & Li, 2002；Goerzen & Beamish, 2003；Yeoh,

2004；Hitt et al. ，2006；Chang & Wang，2007）。遵循这种逻辑，本章也采用熵指标来测度企业国际化程度。由于国家层面的数据往往难以收集，因此本研究遵循 Hitt、Hoskisson、Kim（1997）和 Chang、Wang（2007）的做法，主要收集区域层面的数据。

企业国际化程度测度公式为：$ID = \sum_{i}[P_i \times \ln(1/P_i)]$，其中 P_i 表示企业在区域 i 的销售比率（区域 i 的销售收入占总销售收入的比重），$\ln(1/P_i)$ 表示赋予每个海外区域市场的权重，即 i 区域销售比率倒数的自然对数。这种测度方式综合考虑了企业海外区域市场的数量和每个区域市场的相对重要程度。遵循 Hitt、Hoskisson、Kim（1997）和 Chang、Wang（2007）的做法，本研究将企业海外区域市场划分为四个异质性的区域市场：非洲、亚洲和太平洋地区、欧洲、美洲。

（3）调节变量

组织冗余：借鉴 Nohria 和 Gulati（1996）的测量思路，本研究采用两个主观题项来测量组织冗余，即假定由于某些突发原因，本部门所有员工 10% 的时间不得不花在一些与本部门不相干的工作上，下一年本部门产出受影响的程度。假定由于某些突发原因，本部门的年度运营预算减少 10%，下一年本部门工作受影响的程度。本研究使用李克特 7 点打分量表来测量，1 表示产出不受影响，7 表示产出将会下降 20% 甚至更多，中间点 4 表示产出将会下降 10%。因此，最终的得分越高表示组织冗余越低。鉴于此，本研究对问卷测度值进行反向转换，用 7 减去测量值来测量组织冗余水平，该值越大说明组织冗余水平越高，该值越小说明组织冗余水平越低。

环境丰富性：有些学者选择连续型变量来测度环境丰富性（Li et al. ，2013），例如选择产业增长率、销售额、价格成本利润率、企业员工总数（Dess & Beard，1984；Lai，Wong & Lam，2015）。然而，由于所获取的是横截面数据，本研究遵循 Sutcliffe 和 Huber（1998）的测量方法，选用 6 个主观管理测量题项来衡量环境丰富性。

（4）控制变量

将企业年龄、企业规模、产业类型、国际化经验作为控制变量。以企业人数的自然对数测度企业规模；以企业成立至调查之日的经营年限来测度企业年龄；以企业开展国际化业务至今的年限来测度国际化经验。产业类型设置为哑变量（5个哑变量分别代表电子信息、专用设备制造、交通运输设备制造、一般机械制造和金属制品产业）。

六 研究结果

1. 信度分析

（1）外部知识搜索

首先，对解释变量——外部知识搜索选择（国际知识搜索、本地知识搜索）进行信度分析。国际知识搜索变量的 CITC 值均大于 0.8，Cronbach α 值为 0.964，大于 0.9，同时分别删除"与国外顾客建立了良好的合作关系"、"密切监控国外竞争对手的日常运营与技术发展"、"与国外供应商建立了良好的合作关系"、"与国外大学和科研机构建立了紧密的合作关系"、"与国外中介机构建立了密切的合作关系"各个题项后的 α 值均小于 0.964。本地知识搜索变量的 CITC 值均大于 0.75，Cronbach α 值为 0.921，大于 0.9，同时分别删除"与本地顾客建立了良好的合作关系"、"密切监控本地竞争对手的日常运营与技术发展"、"与本地供应商建立了良好的合作关系"、"与本地大学和科研机构建立了紧密的合作关系"、"与本地中介机构建立了密切的合作关系"各个题项后的 α 值均小于 0.921。数据分析显示各指标均满足前文所述的信度指标要求，通过了信度检验，说明国际知识搜索、本地知识搜索变量测度的一致性良好。

（2）组织冗余

其次，对调节变量——组织冗余进行信度分析，分析结果如表 7-1 所示。组织冗余变量的 CITC 值均大于 0.75，Cronbach α 值为 0.882，大于 0.85。数据分析显示各指标均满足前文所述的信度指标要求，通过了信度检验，说明组织冗余变量测度的一致性良好。

表 7 - 1　组织冗余量表的信度检验

变量	题项	CITC	Cronbach α 值
组织冗余	1. 假定由于某些突发原因，本部门所有员工 10% 的时间不得不花在一些与本部门工作不相干的工作上，下一年本部门产出受影响的程度	0.789	0.882
	2. 假定由于某些突发原因，本部门的年度运营预算减少 10%，下一年本部门工作受影响的程度	0.789	

（3）环境丰富性

最后，对调节变量——环境丰富性进行信度分析，分析结果如表 7 - 2 所示。环境丰富性变量的 CITC 值均大于 0.6，Cronbach α 值为 0.904，大于 0.9，同时分别删除"企业产品在市场上的需求很旺盛"、"企业所在产业具有很好的投资或销售机会"、"企业所处产业目前很适合扩大销售规模"、"企业所处产业的销售额一直处于增长状态"、"企业总资产价值一直处于增长状态"、"本产业的资本支出一直处于快速增长状态"各个题项后的 α 值为 0.884、0.888、0.893、0.878、0.889、0.890，均小于 0.985。数据分析显示各指标均满足前文所述的信度指标要求，通过了信度检验，说明环境丰富性变量测度的一致性良好。

表 7 - 2　环境丰富性量表的信度检验

变量	题项	CITC	删除该题项后的 α 值	Cronbach α 值
环境丰富性	企业产品在市场上的需求很旺盛	0.765	0.884	0.904
	企业所在产业具有很好的投资或销售机会	0.730	0.888	
	企业所处产业目前很适合扩大销售规模	0.699	0.893	
	企业所处产业的销售额一直处于增长状态	0.796	0.878	
	企业总资产价值一直处于增长状态	0.725	0.889	
	本产业的资本支出一直处于快速增长状态	0.720	0.890	

2. 效度分析

（1）探索性因子分析

本书对研究中涉及的主要变量的测度题项分别做因子分析。经检验，所有测度题项的 KMO 样本测度和 Bartlett 球体检验结果为：KMO 值为

0.848，且 Bartlett 统计值显著异于 0，非常适合做因子分析。鉴于此，本研究对所构建的 18 个问卷测度题项进行探索性因子分析，分析结果如表 7 - 3 所示。通过探索性因子分析可以发现，一共抽取了 4 个因子，这 4 个因子解释了 78.521% 的变差。通过因子分析，可以观察到这 4 个因子的含义非常明确。

因子 1 包含的变量为"与国外顾客建立了良好的合作关系"、"密切监控国外竞争对手的日常运营与技术发展"、"与国外供应商建立了良好的合作关系"、"与国外大学和科研机构建立了紧密的合作关系"、"与国外中介机构建立了密切的合作关系" 5 个题项。非常明显，这 5 个题项衡量的是企业的国际知识搜索能力，可以称为"国际知识搜索"因子。

因子 2 包含的变量为"与本地顾客建立了良好的合作关系"、"密切监控本地竞争对手的日常运营与技术发展"、"与本地供应商建立了良好的合作关系"、"与本地大学和科研机构建立了紧密的合作关系"、"与本地中介机构建立了密切的合作关系" 5 个题项。非常明显，这 5 个题项衡量的是企业的本地知识搜索能力，可以称为"本地知识搜索"因子。

因子 3 包含的变量为"企业产品在市场上的需求很旺盛"、"企业所在产业具有很好的投资或销售机会"、"企业所处产业目前很适合扩大销售规模"、"企业所处产业的销售额一直处于增长状态"、"企业总资产价值一直处于增长状态"、"本产业的资本支出一直处于快速增长状态" 6 个题项。非常明显，这 6 个题项衡量的是企业的环境丰富性，可以称为"环境丰富性"因子。

因子 4 包含的变量为"假定由于某些突发原因，本部门所有员工 10% 的时间不得不花在一些与本部门工作不相干的工作上，下一年本部门产出受影响的程度"、"假定由于某些突发原因，本部门的年度运营预算减少 10%，下一年本部门工作受影响的程度" 2 个题项。非常明显，这 2 个题项衡量的是企业的组织冗余程度，可以称为"组织冗余"因子。

表 7－3　外部知识搜索、组织冗余与环境丰富性的探索性因子分析

变量	测量题项	Component			
		1	2	3	4
国际知识搜索	1. 与国外顾客建立了良好的合作关系	0.922	0.023	-0.001	0.099
	2. 密切监控国外竞争对手的日常运营与技术发展	0.910	0.115	-0.080	-0.050
	3. 与国外供应商建立了良好的合作关系	0.927	0.039	-0.067	0.010
	4. 与国外大学和科研机构建立了紧密的合作关系	0.926	0.084	-0.110	0.007
	5. 与国外中介机构建立了密切的合作关系	0.965	0.128	-0.054	-0.009
本地知识搜索	1. 与本地顾客建立了良好的合作关系	0.089	0.874	0.045	0.051
	2. 密切监控本地竞争对手的日常运营与技术发展	0.084	0.863	-0.006	-0.075
	3. 与本地供应商建立了良好的合作关系	0.076	0.877	0.038	-0.032
	4. 与本地大学和科研机构建立了紧密的合作关系	0.035	0.862	-0.050	-0.038
	5. 与本地中介机构建立了密切的合作关系	0.073	0.869	0.005	0.108
环境丰富性	1. 企业产品在市场上的需求很旺盛	-0.076	0.025	0.840	0.045
	2. 企业所在产业具有很好的投资或销售机会	-0.002	-0.023	0.822	0.032
	3. 企业所处产业目前很适合扩大销售规模	-0.043	0.048	0.789	0.063
	4. 企业所处产业的销售额一直处于增长状态	-0.093	-0.075	0.860	0.061
	5. 企业总资产价值一直处于增长状态	-0.026	0.008	0.817	0.015
	6. 本产业的资本支出一直处于快速增长状态	-0.078	0.046	0.780	0.233
组织冗余	1. 假定由于某些突发原因，本部门所有员工 10% 的时间不得不花在一些与本部门工作不相干的工作上，下一年本部门产出受影响的程度	0.054	-0.002	0.156	0.927
	2. 假定由于某些突发原因，本部门的年度运营预算减少 10%，下一年本部门工作受影响的程度	-0.004	0.007	0.142	0.933

（2）验证性因子分析

外部知识搜索选择。接着对国际知识搜索和本地知识搜索这两个变量进行验证性因子分析。对外部知识搜索选择测量模型的拟合结果表明，χ^2 值为 102.476（自由度 df = 34），χ^2/df 值为 3.014，小于 5；NFI 为 0.954，TLI 为 0.950，CFI 为 0.969，IFI 为 0.969，均大于 0.9；RMSEA 为 0.096，小于 0.1；各标准化因子荷载值均在 $p < 0.001$ 的水平上具有统计显著性。可见，该模型拟合效果较好，外部知识搜索选择的因子结构通过了验证，说明本研究对国际知识搜索和本地知识搜索这两个变量的划分与测度是有效的。

环境丰富性。接着对环境丰富性进行验证性因子分析，测量模型及拟合结果分别如图 7-2 和表 7-4 所示。对环境丰富性测量模型的拟合结果表明，χ^2 值为 30.320（自由度 df = 9），χ^2/df 值为 3.369，小于 5；NFI 为 0.961，TLI 为 0.934，CFI 为 0.972，IFI 为 0.972，均大于 0.9；RMSEA 为 0.099，小于 0.1；各标准化因子荷载值均在 $p < 0.001$ 的水平上具有统计显著性。可见，该模型拟合效果较好，图 7-2 所示的因子结构通过了验证，说明本研究对环境丰富性这个变量的划分与测度是有效的。

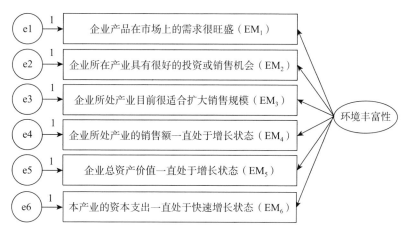

图 7-2 环境丰富性测量模型

表 7-4 环境丰富性测度模型拟合结果

变量←——因子	标准化路径系数	路径系数	标准误	临界比	显著性 P
EM_1 ←——环境丰富性	0.814	1.000			
EM_2 ←——环境丰富性	0.774	0.801	0.063	12.665	***
EM_3 ←——环境丰富性	0.737	0.803	0.068	11.884	***
EM_4 ←——环境丰富性	0.848	1.026	0.072	14.320	***
EM_5 ←——环境丰富性	0.758	0.764	0.062	12.332	***
EM_6 ←——环境丰富性	0.766	0.764	0.061	12.510	***
χ^2　df　χ^2/df	NFI	TLI	CFI	IFI	RMSEA
30.320　9　3.369	0.961	0.934	0.972	0.972	0.099

注：显著性水平中，*** 表示 $p < 0.001$。

四因子模型分析。最后，本章通过运用四因子验证性因子分析来再次检验构念的聚合效度和区分效度。通过对四因子模型的验证性因子分析发现（$\chi^2 = 251.026$；$\chi^2/df = 1.946$，NFI $= 0.926$，NNFI $= 0.949$，CFI $=$ 0.962，IFI $= 0.962$，RMSEA $= 0.066$），模型拟合良好。如表 7 - 5 所示，所有标准化因子荷载值均大于 0.70，且具有很强的统计显著性（$p <$ 0.001），同时本研究每个潜变量的平均提炼变差（AVE，average variance extracted）最小值为 0.614，大于 0.50，从而满足了对 AVE 的要求（Fornell & Larcker，1981），因此各构念具有良好的聚合效度。

表 7 - 5 外部知识搜索、组织冗余、环境丰富性的验证性因子分析

构念	测度题项	标准化因子荷载值	AVE
本地知识搜索	1. 与本地顾客建立了良好的合作关系	0.848	0.700
	2. 密切监控本地竞争对手的日常运营与技术发展	0.830	
	3. 与本地供应商建立了良好的合作关系	0.850	
	4. 与本地大学和科研机构建立了紧密的合作关系	0.819	
	5. 与本地中介机构建立了密切的合作关系	0.837	
国际知识搜索	1. 与国外顾客建立了良好的合作关系	0.898	0.845
	2. 密切监控国外竞争对手的日常运营与技术发展	0.892	
	3. 与国外供应商建立了良好的合作关系	0.914	
	4. 与国外大学和科研机构建立了紧密的合作关系	0.905	
	5. 与国外中介机构建立了密切的合作关系	0.984	
组织冗余	1. 假定由于某些突发原因，本部门所有员工 10% 的时间不得不花在一些与本部门工作不相干的工作上，下一年本部门产出受影响的程度	0.923	0.791
	2. 假定由于某些突发原因，本部门的年度运营预算减少 10%，下一年本部门工作受影响的程度	0.855	
环境丰富性	1. 企业产品在市场上的需求很旺盛	0.813	0.614
	2. 企业所在产业具有很好的投资或销售机会	0.772	
	3. 企业所处产业目前很适合扩大销售规模	0.737	
	4. 企业所处产业的销售额一直处于增长状态	0.848	
	5. 企业总资产价值一直处于增长状态	0.756	
	6. 本产业的资本支出一直处于快速增长状态	0.772	

注：所有标准化因子荷载值均在 $p < 0.001$ 水平上显著。

此外，表 7 - 6 列出了本地知识搜索、国际知识搜索、组织冗余、环境丰富性的 AVE 值的平方根和各构念间的相关系数。一般认为，模型中每个

潜变量的 AVE 的平方根应该大于该构念与其他构念的相关系数（Fornell & Larcker, 1981）。通过对各个构念的描述性统计分析和相关分析，发现所有构念的 AVE 值的平方根均远大于构念间相关系数，证实本地知识搜索、国际知识搜索、组织冗余、环境丰富性之间具有良好的区分效度。

表 7 – 6　外部知识搜索、组织冗余、环境丰富性的区分效度检验

	1	2	3	4
1. 本地知识搜索	0.837			
2. 国际知识搜索	0.163	0.919		
3. 组织冗余	0.012	0.028	0.889	
4. 环境丰富性	0.054	– 0.139	0.249	0.784

注：对角线上的值为 AVE 值；其他数值为构念间相关系数的平方根。

3. 相关分析

表 7 – 7 为本研究各变量的均值、标准差和相关系数矩阵。从表 7 – 7 中可见，外部知识搜索的平衡维度（相关系数为 0.381，$p < 0.001$）、外部知识搜索的联合维度（相关系数为 0.400，$p < 0.001$）与国际化均显著正相关。

表 7 – 7　描述性统计分析与相关系数矩阵

	Mean	S. D.	1	2	3	4	5	6	7	8
1. 企业规模	7.559	1.400	1							
2. 企业年龄	15.540	9.158	0.405***	1						
3. 国际化经验	6.860	3.734	– 0.009	– 0.022	1					
4. 组织冗余	4.393	1.451	0.027	0.045	0.164*	1				
5. 环境丰富性	4.350	0.918	0.005	– 0.050	0.039	0.242***	1			
6. 平衡维度	3.680	1.066	0.115	– 0.015	0.112	– 0.049	– 0.207**	1		
7. 联合维度	18.595	8.694	0.206**	0.006	0.189**	0.047	– 0.082	0.567***	1	
8. 国际化	0.341	0.132	0.087	0.059	0.179**	– 0.091	– 0.095	0.381***	0.400***	1

注：*** 表示 $p < 0.001$，** 表示 $p < 0.01$，* 表示 $p < 0.05$。

4. 层次回归分析

（1）主效应检验

本研究首先检验外部知识搜索双元平衡维度、外部知识搜索双元联合

维度对国际化的影响和其影响程度的大小。模型 1 是加入所有控制变量、调节变量后的回归模型。模型 2 是在模型 1 基础上加入外部知识搜索双元平衡维度后的回归模型。模型 3 是在模型 1 基础上加入外部知识搜索双元联合维度后的回归模型。模型 4 是在模型 1 基础上同时加入外部知识搜索双元平衡维度、外部知识搜索双元联合维度后的回归模型。由模型 2 可得，外部知识搜索双元平衡维度对国际化具有显著的正向影响（$\beta = 0.331$，$p < 0.001$），假设 H_1 得到支持；由模型 3 可得，外部知识搜索双元联合维度对国际化具有显著的正向影响（$\beta = 0.356$，$p < 0.001$），假设 H_2 得到支持。由模型 4 可得，外部知识搜索双元平衡维度、外部知识搜索双元联合维度对国际化具有显著正向影响，假设 H_1、H_2 再次得到支持。

表 7 - 8　外部知识搜索双元影响国际化的主效应模型

自变量	模型 1	模型 2	模型 3	模型 4
企业规模	0.092	0.036	- 0.004	- 0.007
企业年龄	0.054	0.077	0.081	0.086
电子信息产业	- 0.045	- 0.018	- 0.040	- 0.027
专用设备制造产业	0.140	0.103	0.064	0.064
交通运输设备制造产业	0.068	0.072	0.044	0.053
一般机械制造产业	0.148	0.129	0.104	0.105
金属制品产业	- 0.068	- 0.058	- 0.091	- 0.078
国际化经验	0.216^{**}	0.174^{**}	0.150^{*}	0.144^{*}
组织冗余	- 0.080	- 0.090	- 0.106	- 0.099
环境丰富性	- 0.105	- 0.023	- 0.056	- 0.023
平衡维度		0.331^{***}		0.204^{**}
联合维度			0.356^{***}	0.246^{**}
R^2	0.112	0.211	0.222	0.248
F value	2.630^{**}	5.044^{***}	5.375^{***}	5.668^{***}
Max VIF	2.391	2.392	2.386	2.399

注：表中系数为标准化回归系数，*** 表示 $p < 0.001$，** 表示 $p < 0.01$，* 表示 $p < 0.05$。

（2）组织冗余的调节效应检验

接下来检验组织冗余的调节效应。模型 1 是加入所有控制变量、调节变量后的回归模型。模型 2 是在模型 1 基础上加入外部知识搜索双元平衡维度、联合维度后的回归模型。模型3是在模型2基础上同时加入组织冗余与外部知识搜索双元平衡维度、外部知识搜索双元联合维度交互项后的回归模型。由模型3可得，组织冗余负向调节外部知识搜索双元平衡维度与国际化的关系（$\beta = -0.270$，$p < 0.001$），假设 H_{3a} 得到支持；组织冗余正向调节外部知识搜索双元联合维度与国际化的关系（$\beta = 0.274$，$p < 0.001$），假设 H_{3b} 得到支持。

表 7 - 9　外部知识搜索双元影响国际化的层次回归模型：
组织冗余的调节效应

自变量	模型 1	模型 2	模型 3
企业规模	0.092	-0.007	-0.022
企业年龄	0.054	0.086	0.079
电子信息产业	-0.045	-0.027	0.002
专用设备制造产业	0.140	0.064	0.078
交通运输设备制造产业	0.068	0.053	0.070
一般机械制造产业	0.148	0.105	0.117
金属制品产业	-0.068	-0.078	-0.068
国际化经验	0.216**	0.144*	0.110
组织冗余	-0.080	-0.099	-0.047
环境丰富性	-0.105	-0.023	-0.009
平衡维度		0.204**	0.191**
联合维度		0.246**	0.230**
平衡维度×组织冗余			-0.270***
联合维度×组织冗余			0.274***
R^2	0.112	0.248	0.327
F value	2.630**	5.668***	7.078***
Max VIF	2.391	2.399	2.425

注：表中系数为标准化回归系数，*** 表示 $p < 0.001$，** 表示 $p < 0.01$，* 表示 $p < 0.05$。

（3）环境丰富性的调节效应检验

接下来检验环境丰富性的调节效应。模型 1 是加入所有控制变量、调节变量后的回归模型。模型 2 是在模型 1 基础上加入外部知识搜索双元平衡维度、联合维度后的回归模型。模型 3 是在模型 2 基础上同时加入环境丰富性与外部知识搜索双元平衡维度、外部知识搜索双元联合维度交互项后的回归模型。由模型 3 可得，环境丰富性负向调节外部知识搜索双元平衡维度与国际化的关系（β = − 0.237，$p < 0.001$），假设 H_{4a} 得到支持；环境丰富性正向调节外部知识搜索双元联合维度与国际化的关系（β = 0.309，$p < 0.001$），假设 H_{4b} 得到支持。

表 7 − 10　外部知识搜索双元影响国际化的层次回归模型：
环境丰富性的调节效应

自变量	模型 1	模型 2	模型 3
企业规模	0.092	− 0.007	− 0.023
企业年龄	0.054	0.086	0.061
电子信息产业	− 0.045	− 0.027	0.014
专用设备制造产业	0.140	0.064	0.111
交通运输设备制造产业	0.068	0.053	0.021
一般机械制造产业	0.148	0.105	0.113
金属制品产业	− 0.068	− 0.078	− 0.063
国际化经验	0.216 **	0.144 *	0.107
组织冗余	− 0.080	− 0.099	− 0.072
环境丰富性	− 0.105	− 0.023	0.074
平衡维度		0.204 **	0.178 *
联合维度		0.246 **	0.298 ***
平衡维度 × 环境丰富性			− 0.237 **
联合维度 × 环境丰富性			0.309 ***
R^2	0.112	0.248	0.345
F value	2.630 **	5.668 ***	7.685 ***
Max VIF	2.391	2.399	2.432

注：表中系数为标准化回归系数，*** 表示 $p < 0.001$，** 表示 $p < 0.01$，* 表示 $p < 0.05$。

（4）全效应检验

模型 1 是加入所有控制变量、调节变量后的回归模型。模型 2 是在模型 1 基础上加入外部知识搜索双元平衡维度、外部知识搜索双元联合维度后的回归模型。模型 3 是在模型 2 基础上同时加入组织冗余与外部知识搜索双元平衡维度、外部知识搜索双元联合维度交互项后的回归模型。模型 4 是在模型 2 基础上同时加入环境丰富性与外部知识搜索双元平衡维度、外部知识搜索双元联合维度交互项后的回归模型。模型 5 是加入所

企业外部知识搜索的创新机制

176

有控制变量、自变量、自变量与调节变量交互项后的回归模型。

由模型 5 可得，外部知识搜索双元平衡维度对国际化具有显著的正向影响（$\beta = 0.168$，$p < 0.05$），假设 H_1 再次得到支持；外部知识搜索双元联合维度对国际化具有显著的正向影响（$\beta = 0.281$，$p < 0.001$），假设 H_2 再次得到支持。

组织冗余负向调节外部知识搜索双元平衡维度与国际化的关系（$\beta = -0.229$，$p < 0.01$），假设 H_{3a} 再次得到支持；组织冗余正向调节外部知识搜索双元联合维度与国际化的关系（$\beta = 0.212$，$p < 0.01$），假设 H_{3b} 再次得到支持。

环境丰富性负向调节外部知识搜索双元平衡维度与国际化的关系（$\beta = -0.184$，$p < 0.05$），假设 H_{4a} 再次得到支持；环境丰富性正向调节外部知识搜索双元联合维度与国际化的关系（$\beta = 0.270$，$p < 0.001$），假设 H_{4b} 再次得到支持。

表 7 - 11　外部知识搜索双元影响国际化的全效应模型

自变量	模型 1	模型 2	模型 3	模型 4	模型 5
企业规模	0.092	-0.007	-0.022	-0.023	-0.034
企业年龄	0.054	0.086	0.079	0.061	0.056
电子信息产业	-0.045	-0.027	0.002	0.014	0.035
专用设备制造产业	0.140	0.064	0.078	0.111	0.116
交通运输设备制造产业	0.068	0.053	0.070	0.021	0.041
一般机械制造产业	0.148	0.105	0.117	0.113	0.121
金属制品产业	-0.068	-0.078	-0.068	-0.063	-0.058
国际化经验	0.216**	0.144*	0.110	0.107	0.083
组织冗余	-0.080	-0.099	-0.047	-0.072	-0.032
环境丰富性	-0.105	-0.023	-0.009	0.074	0.062
平衡维度		0.204**	0.191**	0.178*	0.168*
联合维度		0.246**	0.230**	0.298***	0.281***
平衡维度×组织冗余			-0.270***		-0.229**
联合维度×组织冗余			0.274***		0.212**
平衡维度×环境丰富性				-0.237**	-0.184*

自变量	模型 1	模型 2	模型 3	模型 4	模型 5
联合维度 × 环境丰富性				0.309 ***	0.270 ***
R^2	0.112	0.248	0.327	0.345	0.394
F value	2.630 **	5.668 ***	7.078 ***	7.685 ***	8.225 ***
Max VIF	2.391	2.399	2.425	2.432	2.465

注：表中系数为标准化回归系数，*** 表示 $p < 0.001$，** 表示 $p < 0.01$，* 表示 $p < 0.05$。

七　结论与讨论

1. 研究结论

通过本地知识搜索，企业能够获取大量的资源和互补技能，实现规模经济或生成高端的知识和能力。一些学者认为企业进入国际市场所需的技术和营销知识在本地市场是很难获取的，企业需要在国际市场上搜索。然而，目前理论上对于"企业是否应该和是否能够同时实施两种搜索战略，以及在什么条件下实施更为有利"这一问题并没有给出满意的答案。

本研究填补了这一研究缺口，整合组织双元和外部知识搜索理论，界定了外部知识搜索双元的平衡和联合维度的含义，紧接着以中国219家制造企业为研究对象，探索了企业外部知识搜索双元的平衡维度和联合维度对企业国际化的影响，以及组织冗余和环境丰富性对这一影响的调节效应。研究发现了以下几点。

①外部知识搜索双元的平衡维度对国际化具有显著正向影响。这说明过度关注在本地或国际市场进行知识搜索都会带来风险，而保持两种搜索战略的相对平衡能够有效降低这些风险，有效推动企业国际化。

②外部知识搜索双元的联合维度对国际化具有显著正向影响。这说明本地知识搜索和国际知识搜索能够起到互补的效果，企业维持高水平的两种搜索战略能够形成一种良性循环，有效推动企业国际化。

③组织冗余负向调节外部知识搜索双元的平衡维度与国际化的关系，

正向调节外部知识搜索双元的联合维度与国际化的关系。这意味着当企业组织冗余水平较低、外部环境丰富程度较低时，企业能够利用的资源十分有限，此时在国际化过程中保持本地知识搜索和国际知识搜索的平衡更为有利。

④环境丰富性负向调节外部知识搜索双元的平衡维度与国际化的关系，正向调节外部知识搜索双元的联合维度与国际化的关系。这意味着当企业组织冗余水平较高、外部环境丰富程度较高时，企业能够利用的资源十分充足，此时企业在国际化过程中保持高水平的本地知识搜索和国际知识搜索更为有利。

2. 理论与实践意义

本研究整合组织双元与外部知识搜索理论，具有较强的理论和现实意义。理论意义表现在两个方面。一方面，深化了外部知识搜索理论，拓展了组织双元理论的应用范畴。本研究整合组织双元理论与外部知识搜索理论，突出了本地知识搜索和国际知识搜索的矛盾与互补之处，明晰了外部知识搜索的双元属性，因而是对外部知识搜索和组织双元两个领域的深化和拓展。另一方面，揭示了不同情况下外部知识搜索双元对国际化的影响机理。本研究指出，外部知识搜索双元对国际化的影响不仅取决于企业内部因素（组织冗余），还取决于企业外部因素（环境丰富性）。这一研究发现拓宽了对外部知识搜索双元如何作用于国际化边界条件的理论解释，即有助于未来研究进一步探索外部知识搜索双元在什么情况下，以何种程度和何种方式作用于国际化的内在机理。

实践意义表现在指导企业如何通过外部知识搜索实施国际化战略。本研究重点关注企业同时在本地和国际两个市场上搜索"是否以及在什么条件下"推动企业国际化战略实施的问题，因此，研究结论对于指导企业"如何通过协调本地和国际两种知识搜索战略来最大限度地推动企业国际化"具有实践启示意义。企业管理者应意识到权衡配置资源、平衡实施两种类型的外部知识搜索战略的战略意义，以求得国际化收益的最大化和风险的最小化。企业在具体实施两种外部知识搜索战略的过程中要注意组织冗余和环境丰富性对外部知识搜索双元和国际化关系的调节作用。当组织冗余较少、外部环境丰富性较低时，企业在国际化过程中应保持本地知识搜索与国际知识搜索的平衡；当组织冗余较多、外部环境丰富性较高时，企业在国际化过程中应保持高水平的本地知识搜索与国际知识搜索。

3. 研究局限性与未来研究展望

本研究还存在一定的局限性，这也为未来的研究指明了方向。

首先，从理论构架上看，本研究仅仅是初步尝试将组织双元和外部知识搜索理论进行整合，并探索外部知识搜索双元影响国际化的因素和情景，未来研究可以在以下几个方面进一步拓展，包括：探索组织双元影响国际化的中间机制以及其他调节变量（如企业产品多样化战略等）；探索组织双元对企业创新、财务绩效指标的影响；深入剖析影响外部知识搜索双元的前因变量，如组织结构、组织情景、高管团队领导力等。

其次，从研究方法上看，本研究也存在一些问题。本研究使用的是横截面的调研数据，不能保证自变量与因变量间的因果关系，同时外部知识搜索对国际化的影响可能是一个漫长的过程，尤其是从国际市场上搜索和整合知识会花费较长的时间，因此未来研究可以采用纵向研究的思路来分析外部知识搜索双元战略对企业国际化的动态影响，从而获取关于变量间更可信的因果关系结论。

第八章　研究总结与展望

通过前面七章的论述，全书已对本地知识搜索、国际知识搜索、外部知识搜索双元、知识整合和创新绩效之间的关系进行了较为系统和深入的剖析。本章将对前文的研究内容做出总结，阐述全书的主要结论、研究的理论贡献与实践意义，同时对全书研究存在的局限和不足进行说明，并指出未来进一步研究的方向。

一　本研究的主要结论

在开放式创新背景下，中国制造企业日益将外部知识搜索作为推动企业创新发展和国际化战略实施的重要抓手。作为一种重要的资源获取和学习渠道，中国企业能够从本地市场和国际市场获取创新发展的重要资源。本地知识搜索领域的学者认为，基于近距离的地理优势，企业可以更快速、更低成本地整合外部资源开展创新（Mesquita & Lazzarini，2008；Funk，2014）；国际知识搜索领域的学者认为，通过进入国际市场，企业能够获取差异化的知识和信息，推动企业实现新的知识组合（Zahra，Ireland & Hitt，2000；Wu & Wu，2014）。尽管两个领域的研究都指出了企业外部知识搜索能够提升创新绩效，但却忽视了对以下几个问题的解答：①企业如何在本地和国际市场上进行知识搜索，在本地和国际市场上进行知识搜索的方式是否存在差异。换言之，现有研究只是回答了去哪儿搜索，对于如何搜索没有涉及。②企业如何在这两种搜索战略之间进行抉择。换言之，尽管在本地和国际市场上进行知识搜索都能推动企业创新，那么企业是否应该以及是否能够同时实施两种搜索战略，以及在什么条件下实施更为有利。③同时实施两种搜索战略是如何提升企业创新绩效的。换言之，现有研究只是回答了本地知识搜索和国际知识搜索能够为企业提供外部知识源，但并没有阐释这两种知识源影响创新绩效的中间机理。

本研究试图详细回答上述问题，加深我们对外部知识搜索的理解，同时为企业外部知识搜索实践提供指导。首先，基于注意力理论视角，将外部知识搜索过程分解为搜索选择和搜索强度两个部分，讨论搜索选择（本地知识搜索和国际知识搜索）、搜索强度（搜索努力程度和搜索持续性）对创新绩效的影响。其次，整合组织双元与外部知识搜索理论，探索外部知识搜索双元的平衡和联合对创新绩效的影响，并检验创新复杂性和产业竞争压力的调节效应。最后，基于知识整合理论视角，探索外部知识搜索双元影响创新绩效的中介机制。此外，本研究还探索了外部知识搜索双元对企业国际化的影响机制，并检验了组织冗余和环境丰富性的调节效应。全书的研究立足于扎实全面的文献梳理，系统检索了外部知识搜索、组织双元、知识整合领域的研究，找到了已有研究存在的理论缺口。通过全书的分析论证，形成了以下主要研究结论。

结论 1：企业外部知识搜索选择必须与搜索强度相匹配

创新管理领域的研究突出了企业外部知识搜索对于创新的战略意义，然而已有研究主要集中于本地知识搜索，对于国际知识搜索缺乏关注，同时已有研究并没有回答企业在本地与国际市场上应该如何进行知识搜索，以及搜索方式是否应该存在差异。本研究基于注意力理论视角，将外部知识搜索过程分解为搜索选择和搜索强度两个部分，对 219 家国内制造企业进行问卷调查数据的实证研究，深入探索了外部知识搜索选择、搜索强度对创新绩效的影响。研究发现本地知识搜索、国际知识搜索都对企业创新绩效具有正向影响。本地知识搜索降低企业的知识搜索成本，国际知识搜索为企业带来更多的学习机会，进而提升企业创新效率。因此研究结论进一步支持了 Laursen 和 Salter（2006）的观点，证实了开放的重要性。相比本地知识搜索，国际知识搜索对创新绩效具有更强的影响效应。国际市场上获取的知识由于其新颖性、独特性更能够吸引企业的注意力，更新企业知识基础，推动企业对现有知识实现新的组合。因此，研究结论深化了开放式创新领域的研究，比较出了不同知识源的创新推动力。

更为重要的是，企业外部知识搜索选择必须与搜索强度相匹配。如果企业在最有价值的位置进行高强度的搜索，此时企业能够利用有限的时间和精力最大限度地提升创新绩效。反之，由于资源限制的原因，如果企业在熟悉的知识领域进行高强度的搜索，此时企业必然会浪费在其他领域的搜索机会，同时产生过多的冗余信息，增加企业的信息处理负担，进而抑制企业创新。由于时间和资源限制，相比本地知识搜索，企业在国际市场上更需要采取高强度（更努力和持续性）的搜索方式，从而充分实现对从国际市场获取新信息和知识的识别和整合，避免过度关注本地知识搜索所导致的冗余信息过载，从而最大限度地提升企业创新绩效。

结论2：企业外部知识搜索双元对创新具有正向影响，这种影响受到创新复杂性、产业竞争压力的调节作用

研究发现，外部知识搜索双元的平衡维度对创新绩效具有显著正向影响。这说明过度关注在本地或国际市场上进行知识搜索都会带来风险，而保持两种搜索战略的相对平衡能够有效降低这些风险，提升企业创新绩效。本地知识搜索由于其成本和实施难度较低，因而备受本土企业青睐，而国际知识搜索能够帮助企业获取差异化、互补的创新资源，因而对于提升创新能力至关重要。然而，本地搜索带来的多是熟悉的知识，过度关注本地搜索导致企业创新过程中缺乏新的元素和思维，企业现有的运营惯例不断得到强化，久而久之企业会陷入"核心刚性"或"能力陷阱"。虽然国际市场提供的多样化知识为企业搜寻差异化和互补知识提供了机会，但并不是所有国际市场上搜索的知识都能够被整合进企业的知识库中。其中很多知识与企业现有知识和能力完全无关。由于地理和文化差异，国内企业有效评估这些知识并快速将其整合进企业知识库中的能力往往非常有限。因此，国际搜索所带来的正向收益很可能会被企业处理海量信息所带来的成本和限制所抵消（Hitt，Hoskisson & Kim，1997）。当企业试图管理和整合大量差异化的、烦琐的信息片段时，企业不得不将有限的管理注意力分散在多个知识源上，这种风险会导致信息过载和混淆。因此，两种知识搜索战略之间的相对一致（即实现本地知识搜索和国际知识搜索之间的平衡）能够避免企业创新过程中的能力陷阱或降低知识搜索的加工成本，进而提升企业创新绩效。

此外，外部知识搜索双元的联合维度对创新绩效具有显著正向影响。这说明本地知识搜索和国际知识搜索能够起到互补的效果，企业维持高水平的两种搜索战略能够形成一种良性循环，推动企业创新绩效提升。一方面，国际知识搜索能够避免本地知识搜索导致的能力陷阱。国际知识搜索为企业带来了更多的全新知识，催生了企业的创新动力，推动了企业对现有知识和新知识的整合力度，因而避免了本地搜索所导致的短视。另一方面，本地知识搜索降低了国际知识搜索的不确定性。本地知识搜索可以使企业快速将在国际市场上搜索获得的知识内部化，使企业对本地市场环境有了详细的了解，能够帮助企业精炼国际搜索获得的知识，并将其调整以解决本地市场需求，进而推出适应本地顾客需求的创新产品。

最后，创新复杂性、产业竞争压力均正向调节外部知识搜索双元的两个维度与创新绩效的关系。这意味着企业实施外部知识搜索双元战略的创新效果还取决于企业的创新复杂性和所处产业的竞争压力。创新复杂性反应了企业创新所需知识基础、技能和工程投入的多样性（Patel et al.，2014）。当企业创新复杂性较高时，企业需要整合不同的知识和技术（Hobday，1998）。由于本地企业之间拥有相似的文化环境和更近的地理距离，因此企业在本地进行知识搜索能够更快速整合外部知识，帮助企业以更低成本开展创新（Funk，2014）；而通过在国外市场搜索，企业能够接触更加丰富的知识源，获取企业创新所急需的、领先的互补技术和知识（Kafouros & Forsans，2012）。因此，当企业创新复杂性较高时，企业需要同时借鉴国内和国外网络进行知识搜索，以满足企业的创新复杂性需求。产业竞争压力大意味着产业内部存在大量有实力的竞争对手，产业内新产品引入速度较快，此时企业为了保持在产业内部的竞争地位亟须通过不断引入新产品来占领市场，同时快速收回创新投资（Jaworski & Kohli，1993；Luo，2003）。因此，当产业竞争压力较大时，企业亟须整合本地和国际市场上搜索到的知识，快速引入满足本地和国际顾客需求的新产品。

结论 3：企业外部知识搜索双元对创新绩效有直接作用，同时通过知识整合机制间接作用于创新绩效

本书的实证研究表明，外部知识搜索双元对企业创新绩效有直接正向效应；同时外部知识搜索双元还通过正向作用于企业知识整合机制，进而提高企业创新绩效。具体而言，外部知识搜索双元对正式整合机制和非正式整合机制都有显著的正向影响。正式整合机制和非正式整合机制在外部知识搜索双元的平衡维度与创新绩效之间、外部知识搜索双元的联合维度与创新绩效之间均起到部分中介作用。通过在本地市场和国际市场上实施知识搜索战略，中国制造企业可以获取创新所需的资源和学习机会，因而能够直接促进企业创新。而且，企业通过外部知识搜索还能建立起整合知识的机制，改变企业经营惯例。通过在本地和国际市场上搜索，企业能够获取大量的创新资源和知识，这些知识往往分布于不同的部门和员工，因此思考如何整合这些知识显得非常关键。特别是员工往往无法意识到这些搜索到的知识对企业创新的重要性。因此，实施外部知识搜索战略能够推动企业在内部建立正式和非正式的知识整合机制。

此外，知识整合机制有利于提升创新绩效。通过建立知识整合惯例，如跨职能学习、共同问题解决以及在内部营造鼓励知识分享和交流的氛围，企业能够快速识别从本地市场和国际市场上搜索到的知识的重要性和用途，并将其快速整合进企业现有知识库中，推动企业创新。因此，知识整合机制在企业外部知识搜索双元和创新绩效间起到部分中介作用。

结论 4：企业外部知识搜索双元对国际化具有正向影响，这种影响受到组织冗余、环境丰富性的调节作用

实施国际化发展战略已成为中国企业在全球化背景下实现创新追赶的重要战略举措。通过进入国际市场，企业一方面能够在国际舞台上寻求创新资源和学习机会，提升企业创新能力和竞争力；另一方面，企业还能够在国际市场上利用已有的技术和营销优势，扩大市场份额。研究发现，外部知识搜索双元的平衡维度对国际化具有显著正向影响。这说明过度关注在本地或国际市场上进行知识搜索都会带来风险，而保持两种搜索战略的相对平衡能够有效降低这些风险，有效推动企业国际化。外部知识搜索双元的联合维度对国际化具有显著正向影响。这说明本地知识搜索和国际知识搜索能够起到互补的效果，企业维持高水平的两种搜索战略能够形成一种良性循环，有效推动企业国际化。

企业外部知识搜索双元对国际化的影响取决于企业内部资源存量和外部环境特征。组织冗余负向调节外部知识搜索双元的平衡维度与国际化的关系，正向调节外部知识搜索双元的联合维度与国际化的关系。这意味着当企业组织冗余水平较低、外部环境丰富程度较低时，企业能够利用的资源十分有限，此时在国际化过程中保持本地知识搜索和国际知识搜索的平衡更为有利。环境丰富性负向调节外部知识搜索双元的平衡维度与国际化的关系，正向调节外部知识搜索双元的联合维度与国际化的关系。这意味着当企业组织冗余水平较高、外部环境丰富程度较高时，企业能够利用的资源十分充足，此时企业在国际化过程中保持高水平的本地知识搜索和国际知识搜索更为有利。

二　本研究的理论贡献与实践启示

本书以企业本地知识搜索和国际知识搜索为切入点，以提升企业创新绩效为导向，整合组织双元理论，深入剖析了外部知识搜索选择、搜索强度与创新绩效的关系，以及外部知识搜索双元对创新绩效和国际化的影响机制，具有一定的理论前沿探索性和现实问题针对性。

1. 理论贡献

本书的理论贡献有六点。

（1）拓展了外部知识搜索选择影响企业创新绩效的理论边界

一方面，将企业外部知识搜索选择范围进一步细分为本地知识搜索和国际知识搜索，并对比分析了两种知识搜索战略对企业创新绩效的影响程度。本研究指出，尽管本地知识搜索和国际知识搜索都能推动企业创新，但国际知识搜索对企业创新具有更显著的影响，因而弥补了以往开放式创新领域仅仅关注本地知识搜索的缺陷，从更深层次对"企业去哪儿搜索更能够推动创新"这一问题给出了更满意的答案。另一方面，基于注意力理论将外部知识搜索过程解构为搜索选择和搜索强度两个部分，在传统搜索理论框架内加入了搜索强度这一元素，弥补了以往外部知识搜索理论只强调"去哪儿搜索"（搜索选择）的缺陷。此外，本研究还发现努力的、持续的搜索并不总是正确的，企业外部知识搜索选择需要与搜索强度相匹配。当企业在国际市场上搜索时需要加大搜索强度（努力程度和持续性）；当企业在本地市场上搜索时需要降低搜索强度。因此，本研究不仅回答了"去哪儿搜索"，还回答了"如何搜索"的问题，深化了外部知识搜索理论。

（2）拓展了外部知识搜索双元影响企业创新绩效的理论边界

首先，将组织双元理论的研究情境具体化到外部知识搜索领域，延伸和拓展了组织双元理论和外部知识搜索理论。本研究指出本地知识搜索和国际知识搜索的平衡和联合均能够显著促进企业创新绩效的提升，因而拓宽了组织双元的研究范畴，同时填补了开放式创新和国际商务两个领域关于搜索市场选择的研究空白，认为企业实施外部知识搜索战略时不必在本地和国际市场上进行取舍，而是可以同时实施两种搜索战略。其次，将组织双元的绩效变量拓展到了创新领域。当前有关组织双元与企业绩效的研究大多选取企业财务绩效作为因变量，缺乏组织双元影响企业绩效的机理研究，本研究为解决这一问题提供了一种思路，即组织双元可能是通过影响企业创新绩效进而推动企业财务绩效的提升。最后，揭示了不同情况下外部知识搜索双元对创新绩效的影响机理。本研究指出外部知识搜索双元对创新绩效的影响不仅取决于企业内部因素（创新复杂性），还取决于企业外部因素（产业竞争压力）。这一研究发现拓宽了对外部知识搜索双元如何作用于创新绩效边界条件的理论解释，即有助于未来研究进一步探索外部知识搜索双元在什么情况下，以何种程度和何种方式作用于创新绩效的内在机理。

（3）打开了外部知识搜索双元影响企业创新绩效的中间机制

目前理论上对于外部知识搜索领域的研究主要体现在两个方面：本地知识搜索和国际知识搜索，遵循的理论逻辑主要是传统的资源观和组织学习理论，认为企业通过外部知识搜索获取了创新所需的互补资源，通过组织学习获取了创新所需的技术和知识，最终提升了企业的创新绩效。如本地知识搜索领域的学者认为，基于近距离的地理优势，企业可以更快速、更低成本地整合外部资源开展创新（Mesquita & Lazzarini，2008；Funk，2014）；国际知识搜索领域的学者认为，通过进入国际市场，企业能够获取差异化的知识和信息，推动企业实现新的知识组合（Zahra，Ireland & Hitt，2000；Wu & Wu，2014）。尽管两个领域的研究都指出了企业外部知识搜索能够提升创新绩效，然而并没有对企业外部知识搜索如何影响创新绩效这一问题给出满意的答案，对于企业外部知识搜索影响创新绩效机理的研究还不够充分。事实上，尽管获取资源很重要，但对于创新追赶来说，如何在获取的基础上，消化、协调和整合这些资源，并提升创新绩效对现阶段的后发企业而言更加重要（Teece，Pisano & Shuen，1997）。依据知识整合理论的逻辑，企业竞争优势并不是来自于资源和知识，而是来自于整合知识的能力。本研究证实了知识整合理论的逻辑，发现企业通过外部知识搜索建立正式整合机制和非正式整合机制，进而提升企业创新绩效。本研究摆脱了过去简单的知识搜索—资源（知识）—创新绩效的研究框架，建立了外部知识搜索双元—能力—创新绩效的分析框架。研究认为企业通过外部知识搜索不仅获取了创新所需的资源和知识，更为重要的是，企业通过外部知识搜索建立了一些特定的组织惯例和程序，能够帮助企业持续提升创新绩效。因此，本书的研究思路和结论对关于外部知识搜索影响企业创新绩效作用机制的研究做了有益的补充。

（4）拓展了外部知识搜索双元影响国际化的理论边界

理论研究已经证实了外部知识搜索对企业国际化的战略意义（Mesquita & Lazzarini，2008；Musteen，Francis & Datta，2010；Yu，Gilbert & Oviatt，2011）。学者们对于外部知识搜索的研究主要体现在两个方面：本地知识搜索和国际知识搜索。尽管两个领域的研究都指出了本地和国际知识搜索能够推动企业国际化，但却忽视了对以下几个问题的解答：企业如何在本地知识搜索和国际知识搜索之间进行抉择。企业如何同时实施本地知识搜索和国际知识搜索战略。本研究整合组织双元与外部知识搜索理论，具有极强的理论意义，表现在两个方面。一方面，深化了外部知识搜索理论，拓展了组织双元理论的应用范畴。本研究整合组织双元理论与外部知识搜索理论，突出了本地知识搜索和国际知识搜索的矛盾与互补之处，明晰了外部知识搜索的双元属性，因而是对外部知识搜索和组织双元两个领域的深化和拓展。另一方面，揭示了不同情况下外部知识搜索双元对国际化的影响机理。本研究指出外部知识搜索双元对国际化的影响不仅取决于企业内部因素（组织冗余），还取决于企业外部因素（环境丰富性）。这一研究发现拓宽了对外部知识搜索双元如何作用于国际化边界条件的理论解释，即有助于未来研究进一步探索外部知识搜索双元在什么情况下，以何种程度和何种方式作用于国际化的内在机理。

（5）丰富了知识整合的相关研究

本研究对知识整合领域的相关研究做出了贡献。目前对于知识整合前因的研究主要集中于学习导向、网络嵌入、领导风格、跨职能合作、环境特征等方面，而从外部知识搜索双元视角的研究鲜有涉及。此外，现有以知识整合作为前置变量对企业创新绩效的研究均仅关注企业内部的正式知识整合机制，而对于非正式知识整合机制缺乏关注。本研究丰富了知识整合前因的研究，探讨了企业外部知识搜索行为对企业知识整合机制的影响，具体表现为外部知识搜索双元的平衡维度和联合维度对知识整合的影响；同时深化了知识整合后果的研究，探索了正式整合机制和非正式整合机制对企业创新的影响效应。其次，已有研究大多将知识整合视为单维构念，事实上从 Zahra 和 Nielsen（2002）经典文献的解析来看，知识整合应该是一个多维的构念，本研究基于正式整合和非正式整合的视角将知识整合作为合并型多维构念来研究，立足于 Zahra、Ireland、Hitt（2000）和 Zahra、Nielsen（2002）等经典文献的构念基础将知识整合划分为正式知识整合机制和非正式知识整合机制。

（6）丰富了组织双元的相关研究

首先，目前组织双元的理论研究具有明显的不对称性，主要集中于以下几个领域：组织学习（March，1991；Levinthal & March，1993；Gupta，Smith & Shalley，2006）、技术创新（Atuahene-Gima，2005；Lin et al. , 2013)、组织适应（Brown & Eisenhardt, 1997）、组织设计（Duncan, 1976; Tushman & O'Reilly, 1996）。近年来，有学者尝试将组织双元理论应用到了战略导向（张婧、段艳玲，2010）、国际化（Hsu, Lien & Chen, 2013）、战略联盟（Lavie & Rosenkopf, 2006）、技术搜索（Rothaermel & Alexandre, 2009）等领域。这些研究证实了双元性研究能够在其他领域内拓展的可能性。本研究将组织双元理论进一步深入拓展至外部知识搜索领域，这有助于拓宽双元性的研究范畴。其次，大多数研究主要关注组织双元与绩效的直接效应，较少有学者探究组织双元影响绩效的中介机制。在所检索的文献中，仅有少数研究探索了组织双元影响绩效的中间机制。如 He 和 Wong（2004）发现创新战略双元通过影响产品创新强度和工艺创新强度进而影响企业绩效；Jansen, Vera 和 Crossan（2009）发现结构双元通过影响高管团队整合机制（权变奖励和社会整合）和组织整合机制（跨职能界面和连接性）进而影响企业绩效。大多数研究主要关注如何实现组织双元，以及组织双元与绩效的直接效应。鉴于此，本研究探索了外部知识搜索双元对创新绩效的中介机制，发现外部知识搜索双元通过知识整合机制进而影响创新绩效。

2. 实践启示

本书针对我国制造企业作为后发追赶企业实现创新追赶的目的，探索了外部知识搜索作为一种知识获取战略对于企业创新绩效提升的影响，具体研究了外部知识搜索选择、搜索强度对企业创新绩效的影响机理，外部知识搜索双元对企业创新绩效的影响机制，其研究结论可以为我国企业提升创新绩效和政府建设创新型城市提供有益的理论指导。

（1）积极推进企业外部知识搜索步伐

对于中国制造企业而言，企业管理者不仅应意识到本地知识搜索能够推动企业创新，还应意识到国际市场对创新具有更大的推动作用，积极通过参与国际运营来获取新颖的知识和信息，进而快速实现创新追赶。国际市场上获取的知识由于其新颖性、独特性更能够吸引企业的注意力，更新企业知识基础，推动企业对现有知识实现新的组合。此外，企业管理者在外部知识搜索时间和精力的分配上也应根据搜索位置有区别地对待，对于国际知识搜索应给予更大的关注力度，调动更多的人力物力在国际市场上搜索所需的知识和信息，从而充分实现对从国际市场获取的新信息和知识的识别和整合，避免过度关注本地知识搜索所导致的冗余信息过载，从而最大限度地提升企业创新绩效。

（2）平衡本地知识搜索与国际知识搜索比例

本研究对企业管理者如何权衡和取舍两种外部知识搜索战略提供了指导方向。首先，企业管理者应意识到权衡配置资源、平衡实施两种类型的外部知识搜索战略的战略意义，以求得创新收益的最大化和风险的最小化。随着本地知识搜索战略的实施，企业对本地市场需求有了深入的了解，因而能够快速整合国际市场上搜索到的知识来满足本地顾客的需求，然而过度关注在本地进行知识搜索会使企业陷入"核心刚性"或"能力陷阱"，阻碍企业创新能力的进一步提升。随着国际知识搜索战略的实施，企业能够接触到更加新颖和差异化的信息，避免企业发展上的短视，同时优化企业知识组合，进而推动创新。然而，过度关注国际知识搜索会使企业承担过高的风险和成本，抑制企业创新。因此，要想提升企业创新绩效，获取持续的竞争优势，均衡实施两种外部知识搜索战略显得尤为重要。

（3）实施外部知识搜索过程中综合考虑情境因素

企业在具体实施两种外部知识搜索战略的过程中，要注意创新复杂性和产业竞争压力对外部知识搜索双元和创新绩效关系的调节作用。较高的创新复杂性意味着企业产品在结构上拥有数量较多的部件，在开发环节和制造工艺上较为烦琐，此时开展创新对企业的知识基础和技能提出了较高的要求；较大的产业竞争压力源自于产业内部数量众多的竞争对手和快速的产品更新速度，此时企业生存的关键在于持续、快速地推出创新性产品，这也对企业的知识存量和获取能力提出了挑战。也就是说，当企业产品创新复杂性较高时，或者是面临较大的产业竞争压力时，为了提升企业创新绩效，企业实施外部知识搜索的平衡和联合的战略必要性更为突出。

（4）积极建立起正式与非正式的知识整合机制

对于新兴经济国家企业而言，管理者应意识到外部知识搜索对于企业创新的重要作用，积极从本土市场和国际市场上寻求创新机会；管理者还应意识到通过外部知识搜索不仅能获得创新资源，更重要的是能建立知识整合机制（正式整合机制和非正式整合机制），通过能力的建立持续提升创新绩效。相对于管理者，政府应通过各种优惠性政策鼓励企业积极从本地和国际市场上搜索创新资源，建立企业外部知识搜索管理制度。

三　研究局限及未来研究展望

本书在研究上还存在一定的局限性。

从理论构架上看，本研究仅仅是初步尝试将组织双元和外部知识搜索理论进行整合，并探索外部知识搜索双元影响创新绩效和国际化的情景。未来研究可以在以下几个方面进一步拓展，包括：从其他理论视角探索组织双元影响创新绩效和国际化的中间机制，以及检验其他调节变量（如企业产品多样化战略等）的权变效应；探索组织双元对企业财务绩效指标的影响；深入剖析影响外部知识搜索双元的前因变量，如组织结构、组织情景、高管团队领导力等。

本研究以企业为调查对象，数据收集相对困难。尽管本研究花费了大量时间和精力通过多种途径进行问卷发放与回收工作，最终获得了满足实证分析数量要求的数据；同时在数据收集过程中兼顾了制造企业在产业类型、产权性质、年龄及规模上的差异性，以保证有效问卷的数量和质量，减少未回复偏差。当然，最终回收的问卷样本数据主要来源于东部发达省市，其中以浙江省制造企业占据主导，因而难以排除地域文化特征的影响，可能在一定程度上会影响研究结果的普适性。因此，本书所得研究结论有待在更广泛的区域内进行验证。此外，鉴于外部知识搜索对企业创新的影响效应存在时间滞后性，本书虽然在数据获取过程中要求企业根据近三年的实际情况进行回答，但这些数据仍然属于横截面数据，因而并不能断定外部知识搜索与创新绩效之间的因果关系，未来研究可以考虑通过面板数据进行纵向分析。

参考文献

曹霞、刘国巍、付向梅、李博，2012，《基于网络视角的知识整合过程机理及仿真》，《科学学研究》第 6 期。

陈劲、吴航、金珺，2012，《企业如何实施开放式创新：组织变革的视角》，《中国地质大学学报》（社会科学版）第 1 期。

陈力、宣国良，2006，《跨职能知识整合对新产品开发绩效的影响》，《科学学研究》第 6 期。

陈明、周健明，2009，《企业文化、知识整合机制对企业间知识转移绩效的影响研究》，《科学学研究》第 4 期。

高展军、郝艳，2012，《网络连接与关系信任的互动对突变创新的影响——知识整合的中介效应研究》，《情报杂志》第 4 期。

侯杰泰、温忠麟、程子娟，2004，《结构方程模型及其应用》，教育科学出版社。

惠青、邹艳，2010，《产学研合作创新网络、知识整合和技术创新的关系研究》，《软科学》第 3 期。

季成、朱晓明、任荣明，2007，《基于知识整合价值链的企业并购知识整合研究》，《研究与发展管理》第 6 期。

简兆权、吴隆增、黄静，2008，《吸收能力、知识整合对组织创新和组织绩效的影响研究》，《科研管理》第 1 期。

蒋天颖、张一青、王俊江，2009，《战略领导行为、学习导向、知识整合和组织创新绩效》，《科研管理》第 6 期。

蒋天颖、孙伟、白志欣，2013，《基于市场导向的中小微企业竞争优势形成机理——以知识整合和组织创新为中介》，《科研管理》第 6 期。

焦豪，2011，《双元型组织竞争优势的构建路径：基于动态能力理论的实证研究》，《管理世界》第 11 期。

贾怀勤，2006，《管理研究方法》，机械工业出版社。

李怀祖，2004，《管理研究方法论》，西安交通大学出版社。

柯江林、孙健敏、石金涛、顾琴轩，2007，《企业 R & D 团队之社会资本与团队效能关系的实证研究——以知识分享与知识整合为中介变量》，《管理世界》第 3 期。

雷宏振、刘海东，2013，《组织成员关系、知识吸收能力对知识整合的影响研究》，《现代情报》第 1 期。

李柏洲、汪建康，2007，《跨国企业集团的知识整合机制研究》，《科技进步与对策》第 4 期。

李桦，2012，《战略柔性与企业绩效：组织双元性的中介作用》，《科研管理》第 9 期。

李久平、姜大鹏、王涛，2013，《产学研协同创新中的知识整合——一个理论框架》，《软科学》第 5 期。

李晓红、侯铁珊，2013，《知识整合能力对自主创新的影响——基于软件产业的实证研究》，《大连理工大学学报》（社会科学版）第 2 期。

李贞、杨洪涛，2012，《吸收能力、关系学习及知识整合对企业创新绩效的影响研究——来自科技型中小企业的实证研究》，《科研管理》第 1 期。

刘洋、魏江、江诗松，2013，《后发企业如何进行创新追赶？研发网络边界拓展的视角》，《管理世界》第 3 期。

刘洋、魏江、应瑛，2011，《组织二元性：管理研究的一种新范式》，《浙江大学学报》（人文社会科学版）第 6 期。

马庆国，2002，《管理统计——数据获取、统计原理、SPSS 工具与应用研究》，科学出版社。

缪根红、陈万明、唐朝永，2014，《外部创新搜寻、知识整合与创新绩效关系研究》，《科技进步与对策》第 1 期。

潘文安，2012，《关系强度、知识整合能力与供应链知识效率转移研究》，

《科研管理》第 1 期。

芮明杰、刘明宇，2006，《网络状产业链的知识整合研究》，《中国工业经济》第 1 期。

孙彪、刘玉、刘益，2012，《不确定性、知识整合机制与创新绩效的关系研究——基于技术创新联盟的特定情境》，《科学学与科学技术管理》第 1 期。

王重鸣，1990，《心理学研究方法》，人民教育出版社。

王凯，2010，《突发事件下决策者的框架效应研究》，博士学位论文，浙江大学。

魏成龙、张洁梅，2009，《企业并购后知识整合传导机理的实证研究》，《中国工业经济》第 5 期。

魏江、刘锦、杜静，2005，《自主性技术创新的知识整合过程机理研究》，《科研管理》第 4 期。

魏江、徐蕾，2014，《知识网络双重嵌入知识整合与集群企业创新能力》，《管理科学学报》第 2 期。

吴航、陈劲、梁靓，2014，《企业国际化程度影响绩效的机制研究——4家中国制造企业的案例研究》，《科学学与科学技术管理》第 3 期。

吴俊杰、戴勇，2013，《企业家社会资本知识整合能力与技术创新绩效关系研究》，《科技进步与对策》第 11 期。

吴明隆，2003，《SPSS 统计应用实务》，科学出版社。

谢洪明、王成、罗惠玲、李新春，2007，《学习、知识整合与创新的关系研究》，《南开管理评论》第 2 期。

谢洪明、王成、吴隆增，2006，《知识整合、组织创新与组织绩效：华南地区企业的实证研究》，《管理学报》第 5 期。

谢洪明、吴隆增、王成，2007，《组织学习、知识整合与核心能力的关系研究》，《科学学研究》第 2 期。

谢洪明、吴溯、王现彪，2008，《知识整合能力、效果与技术创新》，《科学学与科学技术管理》第 8 期。

熊焰、李杰义，2011，《网络结构知识整合与知识型团队绩效关系研究》，《研究与发展管理》，第 6 期。

叶笛、林东清，2013，《信息系统开发团队知识整合的影响因素分析——基于相似吸引理论与社会融合的研究视角》，《科学学研究》第 5 期。

于海云，2012，《内外资企业间员工流动与内资企业的知识整合机制研究——基于外资企业衍生内资企业的视角》，《科学学与科学技术管理》第 7 期。

张婧、段艳玲，2010，《市场导向均衡对制造型企业产品创新绩效影响的实证研究》，《管理世界》第 12 期。

张可军、廖建桥、张鹏程，2011，《变革型领导对知识整合影响：信任为中介变量》，《科研管理》第 3 期。

张利斌、张鹏程、王豪，2012，《关系嵌入、结构嵌入与知识整合效能：人——环境匹配视角的分析框架》，《科学学与科学技术管理》第 5 期。

赵增耀、于海云，2012，《基于员工流动的知识整合机制研究——以嵌入型产业集群中外企员工流入的内资企业为例》，《科学学研究》第 5 期。

周健明、陈明、刘云枫，2014，《知识惯性、知识整合与新产品开发绩效研究》，《科学学研究》第 10 期。

周俊、薛求知，2014，《组织双元性的培育与效应：组织学习视角》，《科研管理》第 2 期。

Adler, Paul S., Goldoftas, Barbara., and Levine, David. 1999. "Flexibility versus efficiency? A case study of model changeovers in the Toyota production system." *Organization Science* 10: 43 – 68.

Amit, and Schoemaker. 1993. "Strategic assets and organizational rent." *Strategic Management Journal* 14: 33 – 46.

Atuahene-Gima. 2005. "Resolving the capability-rigidity paradox in new product innovation." *Journal of Marketing* 69: 61 – 83.

Armstrong, and Overta. 1977. "Estimating nonresponse bias in mail surrey." *Journal of Marketing Research* 14 (3): 396 – 402.

Bartlett, and Ghoshal. 1989. *Managing across borders: The transnational solution.* Boston: Harvard Business School Press.

Benner, and Tushman. 2003. "Exploitation, exploration, and process management: The productivity dilemma revisited. " *Academy of Management Review* 28: 238 – 56.

Bierly, and Daly. 2007. "Alternative knowledge strategies, competitive environment, and Organizational performance in small manufacturing firms. " *Entrepreneurship Theory and Practice* 31: 493 – 516.

Boer, Bosch, and Volberda. 1999. "Managing Organizational Knowledge Integration in the Emerging Multimedia Complex. " *Journal of Management Studies* 36: 379 – 398.

Bollen, and Long. 1993. *Testing structural equation models.* Newbury Park, CA: Sage.

Bourgeois. 1981. "On the measurement of organizational slack. " *Academy of Management Review* 35: 1 – 7.

Brown, and Eisenhardt. 1997. "The art of continuous change: Linking complexity theory and time-paced evolution in relentlessly shifting organizations. " *Administrative Science Quarterly* 42: 1 – 34.

Burns, and Stalker. 1961. *The management of innovation.* London: Tavistock.

Burgelman. 2002. *Strategy is Destiny: How Strategy-making Shapes a Company's Future.* New York: Free Press.

Boer, Bosch, and Volberda. 1999. "Managing organizational knowledge integration in the emerging multimedia complex. " *Journal of Management Studies* 36 (3): 379 – 398.

Cao, Simsek, and Zhang. 2010. "Modelling the Joint Impact of the CEO and the TMT on Organizational Ambidexterity. " *Journal of Management Studies* 47: 1272 – 1296.

Cao, Gedajlovic, and Zhang. 2009. "Unpacking organizational ambidexterity: Dimensions, contingencies and synergistic effects. " *Organization Science* 20: 781 – 796.

Carmeli, and Halevi. 2009. "How top management team behavioral integration and behavioral complexity enable organizational ambidexterity: The moderating role of contextual ambidexterity. " *The Leadership Quarterly* 20:

参
考
文
献

197

207 – 218.

Cegarra-Navarro, and Dewhurst. 2007. "Linking organizational learning and customer capital through an ambidexterity context: An empirical investigation in SMEs." *International Journal of Human Resource Management* 18: 1720 – 1735.

Chang, and Hughes. 2012. "Drivers of innovation ambidexterity in small-to medium-sized firms." *European Management Journal* 30: 1 – 17.

Chang, and Wang. 2007. "The effect of product diversification strategies on the relationship between international diversification and firm performance." *Journal of World Business* 42: 61 – 79.

Chang, Hughes, and Hotho. 2011. "Internal and external antecedents of SMEs' innovation ambidexterity outcomes." *Management Decision* 49: 1658 – 1676.

Chen, Chen, and Vanhaverbeke. 2011. "The influence of scope, depth, and orientation of external technology sources on the innovative performance of Chinese firms." *Technovation* 31: 362 – 373.

Chesbrough. 2008. "Open innovation: A new paradigm for understanding industrial innovation." In *Open innovation: Researching a new paradigm*, edited by Chesbrough, H., Vanhaverbeke, W., and West, J., pp. 1 – 12. New York: Oxford Press.

Chesbrough. 2003. *Open innovation: The new imperative for creating and profiting from technology*. Cambridge, MA: Harvard Business Press.

Chetty and Campbell-Hunt. 2003. "Explosive international growth and problems of success amongst small to medium-sized firms." *International Small Business Journal* 21: 5 – 27.

Child, and Rodrigues. 2005. "The internationalization of Chinese firms: a case for theoretical extension?" *Management and Organization Review* 1: 381 – 410.

Clark, and Wheelwright. 1993. *Managing New Product and Process Development: Text and Cases*. Free Press: New York.

Clausen, Korneliussen, and Madsen. 2013. "Modes of innovation, resources and their influence on product innovation: Empirical evidence from R & D active firms in Norway." *Technovation* 33: 225 – 233.

Clercq, Thongpapanl, and Dimov. 2014. "Contextual ambidexterity in SMEs: the roles of internal and external rivalry." *Small Business Economics* 42: 191 – 205.

Clercq, Thongpapanl, and Dimov. 2013. "Shedding new light on the relationship between contextual ambidexterity and firm performance: An investigation of internal contingencies." *Technovation* 33: 119 – 132.

Cohen, and Levinthal. 1990. "Absorptive capacity: a new perspective on learning and innovation." *Administrative Science Quarterly* 35: 128 – 152.

Collins, and Smith. 2006. "Knowledge Exchange and Combination: The Role of Human Resource Practices in the Performance of High-Technology Firms." *Academy of Management Journal* 49: 544 – 560.

Connell, and Voola. 2013. "Knowledge integration and competitiveness: a longitudinal study of an industry cluster." *Journal of Knowledge Management* 17: 208 – 225.

Coombs, Deeds, and Ireland. 2009. "Placing the choice between exploration and exploitation in context: a study of geography and new product development." *Strategic Entrepreneurship Journal* 3: 261 – 279.

Danneels. 2006. "Dialogue on the effects of disruptive technologies on firms and industries." *Journal of Product Innovation Management* 23: 2 – 4.

De Luca, and Atuahene-Gima. 2007. "Market knowledge dimensions and cross-functional collaboration: Examining the different routes to product innovation performance." *Journal of Marketing* 71: 95 – 112.

Dess, and Beard. 1984. "Dimensions of organizational task environments." *Administrative Science Quarterly* 29: 52 – 73.

Duncan. 1976. "The ambidextrous organization: Designing dual structures for innovation." In *The management of organization*, edited by R. H. Killman, L. R. Pondy, and D. Sleven, pp. 167 – 188. New York: North Holland.

Dutton, Ashford, O'Neill, and Lawrence. 2001. "Moves that matter: Issue selling and organizational change." *Academy of Management Journal* 44: 716 – 736.

Ebben, and Johnson. 2005. "Efficiency, flexibility, or both? Evidence linking strategy to performance in small firms." *Strategic Management Journal* 26: 1249 – 1259.

Elango, and Pattnaik. 2007. "Building capabilities for international operations through networks: a study of Indian firms." *Journal of International Business Studies* 38: 541 – 555.

Eriksson, Johanson, Majkgarw, and Sharma. 2000. "Effect of variation on knowledge accumulation in the internationalization process." *International Studies of Management and Organization* 30: 26 – 34.

Filatotchev, Liu, Buck, and Wright. 2009. "The export orientation and export performance of high-technology SMEs in emerging markets: The effects of knowledge transfer by returnee entrepreneurs." *Journal of International Business Studies* 40: 1005 – 1021.

Floyd, and Lane. 2000. "Strategizing throughout the organization: managing role conflict in strategicrenewal." *Academy of Management Review* 25: 154 – 77.

Fornell, and Larcker. 1981. "Structural equation models with unobservable variables and measurement error: Algebra and statistics." *Journal of Marketing Research* 18: 382 – 388.

Fowler. 1988. *Survey research methods.* Newbury Park, CA: Sage.

Funk. 2014. "Making the most of where you are: Geography, networks, and innovation in organizations." *Academy of Management Journal* 57: 193 – 222.

Garriga, Von Krogh, and Spaeth. 2013. "How constraints and knowledge impact open innovation." *Strategic Management Journal* 34: 1134 – 1144.

Gavetti, and Levinthal. 2000. "Looking forward and looking backward: Cognitive and experiential search." *Administrative Science Quarterly* 45: 113 – 137.

George. 2005. "Slack resources and the performance of privately held firms." *Academy of Management Journal* 48: 661 – 676.

Ghazali, Ahmad, and Zakaria. 2015. "The mediating role of knowledge integration in effect of leadership styles on enterprise systems success." *Journal of Enterprise Information Management* 28: 531 – 555.

Ghoshal, and Bartlett. 1994. "Linking organizational context and managerial action: The dimensions of quality in management." *Strategic Management Journal* 15: 91 – 112.

Gibson, and Birkinshaw. 2004. "The antecedents, consequences, and mediating role of organizational ambidexterity." *Academy of Management Journal* 47: 209 – 226.

Goerzen, and Beamish. 2003. "Geographic scope and multinational enterprise performance." *Strategic Management Journal* 24: 1289 – 1306.

Grant. 1996a. "Prospering in dynamically-competitive environments: Organizational capability as knowledge integration." *Organization Science* 7: 375 – 387.

Grant. 1991. "The resource-based theory of competitive advantage: Implications for strategy formulation." *California Management Review* 33: 114 – 135.

Grant. 1996b. "Toward a knowledge-based theory of the firm." *Strategic Management Journal* 17: 109 – 122.

Guler, and Guillen. 2010. "Home country networks and foreign expansion: Evidence from the venture capital industry." *Academy of Management Journal* 53: 390 – 410.

Gupta, Smith, and Shalley. 2006. "The interplay between exploration and exploitation." *Academy of Management Journal* 49: 693 – 706.

Hamel, and Prahalad. 1994. *Competing for the future.* Boston: Harvard Business School Press.

He, and Wong. 2004. "Exploration vs. exploitation: An empirical test of the ambidexterity hypothesis." *Organization Science* 15: 481 – 494.

Helfat. 1994. "Evolutionary trajectories in petroleum firm R & D." *Management Science* 40: 1720 – 1747.

Henderson, and Clark. 1990. "Architectural innovation: The reconfiguration of existing product technologies and the failure of established firms." *Ad-*

ministrative Science Quarterly 35: 9 – 30.

Hitt, Hoskisson, and Kim. 1997. "International diversification: Effects on innovation and firm performance in product-diversified firms." *Academy of Management Journal* 40: 767 – 798.

Hitt, Tihanyi, Miller, and Connelly. 2006. "International diversification: Antecedents, outcomes, and moderators." *Journal of Management* 32: 831 – 867.

Hobday. 1998. "Product complexity, innovation and industrial organization." *Research Policy* 26: 689 – 710.

Hsu, Lien, and Chen. 2013. "International ambidexterity and firm performance in small emerging economies." *Journal of World Business* 48: 58 – 67.

Huang, and Newell. 2003. "Knowledge integration processes and dynamics within the context of cross-functional projects." *International Journal of Project Management* 21: 167 – 176.

Iansiti, and Clark. 1994. "Integration and dynamic capability: Evidence from product development in automobiles and main-frame computers." *Industrial Corporate Change* 3: 557 – 605.

Ibeh, and Kasem. 2011. "The network perspective and the internationalization of small and medium sized software firms from Syria." *Industrial Marketing Management* 40: 358 – 367

Jansen, Bosch, and Volberda. 2006. "Exploratory innovation, exploitative innovation, and performance: Effects of organizational antecedents and environmental moderators." *Management Science* 52: 1661 – 1674.

Jansen, Vera, and Crossan. 2009. "Strategic leadership for exploration and exploitation: The moderating role of environmental dynamism." *The Leadership Quarterly* 20: 5 – 18.

Jansen, George, Van den Bosch, and Volberda. 2008. "Senior team attributes and organizational ambidexterity: The moderating role of transformational leadership." *Journal of Management Studies* 45: 982 – 1007.

Jansen, Tempelaar, Van Den Bosch, and Volberda. 2009. "Structural differentiation and ambidexterity: The mediating role of integration mechanisms."

企业外部知识搜索的创新机制

Organization Science 20: 797 – 811.

Jansen, Van den Bosch, and Volberda. 2005. "Exploratory innovation, exploitative innovation, and ambidexterity: the impact of environmental and organizational antecedents." *Schmalenbach Business Review* 57: 351 – 363.

Jaworski, and Kohli. 1993. "Market Orientation: Antecedents and Consequences." *Journal of Marketing* 57: 53 – 70.

Jelinek, and Schoonhoven. 1993. *The Innovation Marathon*. San Francisco, CA: Jossey-Bass.

Johanson, and Vahlne. 2009. "The Uppsala internation alization process model revisited: From liability of foreignness to liability of outsidership." *Journal of International Business Studies* 40: 1411 – 1431.

Judge, and Blocker. 2008. "Organizational capacity for change and strategic ambidexterity." *European Journal of Marketing* 42: 915 – 926.

Junni, Sarala, Taras, and Tarba. 2013. "Organizational ambidexterity and performance: A meta-analysis." *The Academy of Management Perspectives* 27: 299 – 312.

Kafouros, and Forsans. 2012. "The role of open innovation in emerging economies: Do companies profit from the scientific knowledge of others?" *Journal of World Business* 47: 362 – 370.

Kafouros, Buckley, Sharp, and Wang. 2008. "The role of internationalization in explaining innovation performance." *Technovation* 28: 63 – 74.

Kahneman. 1973. *Attention and effort*. Englewood Cliffs, NJ: Prentice Hall.

Kahn. 1996. "Interdepartmental integration: a definition with implications for product development performance." *Journal of Product Innovation Management* 13: 137 – 151.

Kahn, and Iii. 1997. "An empirical study of the relationships among colocation, integration, performance, and satisfaction." *Journal of Product Innovation Management* 14: 161 – 178.

Kang, and Snell. 2009. "Intellectual capital architectures and ambidextrous learning: A framework for human resource management." *Journal of Man-*

agement Studies 46: 65 – 92.

Kaplan, and Henderson. 2005. "Inertia and incentives: Bridging organizational economics and organizational theory." *Organization Science* 16: 509 – 521.

Katila, and Ahuja. 2002. "Something old, something new: a longitudinal study of search behavior and new product introduction." *Academy of Management Journal* 45: 1183 – 1194.

Kenney, and Gudergan. 2006. "Knowledge integration in organizations: an empirical assessment." *Journal of Knowledge Management* 10: 43 – 58.

Kim, and Wilemon. 2003. "Sources and assessment of complexity in NPD projects." *RandD Management* 33: 15 – 30.

Kim, Arthurs, Sahaym, and Cullen. 2013. "Search behavior of the diversified firm: The impact of fit on innovation." *Strategic Management Journal* 34: 999 – 1009.

Kogut, and Zander. 1992. "Knowledge of the firm, combinative capabilities, and the replication of technology." *Organization Science* 3: 383 – 397.

Kotabe. 1990. "The relationship between offshore sourcing and innovativeness of U. S. multinational firms: An empirical investigation." *Journal of International Business Studies* 21: 623 – 638.

Lai, Wong, and Lam. 2015. "Sharing environmental management information with supply chain partners and the performance contingencies on environmental munificence." *International Journal of Production Economics* 164: 445 – 453

Landis, and Dunlap. 2000. "Moderated multiple regression tests are criterion specific." *Organizational Research Methods* 3: 254 – 266.

Laursen, and Salter. 2006. "Open for innovation: The role of openness in explaining innovation performance among UK manufacturing firms." *Strategic Management Journal* 27: 131 – 150.

Lavie, and Rosenkopf. 2006. "Balancing exploration and exploitation in alliance formation." *Academy of Management Journal* 49: 797 – 818.

Lee, Woo, and Joshi. 2016. "Pro-innovation culture, ambidexterity and new product development performance: Polynomial regression and response surface analysis." *European Management Journal* 35: 1 – 12.

Leiponen, and Helfat. 2010. "Innovation objectives, knowledge sources, and the benefits of breadth." *Strategic Management Journal* 31: 224 – 236.

Levinthal, and March. 1993. "The myopia of learning." *Strategic Management Journal* 14: 95 – 112.

Li, Ci-Rong. 2014. "Top management team diversity in fostering organizational ambidexterity: Examining TMT integration mechanisms." *Innovation: Management, policy and practice* 16: 303 – 322.

Li, and Lin. 2008. "The nature of market orientation and the ambidexterity of innovations." *Management Decision* 46: 1002 – 1026.

Li, Wei, Zhao, Zhang, and Liu. 2013. "Ambidextrous organizational learning, environmental munificence and new product performance: Moderating effect of managerial ties in China." *International Journal of Production Economics* 146: 95 – 105.

Li, Wu, and Zhang. 2012. "Bridging different worlds or stuck in the middle? The role of internationalization in the product innovation of emerging market firms." Academy of Management Best Paper Proceedings, Boston.

Li, Maggitti, and Smith. 2013. "Top management attention to innovation: The role of search selection and intensity in new product introductions." *Academy of Management Journal* 56: 893 – 916.

Li, and Calan-tone. 1998. "The impact of market knowledge competence on new product advantage: Conceptualization and empirical examination." *Journal of Marketing* 62: 13 – 29.

Lin, Lin, Song, and Li. 2011. "Managerial incentives, CEO characteristics and corporate innovation in China's private sector." *Journal of Comparative Economics* 39: 176 – 190.

Lin, McDonough, Lin, and Lin. 2013. "Managing the exploitation/exploration paradox: The role of a learning capability and innovation ambidexterity." *Journal of Product Innovation Management* 30: 262 – 278.

Lin, and Chaney. 2007. "The influence of domestic interfirm networks on the internationalization process of Taiwanese SMEs. " *Asia Pacific Business Review* 13: 565 – 583.

Lin, and Ho. 2015. "Institutional pressures and environmental performance in the global automotive industry: The mediating role of organizational ambidexterity. " *Long Range Planning* 49: 764 – 775.

Lin, and Chen. 2008. "Integration and knowledge sharing: transforming to long-term competitive advantage. " *International Journal of Organizational Analysis* 16: 83 – 108.

Lin, Yang, and Demirkan. 2007. "The performance consequences of ambidexterity in strategic alliance formations: Empirical investigation and computational theorizing. " *Management Science* 53: 1645 – 1658.

Lubatkin, Simsek, Ling, and Veiga. 2006. "Ambidexterity and performance in small-to medium-sized firms: The pivotal role of top management team behavioral integration. " *Journal of Management* 32: 646 – 672.

Luo, and Rui. 2009. "An ambidexterity perspective toward multinational enterprises from emerging economies. " *Academy of Management Perspectives* 23: 49 – 70.

Luo. 2003. "Industrial dynamics and managerial networking in an emerging market: The case of China. " *Strategic Management Journal* 24: 1315 – 1327.

Luo, and Tung. 2007. "International expansion of emerging market enterprises: A springboard perspective. " *Journal of International Business Studies* 38: 481 – 498.

Makadok. 2001. "Toward a synthesis of the resource-based and dynamic-capability views of rent creation. " *Strategic Management Journal* 22: 387 – 401.

Manolova, Manev, and Gyoshev. 2010. "In good company: The role of personal and inter-firm networks for new-venture internationalization in a transition economy. " *Journal of World Business* 45: 257 – 265.

March. 1991. "Exploration and exploitation in organizational learning. " *Organization Science* 2: 71 – 87.

Martin, and Mitchell. 1998. "The influence of local search and performance heuristics on new design introduction in a new product market." *Research-Policy* 26: 753 – 771.

McDonough, and Leifer. 1983. "Using simultaneous structures to cope with uncertainty." *Academy of Management Journal* 26: 727 – 735.

McGill, Slocum, and Lei. 1992. "Management practices in learning organizations." *Organization Dynamics* 21: 5 – 17.

Mesquita, and Lazzarini. 2008. "Horizontal and vertical relationships in developing economies: Implications for SMEs' access to global markets." *Academy of Management Journal* 51: 359 – 380.

Mihalache, Jansen, Van Den Bosch, and Volberda. 2012. "Offshoring and firm innovation: The moderating role of top management team attributes." *Strategic Management Journal* 33: 1480 – 1498.

Mom, Van Den Bosch, and Volberda. 2009. "Understanding variation in Managers' managers' ambidexterity: Investigating direct and interaction effects of formal structural and personal coordination mechanism." *Organization Science* 20: 812 – 828.

Musteen, Francis, and Datta. 2010. "The influence of international networks on internationalization speed and performance: A study of Czech SMEs." *Journal of World Business* 45: 197 – 205.

Nahapiet, and Ghoshal. 1998. "Social capital, intellectual capital and the organizational advantage." *Academy of Management Review* 23: 242 – 266.

Nemanicha, and Verab. 2009. "Transformational leadership and ambidexterity in the context of an acquisition." *The Leadership Quarterly* 20: 19 – 33.

Nohria, and Gulati. 1996. "Is slack good or bad for innovation?" *Academy of Management Journal* 39: 1245 – 1264.

Nohria, and Gulati. 1997. "What is the Optimum amount of organizational slack?" *European Management Journal* 15: 603 – 611.

O'Connor, and DeMartino. 2006. "Organizing for radical innovation: an exploratory study of the structural aspects of RI management systems in large established firms." *Journal of Product InnovationManagement* 23: 475 – 497.

O'Reilly, and Tushman. 2013. "Organizational ambidexterity: Past, present, and future." *The Academy of Management Perspectives* 27: 324 – 338.

O'Reilly, and Tushman. 2008. "Ambidexterity as a dynamic capability: Resolving the innovator's dilemma." *Research in Organizational Behavior* 28: 185 – 206.

Ocasio. 2011. "Attention to attention." *Organization Science* 22: 1286 – 1296.

Oviatt, and McDougall. 1994. "Toward a theory of international new ventures." *Journal of International Business Studies* 25: 45 – 64.

Paliokaitė, and Pačėsa. 2015. "The relationship between organisational foresight and organisational ambidexterity." *Technological Forecasting and Social Change* 101: 165 – 181.

Patel, Fernhaber, Mcdougall-Covin, and Have. 2014. "Beating competitors to international markets: The value of geographically balanced networks for innovation." *Strategic Management Journal* 35: 691 – 711.

Patel, Messersmith, and Lepak. 2013. "Walking the Tightrope: An assessment of the relationship between high-performance work systems and organizational ambidexterity." *Academy of Management Journal* 56: 1420 – 1442.

Podsakoff, MacKenzie, and Lee. 2003. "Common method biases in behavioral research: A critical review of the literature and recommended remedies." *Journal of applied psychology* 88: 879 – 903.

Posner, and Rothbart. 2007. "Research on attention networks as a model for the integration of psychological science." In Posner, M. I. and Rothbart, M. K. (Eds.), Annual review of psychology, 58: 1 – 23.

Qian, and Li. 2002. "Multinationality, global market diversification and profitability among the largest US firms." *Journal of Business Research* 55: 325 – 335.

Raisch, and Birkinshaw. 2008. "Organizational ambidexterity: antecedents, outcomes, and moderators." *Journal of Management* 34: 375 – 409.

Ramaswamy, Kroeck, and Renforth. 1996. "Measuring the degree of internationalization of a firm: A comment. " *Journal of International Business Studies* 27: 167 – 178.

Rosenkopf, and Almeida. 2003. "Overcoming local search through alliances and mobility. " *Management Science* 49: 751 – 766.

Rosenkopf, and Nerkar. 2001. "Beyond local search: Boundary-spanning, exploration, and impact in the optical disk industry. " *Strategic Management Journal* 22: 287 – 306.

Roth, Jayachandran, Dakhli, and Colton. 2009. "Subsidiary use of foreign marketing knowledge. " *Journal of International Marketing* 17: 1 – 29.

Rothaermel, and Alexandre. 2009. "Ambidexterity in technology sourcing: The moderating role of absorptive capacity. " *Organization Science* 20: 759 – 780.

Sidhu, Commandeur, and Volberda. 2007. "The multifaceted nature of exploration and exploitation: Value Value of supply, demand, and spatial search for innovation. " *Organization Science* 18: 20 – 38.

Simsek. 2009. "Organizational Ambidexterity: Towards a multilevel understanding. " *Journal of Management Studies* 46: 597 – 624.

Smith, Collins, and Clark. 2005. "Existing knowledge, knowledge creation capability, and the rate of new product introduction in high-technology firms. " *The Academy of Management Journal* 48: 346 – 357.

Smith, and Tushman. 2005. "Managing strategic contradictions: A top management model for managing innovation streams. " *Organization Science* 16: 522 – 536.

Spencer. 2003. "Firms' knowledge-sharing strategies in the global innovation system: empirical Empirical evidence from the flat panel display industry. " *Strategic Management Journal* 24: 217 – 233.

Stuart, and Podolny. 1996. "Local search and the evolution of technological capabilities. " *Strategic Management Journal* 17: 21 – 38.

Sullivan. 1994. "Measuring the degree of internationalization of a firm. " *Journal of International Business Studies* 25: 325 – 342.

Sutcliffe, and Huber. 1998. "Firm and industry as determinants of executive perceptions of the environment." *Strategic Management Journal* 19: 793 – 807.

Teece. 2007. "Explicating dynamic capabilities: The nature and microfoundations of (sustainable) enterprise performance." *Strategic Management Journal* 28: 1319 – 1350.

Teece, Pisano, and Shuen. 1997. "Dynamic capabilities and strategic management." *Strategic Management Journal* 18: 509 – 533.

Thompson. 1967. *Organizations in action: Social Sciences bases of administrative theory.* NewYork: McGraw-Hill.

Tiwana. 2004. "An empirical study of the effect of knowledge integration on software development performance." *Information and Software Technology* 46: 899 – 906.

Tiwana. 2008. "Do bridging ties complement strong ties? An empirical examination of alliance ambidexterity." *Strategic Management Journal* 29: 251 – 272.

Tsai, Liao, and Hsu. 2015. "Does the use of knowledge integration mechanisms enhance product innovativeness?" *Industrial Marketing Management* 46: 214 – 223.

Tsai, and Hsu. 2014. "Cross-Functional collaboration, competitive intensity, knowledge integration mechanisms, and new product performance: A mediated moderation model." *Industrial Marketing Management* 43: 293 – 303.

Tseng, Tansuhaj, Hallagan, and McCullough. 2007. "Effects of firm resources on growth in multinationality." *Journal of International Business Studies* 38: 961 – 974.

Tsou. 2012. "Collaboration competency and partner match for e-service product innovation through knowledge integration mechanisms." *Journal of Service Management* 23: 640 – 663.

Tushman, and O'Reilly. 1996. "Ambidextrous organizations: Managing evolutionary and revolutionary change." *California Management Review* 38: 8 – 30.

Tushman, Anderson, and O'Reilly. 1997. "Technological cycles, innovation streams, and ambidextrous organizations: organizational renewal through innovation streams and strategic change." In Tushman, M. L. and Anderson, P. (Eds), *Managing Strategic Innovation and Change: A Collection of Readings.* New York: Oxford University Press 3 – 23.

Tzabbar, Aharonson, and Amburgey. 2013. "When does tapping external sources of knowledge result in knowledge integration?" *Research Policy* 42: 481 – 494.

Venkatraman, Lee, and Bala. 2006. "Strategic ambidexterity and sales growth: a longitudinal testin the software sector." Paper presented at the Academy of Management Meeting, Hawaii, August.

Venkatraman, Lee, and Iyer. 2007. "Strategic ambidexterity and sales growth: A longitudinal test in the software sector." Unpublished manuscript, Boston University,

Voss, Sirdeshmukh, and Voss. 2008. "The effects of slack resources and environmental threat on product exploration and exploitation." *Academy of Management Journal* 51: 147 – 164.

Wei, Yi, and Guo. 2014. "Organizational learning ambidexterity, strategic flexibility, and new product development." *Journal Product Innovation Management* 31: 832 – 847.

Wei, Zhao, and Zhang. 2014. "Organizational ambidexterity, market orientation, and firm performance." *Journal of Engineering and Technology Management* 33: 134 – 153.

Wu. 2014. "The effects of external knowledge search and CEO tenure on product innovation: evidence from Chinese firms." *Industrial and Corporate Change* 23: 65 – 89.

Wu, and Wu. 2014. "Local and international knowledge search and product innovation: The moderating role of technology boundary spanning." *International Business Review* 23: 542 – 551.

Yadav, Prabhu, and Chandy. 2007. "Managing the future: CEO attention and innovation outcomes." *Journal of Marketing* 71: 84 – 101.

Yeoh. 2004. "International learning: Antecedents and performance applications among newly internationalizing companies in an exporting context." *International Marketing Review* 36: 20 – 28.

Yu, Gilbert, and Oviatt. 2011. "Effects of alliances, time, and network cohesion on the initiation of foreign sales by new ventures." *Strategic Management Journal* 32: 424 – 446.

Yu, Figueiredo, and De Souza Nascimento. 2010. "Development resource planning: Complexity of product development and the capacity to launch new products." *Journal of Product Innovation Management* 27: 253 – 266.

Zaheer. 1995. "Overcoming the liability of foreignness." *Academy of Management Journal* 38: 341 – 363.

Zahra, and George. 2002. "Absorptive capacity: A review, reconceptualization, and extension." *Academy of Management Review* 27: 185 – 203.

Zahra, and Nielsen. 2002. "Sources of capabilities, integration and technology commercialization." *Strategic Management Journal* 23: 377 – 398.

Zahra, Ireland, and Hitt. 2000. "International expansion by new venture firms: International diversity, mode of market entry, technological learning and performance." *Academy of Management Journal* 43: 925 – 950.

Zhang, Edgar, Geare, and O'Kane. 2016. "The interactive effects of entrepreneurial orientation and capability-based HRM on firm performance: The mediating role of innovation ambidexterity." *Industrial Marketing Management* 59: 131 – 143.

Zhang, and Li. 2010. "Innovation search of new ventures in a technology cluster: The role of ties with service intermediaries." *Strategic Management Journal* 31: 88 – 109.

Zhang, Li, Li, and Zhou. 2010. "FDI spillovers in an emerging market: The role of foreign firms' country origin diversity and domestic firms' absorptive capacity." *Strategic Management Journal* 31: 969 – 989.

图书在版编目（CIP）数据

企业外部知识搜索的创新机制 / 吴航著. -- 北京：
社会科学文献出版社，2017.10
（华东政法大学65周年校庆文丛）
ISBN 978 - 7 - 5201 - 1481 - 3

Ⅰ. ①企… Ⅱ. ①吴… Ⅲ. ①企业管理 - 知识管理 -
研究 Ⅳ. ①F270

中国版本图书馆 CIP 数据核字（2017）第 240254 号

华东政法大学65周年校庆文丛
企业外部知识搜索的创新机制

著　　者 / 吴　航

出 版 人 / 谢寿光
项目统筹 / 杨桂凤　陈之曦
责任编辑 / 佟英磊　陈之曦

出　　版 / 社会科学文献出版社 · 社会学编辑部（010）59367159
　　　　　　地址：北京市北三环中路甲29号院华龙大厦　邮编：100029
　　　　　　网址：www.ssap.com.cn
发　　行 / 市场营销中心（010）59367081　59367018
印　　装 / 三河市尚艺印装有限公司

规　　格 / 开　本：787mm × 1092mm　1/16
　　　　　　印　张：13.75　字　数：211千字
版　　次 / 2017年10月第1版　2017年10月第1次印刷
书　　号 / ISBN 978 - 7 - 5201 - 1481 - 3
定　　价 / 69.00元